卓越法官文库

Integration of Adjudication and Mediation in Civil Litigation:

Internal Mechanism and Operational Logic

民事诉讼调判一体化

——内在机理与运行逻辑

蔡绍刚　著

法律出版社
LAW PRESS·CHINA
北京

图书在版编目(CIP)数据

民事诉讼调判一体化:内在机理与运行逻辑 / 蔡绍刚著. -- 北京:法律出版社, 2024
ISBN 978-7-5197-8820-9

Ⅰ. ①民… Ⅱ. ①蔡… Ⅲ. ①民事诉讼—审判—研究—中国 Ⅳ. ①D925.118.24

中国国家版本馆CIP数据核字(2024)第036796号

民事诉讼调判一体化
——内在机理与运行逻辑
MINSHI SUSONG TIAOPAN YITIHUA
—NEIZAI JILI YU YUNXING LUOJI

蔡绍刚 著

策划编辑 朱 峰
责任编辑 马秋婧
装帧设计 李 瞻

出版发行 法律出版社
编辑统筹 辞书·融出版编辑部
责任校对 张翼羽
责任印制 吕亚莉
经　　销 新华书店

开本 710毫米×1000毫米 1/16
印张 18.75 **字数** 245千
版本 2024年4月第1版
印次 2024年4月第1次印刷
印刷 北京建宏印刷有限公司

地址:北京市丰台区莲花池西里7号(100073)
网址:www.lawpress.com.cn
投稿邮箱:info@lawpress.com.cn
举报盗版邮箱:jbwq@lawpress.com.cn

销售电话:010-83938349
客服电话:010-83938350
咨询电话:010-63939796

书号: ISBN 978-7-5197-8820-9
定价: 70.00元
凡购买本社图书,如有印装错误,我社负责退换。电话:010-83938349

序

进入21世纪，中国已经在世界秩序中扮演了不可忽视的重要角色，中国法律制度的演变和发展也逐渐呈现诸多与西方法律传统截然有别的制度特色。认识并理解中国及其在漫长历史中形成的法律制度，是中国法院和法官肩负的历史重任之一，也是一项颇具挑战性的知识任务。当然，在逐渐完成这一知识任务的过程中，一方面需要摆脱“西方中心主义”的盲目崇拜，另一方面又要避免对来自其他法域的可借鉴文明成果的排斥。同时，这种知识探求的过程，要求既能够对“研究问题”的把握和分析具有一定的理论高度，又可以“脚踏大地”，从而使所阐释及贡献的“理论”在实践中掷地有声。

在中国司法制度演进与发展的过程中，如何处理纠纷解决中“调”与“判”之间的关系，从而更深入地推进司法正义，可谓一个至关重要且需要不断进行探究的中国命题。对于这一知识命题的展开，在很大程度上既离不开研究者对中国司法实践具备一定程度的体验与认知，同时也要求其可以秉持一种“板凳要坐十年冷”的书斋精神。本书作者蔡绍刚可以说兼具两者。一方面，绍刚身为一名具有丰富司法审判实务经验的高级法官，有着一般书斋学者难以具备的对中国司法实践的亲身感悟；另一方面，他又通过了中国法院系统的全国性选拔，有机会来到践行普通法传统的香港，进一步深造攻读博士学位，并沉下心来就中国司法中的调判问题展开更为深入的理论性探究。

中国香港特别行政区作为一个普通法法域，为来自内地的法律人提供了一个难得的切换思维模式的场域，从而帮助他们用更为广阔的比较视角去深入地认识和思考问题。绍刚在本书中从比较及社会实证等视角，对中国司法中的调判一体化这一社会具象的内在机理、行为逻辑等诸多内容进行了详细的剖析，并在概念和理论上进行了创新性的探索，同时基于中国的本土经验对调判一体化的诉讼理论和实践规则进行了新的定位，对调判一体化诉讼结果的可接受性也进行了独到的学理思考，其中不乏诸多具有独创性的论点。这些成果对学术和实务界进一步认识、理解并深入思考中国司法实践中“调”与“判”的角色定位及功能，以及未来相关的司法改革都具有十分重要的参考价值。

绍刚在香港求学期间，在我的指导下攻读博士学位。欣闻他的《民事诉讼调判一体化——内在机理与运行逻辑》即将以专著予以出版，这让我想起他曾经在校园里心无旁骛、潜心研究的身影。特向读者推荐此著！

是为序！

王书成

2023年10月于香港九龙

前　言

民事诉讼调判一体化是中国民事诉讼的独特现象，以此作为研究对象，在当下中国司法改革的趋势下具有显著的理论意义与实践价值，应当受到关注与重视。本书重点围绕调判解纷机制中的内在机理、行为逻辑、诉讼结果检视标准等内容展开，在此基础上建构调判一体化诉讼理论以及实践规则。在诉讼理论建构上，本书提出调判一体化系对我国民事诉讼调解和判决的司法关系脉络进行的重新厘定整合，系对我国民事诉讼理论的创新与突破，同时决定了其鲜明的司法适用特点。在实践层面，本书从制度分析转向过程分析，建构起调判一体化的运行逻辑的第一组分析模型。同时，通过可接受性的分析视角，建构起从形式正义到实质正义的可接受性的二重判断标准。研究方法上，本书分析思路拟从内、外两个维度入手，通过实证分析法、历史分析法、比较分析法等研究方法，同时以法学理论与实践为主，辅之以社会学、经济学等人文社科内容，以期充分发掘、探讨与解析中国民事诉讼调判一体化的深刻理论与实践内涵，系统分析与梳理归纳中国民事诉讼调判一体化问题，避免以偏概全之弊端。

日本著名诉讼法学家棚濑孝雄先生指出："无论把审判的本质视为法官忠实地适用法律，还是看作当事人对程序过程的一种特殊参加，这两者都是各自着眼于现实中审判的一个侧面，并将其提高到理念高度上而构成的模式。"[1]这一关于"审判的本质"的经典表述，对于深刻审视与反思当

〔1〕［日］棚濑孝雄：《纠纷的解决与审判制度》，王亚新译，中国政法大学出版社1994年版。作者以解决纠纷和审判程序方面的开拓性学说而著称。在日本司法改革中，他与民事诉讼法学界的"程序保障第三次浪潮"派、"交涉与法"研究会等相互呼应，发挥着重大影响，其代表作还有《本人诉讼的审理结构——自治的司法模式》《现代社会与律师》《纠纷与审判的法社会学》等。

下中国乃至西方民事诉讼制度、理论、司法实践均具有重要价值，特别是在诉讼调解和判决这一问题方面更具有启发性：(1)调解与判决在民事诉讼解纷机制中具有何种功能？(2)民事诉讼解纷机制中调解与判决的司法适用应当遵循何种规则方法？(3)调解与判决的诉讼内结合对于司法审判影响如何？对于提高诉讼结果的可接受性有何重要意义？(4)能否提供一种全新的思路与方案，或探寻实现调判平衡的连接点，从而确保这种制度更具有广泛适用性和借鉴意义？本书试图从理论与实践的结合上，对上述问题进行分析论证。

在民事诉讼庭审中，法官通常会征求两造是否具有调解的意愿，并作出如下询问："根据《民事诉讼法》[1]的相关规定，双方是否愿意调解……鉴于双方同意调解，本院将庭后组织调解，如调解不成，本院将依法进行裁判/鉴于双方不同意调解，本院将依法进行裁判。"[2]以上内容仅是截取了中国民事诉讼庭审的一个"片段缩影"。事实上，以立案作为起点，以司法裁判的作出作为阶段性终结，诉讼调解伴随纠纷解决的始终，于此过程，法官可以主动或依两造中一方或双方申请组织并主持调解，推进民事纠纷解决。

本书是笔者30余年来对中国民事诉讼调判一体化特色性司法进行深入思考与实证研究的阶段性成果。从研究动因出发，需要对此种现象"知其然，且知其所以然"。特别是就基于角色定位差异性的司法者而言，当下中国法官形成"政治性—法律性—社会性"的三重角色复合，由此产生对纠纷解决"政治效果—法律效果—社会效果"统一的追求，纠纷解决并

〔1〕 本书中引用的法律、法规、规章及其他规范性文件名称中的"中华人民共和国"省略。

〔2〕《民事诉讼法》第145条规定："法庭辩论终结，应当依法作出判决。判决前能够调解的，还可以进行调解，调解不成的，应当及时判决。"尽管本条并非对诉讼调解的强制性规定，但在司法实践中，法官原则上均会尝试诉讼调解。对此，笔者随机抽取了江苏省连云港市两级法院一审和二审民事诉讼100本卷宗作为考察对象，在所有案件的最后陈述环节之前，法官均作出相同或类似的关于诉讼调解的表述，这进一步说明在中国民事诉讼中，诉讼调解贯彻诉讼过程始终。

不单纯以寻求“唯一正确性”作为终极目标，而是以诉讼结果的可接受性为基本导向。基于此，在纠纷解决中秉承实用主义和事实主义为中心的裁判思维成为应有之义，娴熟掌握并科学运用调解与判决的技巧成为法官的一门“必修课”〔1〕，也被视为一种“司法行为艺术”〔2〕。因此，“会判不会调”或者“会调不会判”的法官均不能被称为“优秀”法官。

以笔者所在J省的陈燕萍〔3〕、姜霜菊〔4〕等为代表的一大批全国先进典型，均是“会调也会判”的专家型优秀法官。在他们的办案中，调判结合始终是法官的基本技能。在陈燕萍法官办理的案件中，70%以上的案件是调解结案的，婚姻家庭类案件的调解率更是达90%以上；姜霜菊法官近10年办理案件5000余件，平均每年办理近500件，案件调撤率达81%，上诉率仅为0.85%，所办案件无一错案，无一当事人上访，无一当事人申诉。〔5〕

与此形成鲜明对比的是，在美德等西方国家三权分立的体制之下，法院的职能属性通常而言具有单一性，法官的角色属性更多体现为“法律性”，法条主义成为法律的正统或官方理论，以最大限度地实现“法治”理

---

〔1〕 一般而言，中国法院的法官在任职之前需要担任书记员、法官助理，且需要经过预备法官培训与资格考试，而其中调解与判决技巧是培训与考试的必备内容。

〔2〕 对中国法院的法官而言，司法调解与判决并非“非黑即白”的二选一关系，其中包含着信息传达、利弊分析等多重内容，而相关技能的取得需要长期的学习、积累与历练，因此，这种技能性积累可以被称为“司法行为艺术”。

〔3〕 陈燕萍，江苏盐城人，全国人民法庭优秀法官、全国优秀女法官、全国三八红旗手、全国道德模范（提名），在司法审判工作中创造了“陈燕萍工作法”，精髓是“情法辉映，曲直可鉴”。

〔4〕 姜霜菊，江苏赣榆人，全国法院办案标兵、全国最美基层法官、全国法院指导人民调解工作先进个人、第八届全国“人民满意的公务员”，在司法审判工作中创造了“姜霜菊调解工作法”：“类比分析法”“亲情感化法”“降温处理法”“善用民俗法”“现场办案法”“换位思考法”“权衡利弊法”等，成立了“姜霜菊调解工作室”。

〔5〕 参见《女法官陈燕萍：老百姓的官司件件是大案》，载中国法院网2010年1月20日，https://www.chinacourt.org/article/detail/2010/01/id/392020.shtml；《姜霜菊：百姓信服的好法官》，载中国法院网2015年1月9日，https://www.chinacourt.org/article/detail/2015/01/id/1530580.shtml。

想对于法律的可预测性与排除不确定性的要求。〔1〕因此,美德等国家的法官在裁判上更多地采取形式主义的裁判思维,在诉讼纠纷解决上恪守逻辑一致性,作出非此即彼的单一选择,即寻求争议解决中“唯一正确的答案”,而在法官职责的设定上,只需要忠实地执行宪法和法律,作出案件是非对错的判断(即便是诉讼和解的促进义务,亦是在诉讼程序之内完成并实现),至于诉讼之外的非诉讼解决,则不属于法官的职权范围。导致这一现象的原因显然是多方面的,既包含文化差异性因素、司法政策性因素,也包括司法目的性差异,等等。

如何选择纠纷解决机制取决于各国的政治体制、文化背景等多重因素,但在纠纷解决的模式选择与借鉴方面,世界各国却保持相对开放的思路与态度。就中国法院而言,中国民事诉讼调判一体化司法模式将诉讼调解与司法审判有机结合,无疑为世界各国提供了中国智慧与方案,这也正是进入20世纪末以后,西方国家对调解制度的关注与研究〔2〕方兴未艾的原因所在。与此同时,中国法院也密切关注域外国家与地区的调判模式,如美国法院重视通过审前程序提高民事司法工作效能、完善调解案例指导方

〔1〕 参见于明:《法条主义、实用主义与制度结构——基于英美的比较》,载《北大法律评论》(第14卷·第1辑),北京大学出版社2013年版,第15~16页。最为典型的法条主义也就是三段论的推理,即依据确定的大前提法律规则与小前提案件事实得出确定性的判决。尽管近年来法律适用主义在英美国家兴起,但并未从根本上动摇法条主义的核心地位与作用。

〔2〕 最具代表性的是美国的马克·格兰特(Marc Galanter)教授,在格兰特教授对美国司法制度的研究中,有关联邦和州法院民事审判中调解、和解及判决的实证研究占有重要的地位,其中三篇与调解有关的论文:《“和解法官而不是审判法官”:美国的司法调解》[Marc Galanter, *A Settlement Judge, Not a Trail Judge: Judicial Mediation in the United States*, 12 Journal of Law & Society 1(1985)];《民事诉讼中法官调解的出现》[Marc Galanter, *The Emergence of the Judge as a Mediator in Civil Cases*, 69 Judicature 257(1986)]和《消失中的审判:对美国联邦和州法院审判及相关问题的考察》[Marc Galanter, *The Vanishing Trial: An Examination of Trials and Related Matters in Federal and State Courts*, 1 Journal of Empirical Legal Studies 459(2004)],研究时间跨度近20年,以20世纪80年代美国法院民事诉讼中调解与和解的快速增长为起点,通过定量分析、调研访谈等经验实证研究方法,客观地描述了法官对调解的认识及和解促进行为,分析并揭示了和解运动发展的社会背景和制度原因,并预测了其发展动向。这一长期的动态性研究已经接受了时间和实践的检验,具有较高的实证性和科学性。参见范愉:《从诉讼调解到“消失中的审判”》,载《法制与社会发展》2008年第5期。

式等，力图在批判性地借鉴域外调判模式经验的基础上，优化与改善中国法院现有的调判一体化司法模式，在司法体制改革过程中实现中国民事诉讼调判一体化功能效应的最大最优化，这也正是本书研究的一个重要动因所在。

将中国民事诉讼调判一体化作为本书的研究对象，真正意义上将其作为一个司法问题进行研究，主要出于以下几个方面的考虑：其一，尽管中国民事诉讼调判一体化的司法适用已经成为“默认的共识”，但目前理论界和实务界尚无调判一体化的概念，在制度程序规范性方面仍有较大的完善与提升空间，不同程度上存在司法适用失范问题，通过调判一体化理论构建，能够厘清其内涵、外延等内容，科学指导司法实践；其二，通过对民事诉讼调判一体化运行逻辑进行过程分析，构建纠纷解决“合意性—强制性”“形式理性—实质理性”两组分析模型，揭示纠纷解决中主体合作与对抗的基本样态及影响要素；其三，在理论和实践分析的基础上，探讨调判一体化适用规则的完善路径与方法，有利于提高裁判结果的可接受性，能够为健全完善中国特色民事诉讼制度提供另一种思路与视野。

本书对调判一体化进行了诉讼理论建构。当前理论界对我国司法调判概念与关系的描述为“调判结合”，实际上源自（或直接沿用）最高人民法院的司法政策用语。此一概念仅是从形式外观上对司法调判关系进行直观性描述，无法准确反映与涵盖我国民事诉讼调解与判决司法适用的实质内涵。事实上，中国民事诉讼调判一体化并非简单地将调解与判决均作为司法裁判手段，其中涉及调判适用原则方法、适用时机、调判转换、调判平衡等多重问题。本书在理论研究层面首次将调判一体化的司法现象理论化与体系化，夯实了制度理论的研究基础，以期为后续研究提供借鉴。

鉴于受到域外法等因素影响，理论界甚至实务界存在大量对中国民事诉讼“调判结合”司法模式质疑、否定等消极悲观的观点，人为地将调解、判决关系割裂化，以偏概全地强调“调判分离”。本书结合我国法治建设推进、司法政策变迁、司法制度改革等内容，从理论与实证角度重申坚持调判一体化司法模式符合我国司法现状。本书在实证研究中援引了大量的案例数据，这些案例数据全部源自笔者从事司法审判工作的“一线”，具有较好的典型性和代表性，对于实现本书研究“从实践中来，到实践中去”具有重要的实践价值和指导意义。

本书还从公权与私权关系角度分析调判一体化的效应，拓宽了研究的视野与广度；同时，在对现代法院功能分析的基础上，就调判一体化对诉讼制度、社会治理、审判管理的影响展开分析，从而避免将主题研究限定在司法本身，创造性地将一体化理论由其他领域引入民事诉讼领域，实现跨学科交叉研究，对于类似问题或领域的研究可以提供方法论指导。〔1〕

虽然在中国法院民事诉讼制度中，法院（法官）起主导作用，但本书研究并未将全部重心聚焦到法院（法官），而是对“主体主线”和“效果主线”两条主线进行研究，两造、法院、效果等研究要素贯穿本书始终。本书认为，合作与对抗构成中国民事诉讼调判一体化运行中的基本逻辑，民事诉讼调判一体化的运行不存在严格意义上的主体限制。实践运作成效主要表现为实现纠纷化解基础上诉讼主体的利益平衡，在价值引领基础上实现对司法裁判的规则塑造，在社会稳定层面实现纠纷的可接受性。因此，从公正高效解决纠纷的诉讼目的角度，以可接受性分析诉讼结果更能体现诉讼程序运行的实际效果。

〔1〕 法律意义上民事诉讼的一体化外源于非法学意义上的一体化理论。一体化概念理论源自国际政治关系领域。在国际政治关系意义上，一体化是指国际关系体系内某一区域、某一集团、某一子体系或整个体系的多数成员在一定领域内聚合为新的行为体的过程、状态、结果和趋势。一体化理论在不同的学科领域亦具有广泛的适用基础，同时又展现出不同的侧重，主要表现领域包括国际政治关系一体化、经济一体化、区域一体化、管理体系一体化等。通过一体化理论在不同学科领域的样态分析，可以直观地展示出不同学科领域一体化所必要的或可能的条件要素，并为本书研究提供方法论指导。

目　录

第一章　调判一体化诉讼理论建构

法律是一个带有许多大厅、房间、凹角、拐角的大厦，在同一时间里想用一盏探照灯照亮每一间房间、凹角和拐角是极为困难的，尤其当技术和经验受到局限的情况下，照明系统不适当或至少不完备时，情形就更是如此了。

——[美]E.博登海默：《法理学：法律哲学与法律方法》

如果把判决比作电灯，调解就是蜡烛。能带来光明的并不只是电灯，在有些不通电或者因为电压不足常常断电的地方，蜡烛也可以照亮暗处。电灯带来的光亮有时候还有些耀目和刺眼，人们有时还需要蜡烛带来的朦胧与温和。

——周大伟*：《法治的细节》

一、调判解纷模式的域外法视角

对调判解纷模式进行比较法研究不仅能够客观审视其差异性，而且有助于剖析这种差异性背后深层次的原因。尽管调解已经成为当今世界各国民事诉讼的基本趋势，〔1〕但有些域外国家的调解与中国法院调解存在本

---

* 周大伟，美国哥伦比亚大学法学院访问学者，北京理工大学法学院兼职教授，中国社会科学院法学院法学研究所特聘研究员，先后担任《中国新闻周刊》《法治日报》专栏作家等。

〔1〕 参见范愉：《从诉讼调解到"消失中的审判"》，载《法制与社会发展》2008年第5期。

质性差异，这些重大差异凸显出研究中国民事诉讼调判一体化课题的重要性与开拓性。本章将从域外两大法系的典型代表——美国与德国各自有关内容切入，重点从程序设置与法律效力两大方面差异展开，有针对性地将其与中国民事诉讼调判一体化的核心要素进行比较，从诉讼理论与历史进程等角度归纳造成这些差异的深层原因，为中国民事诉讼调判一体化的机理阐述与理论构建等提供比较法意义上的借鉴与参考。〔1〕

（一）程序设置差异：诉内和解、附设调解与调判分离

美国与德国的民事诉讼法均明确规定了诉讼和解，因此，美德两国的诉讼和解均是位于“诉讼内”的。美国《联邦民事诉讼规则》（Federal Rules of Civil Procedure）第16条规定，美国法官在审前会议程序中应当促进案件和解（facilitate settlement）；《德国民事诉讼法》第278条规定，不论诉讼进行到何种程度，法院应该注意使诉讼或各个争点得到很好的解决，法院在言辞辩论之前应首先举行和解辩论。〔2〕因此，美德两国的诉讼和解与判决均属于民事诉讼法之内的司法解纷手段，也是美德两国法官的工作职责，这与中国法院的调解非常相似。这也意味着分析美德两国诉讼和解的内容并不能明确其与中国法院调判程序设置差异，只有比较美德两国调解制度与法院的关系，才能明确美德两国与中国民事诉讼法在程序设置方面的差异性。

具体到美国调解的内容，首先不能望文生义地将涉及美国法院的调解视为与中国法院调解相同的制度。与诉讼和解不同，调解（mediation）并

---

〔1〕 这里有两个问题需要特别说明。一是美国与德国均是联邦制国家，因此，除非特别强调，本书中有关“美国法院”“德国法院”的表述均是指美国与德国的联邦法院。二是美国民事诉讼中诉讼和解与法院附设调解并存，调解通过“附设”的方式与法院工作发生联系，因此出于完整性考虑，关于美国的内容将把诉讼和解与法院附设调解一并分析比较。德国则放弃了法院内调解的模式，调解已经完全社会化并退出法院司法审判，但同样出于完整性考虑，关于德国的内容在以诉讼和解为主的同时，仍会有针对性地分析调解差异内容，以争取在内容完整的同时避免研究方向的散漫化。

〔2〕 参见《德国民事诉讼法》，丁启明译，厦门大学出版社2016年版，第65页。

未规定在美国的《联邦民事诉讼规则》中，而是由统一州法全国委员会编写的《统一调解法》(Uniform Mediation Act)以及美国国会颁布的《1998年替代性纠纷解决机制法案》(Alternative Dispute Resolution Act of 1998，以下简称《ADR法案》)作出规定。根据上述法案内容，美国的调解是置于全社会整体性的ADR机制之下，而非由法院主导，《ADR法案》也没有对包括调解在内的ADR项目作出具体的规定，而是授权各联邦地区法院自行开发本法院的ADR项目，[1]因此，美国的调解通过“附设”的途径与法院工作产生一定联系，并在性质上带有“自愿协议”(voluntary agreement)与“无法定强制力”(non-binding)等关键要素，其在本质上是一种去裁判化的、非审理的合意协商解纷程序。[2]

德国方面，根据2012年7月26日正式生效的《德国促进调解及其他诉讼外纠纷解决程序法》第9条，自2013年8月1日之后，德国法院已经没有“调解法官”“法庭调解员”之类的说法，法院内调解模式已经被《德国民事诉讼法》放弃，[3]调解退出了法院的工作范畴，成为完全社会化的、法院之外的非诉解纷途径。因此，德国法院采取的是一种调判分离模式，而且《德国调解法》在关于调解的定义中也重点强调了调解的去裁判化的属性。[4]

综上可见，美德两国的调解与中国法院调解存在本质不同。奉行彻底“调判分离”的德国调解自不待言，即使是美国法院附设调解，也是严守非裁判化的、诉讼外的合意解纷性质。这就决定了无论是美国法院还是德国法院，其民事诉讼程序设置都不可能存在中国法院的“调判一体”“调中有

---

〔1〕 Alternative Dispute Resolution Process to Be Authorized in All District Courts, Alternative Dispute Resolution Act of 1998, Section 3.

〔2〕 Mediation means a process in which a mediator facilitates communication and negotiation between parties to assist them in reaching a voluntary agreement regarding dispute, Uniform Mediation Act, Section 2(1). Mediation is a flexible, non-binding dispute resolution procedure in which a neutral third party—the mediator—assists the parties with settlement negotiation, Civil Litigation Management Manual, Chapter 5 at 78.

〔3〕 参见龙柯宇:《祛魅与赋值:德国调解制度的路径选择与反思》，载《法治研究》2013年第4期。

〔4〕《德国调解法》第1条规定，调解员是“引领双方当事人进行调解的，独立、中立且不拥有裁判权的人员”，参见《德国民事诉讼法》，丁启明译，厦门大学出版社2016年版。

判、判中有调”，更不可能出现中国法院的“调判灵活转化”。

（二）程序效力差异：终结诉讼与“判决依赖”

与中国法院调解不同，美国法院附设调解成功后，只是依据调解协议在双方当事人之间成立一种新的契约关系，除非当事人同意，否则法院附设调解程序不具有法律强制力（non-binding），而这种特质同样及于法院附设调解结果。根据美国《民事诉讼管理手册》的内容，不论是由当事人同意启动附设调解还是由法官命令（order of the judge）移送启动，调解的结果都完全是契约性质，只能是双方均同意接受的协议（mutually acceptable agreement），此种协议会产生终结诉讼（dismiss）的程序性效力，[1]但不具有也不产生司法既判力。这一特点与美国法院附设调解属于去裁判化的“合意性程序”（consensual process）[2]性质相一致，也是美国法院附设调解与中国法院调解在法律效果方面的根本区别。

与附设调解相比，美国法院诉讼和解的法律效力则与中国法院调解有一定相似，美国法院诉讼和解同样能产生既判力与执行名义。但二者差异同样明显：中国法院调解书依法直接获得与判决书同等的既判力与执行名义，但美国的诉讼和解需要通过法院判决或命令才能获得上述效力。例如，《加利福尼亚州民事诉讼法典》明确规定，当事人在诉讼期间以书面或口头形式达成和解，则法庭可以依当事人申请，根据和解协议条款作出判决（enter judgment pursuant to the terms of settlement），[3]诉讼和解的执行名义也是通过法庭命令（court order ）的途径获得，而不是直接

---

〔1〕 Civil Litigation Management Manual, at 72, 96.

〔2〕 Civil Litigation Management Manual, at 72, 73.

〔3〕 CAL. CIV. PROC. CODE 664.6 (West 2006). “If parties to pending litigation stipulate, in a writing... or orally before the court, for settlement... the court, upon motion, may enter judgment pursuant to the terms of the settlement.” 同时，美国联邦法院中根据法庭核准的诉讼和解另行作出判决的案例，参见 *Bickley v. Schneider National Carriers, Inc.*, 2016 WL 6910261，法院在该案中根据对和解协议的核准裁决另行作出了最终判决。(...entering final judgment based on this final approval order. Accordingly, the court will enter a seperate judgment.)

获得。[1]

与美国诉讼和解类似，德国法院的诉讼和解也直接产生终结诉讼的效力，而不能直接产生既判力。德国的学界通说认为诉讼和解具有私法合同与诉讼合同的双重性质，[2]因此诉讼和解本质上被定位为合同行为。根据德国法院的有关判例以及学者解析，诉讼和解本身并没有既判力的效力，其只能终结诉讼；只有再通过生效判决的宣告，诉讼和解才能够产生既判力。[3]而这种与美国法院诉讼和解既判力问题的相似性也正是德国法院诉讼和解与中国法院调解的重大差异：中国法院调解书直接产生既判力，无须通过判决宣告，而德国法院的诉讼和解只能通过判决宣告途径获得既判力。

综上可见，美国法院的附设调解只能产生终结诉讼的程序效力，德国调解则属于法院之外的社会化解纷途径，与法院已经不存在诉讼系属；而美国与德国的诉讼和解均必须通过法院判决才能获得既判力，与中国法院调解书直接具有既判力的模式存在显著区别。

（三）差异的原因分析：理论定位与历史之维

1.理论定位：权利保护、法院裁判义务与诉讼法的发展

美德两国民事诉讼法在涉及调判关系、诉讼和解等问题上，无论是程序设置还是法律效力，都显著区别于中国法院调判一体化的模式与效力。个中原因可以从理论与历史两个角度分析。理论方面，首先就涉及法院与当事人之间在诉讼法律关系上的定位以及当事人请求法院保护的权利。

德国方面，以德国主流的诉讼法律关系理论分析，当事人与法院之间

---

〔1〕 *TBG INC. v. BENDIS.*, 811 F. Supp. 596 (D. Kan. 1992)，审理该案的堪萨斯州联邦地区法院作出了核准并执行和解协议的命令。(...court order approving and implementing proposed settlement.)

〔2〕 参见李大雪：《德国联邦法院典型判例研究（民事诉讼法篇）》，法律出版社2019年版，第139页。

〔3〕 Ⅷ ZR 274/79，参见李大雪：《德国联邦法院典型判例研究（民事诉讼法篇）》，法律出版社2019年版，第134-138页。

的诉讼法律关系首先是一种“公法性质的关系”,〔1〕法院作为国家主权(司法裁判权)的载体参与民事诉讼,是诉讼主体,对当事人负有裁判义务,在判决活动中居于当事人的上位;当事人有权请求法院裁判,而且当事人开启诉讼程序的目的是获得国家对其私权的保护。〔2〕随着时代的发展,特别是诉讼案件积压、诉讼效率低、成本高等问题的出现,法院作为国家主权载体,其作为权利保护手段的法院裁判义务也必然随之发展,否则将难以承担其固有的权利保护职能。此时,原本作为协商自治的和解与调解即获得了与国家司法裁判权发生联系的契机。但是,当事人请求法院裁判仍是首要的,这就解释了为什么德国的诉讼和解的既判力会存在“判决依赖”现象,以及发展出调解最终退出德国法院审判范畴的“调判分离”模式的原因。〔3〕

美国情况与德国既有相似又存在显著区别,如诉讼和解同样是司法裁判权在“诉讼爆炸”等客观问题面前的自我发展,而且带有自主协商性质的诉讼和解只能产生终结诉讼的程序效力,但其只能通过判决途径才可以获得司法既判力,这些内容与德国类似。在调解制度方面,正如前文分析的,美国的调解是被置于全社会整体性的ADR机制之下,并非法院主导。因此,美国的调解与法院产生联系,更多是因为诉讼制度本身在美国法律中的定位。与强调公法属性的德国民事诉讼制度不同,诉讼即使实现了重要的社会功能,其在美国本质上仍被视作“私人的事情”,〔4〕因此,美国传统的诉讼法奉行彻底的当事人主义,更偏向于保护私人秩序与个人选择,〔5〕而这与包括调解在内的ADR机制所推崇的当事人自愿参与、自行处

〔1〕 参见[德]比洛:《诉讼法学与民事诉讼法体系》,载《民事诉讼法学杂志》第27期,第201页。转引自蓝冰:《德国民事诉讼法研究》,四川人民出版社2017年版,第229页。

〔2〕 参见蓝冰:《德国民事诉讼法研究》,四川人民出版社2017年版,第229-234页。

〔3〕 法院调解制度在德国法院历经实践但最终被法院放弃的具体内容,参见龙柯宇:《祛魅与赋值:德国调解制度的路径选择与反思》,载《法治研究》2013年第4期。

〔4〕 参见吴如巧:《美国联邦民事诉讼规则的新发展》,中国政法大学出版社2013年版,第155-156页。

〔5〕 参见[美]史蒂文·苏本、玛格丽特(绮剑)·伍:《美国民事诉讼的真谛:从历史、文化、实务的视角》,蔡彦敏、徐卉译,法律出版社2002年版,第226页。

分与自主协商等内在机理高度契合，因此美国的民事诉讼法与调解制度自然会发生联系。但因为调解坚持的“无法定强制力”(non-binding)属性，[1]导致美国调解无法深入法院审判工作内部，其与法院工作的联系也只能达到“附设”的程度，把调解作为司法功能与民事诉讼法的发展与延伸。

2.历史之维：调解与和解作为“后来者”的定位

法律是一个历史文化现象，新旧秩序之间的“脐带”不可能被一刀剪断，人们也不可能凭空建立一个崭新的时代。[2]因此，美德两国与中国在调判程序设置、和解法律效力等方面之所以存在上述显著差异，除了可以从诉讼理论上分析其原因，还可以从历史角度进一步加以研究。

无论是诉讼和解还是涉及法院的调解，其在美国与德国都是司法程序的“后来者”，美德两国都是先有判决，后来为了解决“诉讼爆炸”“诉讼效率低下”“诉讼成本高”[3]等问题，而在不同程度上采用或接纳了调解与诉讼和解。例如美国，现行的《联邦民事诉讼规则》早在1938年就开始实施，但直至近45年后，诉讼和解制度才借由《联邦民事诉讼规则》第16条的修订而正式进入美国法院的民事诉讼中；而法院附设调解则在1998年才通过《ADR法案》的授权在全美法院正式展开，比《联邦民事诉讼规则》的颁布晚了近60年。

德国的情况与美国类似，但也存在差别。现行的《德国民事诉讼法》颁行于1877年，与现今德国民诉法强调法官职权主义的情形相反，最初的1877年《德国民事诉讼法》深受当时的法国法律影响，奉行的是纯粹的自由主义与当事人主义原则。[4]与此相对应，《德国民事诉讼法》虽然也规定

---

〔1〕 Civil Litigation Management Manual, at 78.

〔2〕 参见汪世荣等：《新中国司法制度的基石——陕甘宁边区高等法院（1937—1949）》，商务印书馆2011年版，第126页。

〔3〕 吴如巧：《美国联邦民事诉讼规则的新发展》，中国政法大学出版社2013年版，第147页；[德]皮特·高特沃德：《民事司法改革：接近司法、成本与效率——德国的视角》，载[英]阿德里安 A.S.朱克曼主编：《危机中的民事司法——民事诉讼程序的比较视角》，傅郁林等译，中国政法大学出版社2005年版，第221页。

〔4〕《德国民事诉讼法》，丁启明译，厦门大学出版社2016年版，第2、10页。

了诉讼和解，但其只是“任意和解”，[1]并非硬性要求。自19世纪末20世纪初开始，随着经济社会环境变化，德国也开始了淡化民事诉讼中的自由主义思维、逐步强化法官诉讼指挥权的民事诉讼司法改革。在此后的几十年里，《德国民事诉讼法》的诉讼和解制度也在“被规定”与“被废除”之间反复摇摆。[2]通过1990年与2000年的《司法简化法》《民事诉讼法施行法》对替代性纠纷解决机制、强制性调解程序前置等制度的修订，德国在2001年通过《民事诉讼改革法》终于正式规定了言词辩论之前的强制性和解辩论前置程序，诉讼和解在《德国民事诉讼法》中终于再次实现制度化，[3]此时相较《德国民事诉讼法》最初的颁布时间已经过去了100多年。从制度定型的角度而言，美国法院的诉讼和解是通过后续加入的方式进入民事诉讼制度中，而德国法院的诉讼和解则经历了从最初的“任意和解”到现在的“强制前置”的曲折过程，实质上也是以一个制度上的后来者身份进入法院的司法工作中。

中国法院调判模式的历史发展则呈现一种完全不同的状态。作为一项制度的法院调解在中国有极高的初始定位。我国法院的直系渊源是20世纪30年代的陕甘宁边区高等法院，[4]而法院调解早在陕甘宁边区高等法院时代就已经成为与判决并列的民事审判权运行方式，并诞生了著名的、明确指出要调判结合的“马锡五审判方式”，其深刻影响延续至今。[5]因

---

〔1〕 参见蓝冰：《德国民事诉讼法研究》，四川人民出版社2017年版，第66页。

〔2〕 参见陈光中、江伟主编：《诉讼法论丛》（第8卷），法律出版社2003年版，第463页；《德国民事诉讼法》，丁启明译，厦门大学出版社2016年版，第12页。

〔3〕 参见《德国民事诉讼法》，丁启明译，厦门大学出版社2016年版，第4、12页。

〔4〕 调解在中国历史中源远流长，具体到法院调解等司法制度渊源问题上，应以具体的开创机构作为研究落脚点。现今中国法院源于20世纪30年代由中国共产党领导的陕甘宁边区高等法院，是随着解放战争的进程将陕甘宁边区高等法院的制度模板推广到全国而形成的。因此，包括法院调解在内的有关司法制度，也应当从陕甘宁边区高等法院中探寻其真正的制度渊源。

〔5〕 “马锡五的方式究竟是怎样的，就是调解与审判的结合……”，载《边区推事、审判员联席会议发言记录》。转引自汪世荣等：《新中国司法制度的基石——陕甘宁边区高等法院（1937—1949）》，商务印书馆2011年版，第220页。

此，在历史维度的时间线上，中国法院调解与判决是“并驾齐驱”的，而非美德两国那样存在“先来后到”的历史顺序。这就能在前文的诉讼法理分析的基础上，进一步从历史角度解释为何中国能发展出“调判共生”“调中有判、判中有调”的调判一体化模式，但是美国和德国只能发展出“附设调解”“调判分离”的模式，而且美德两国诉讼和解的既判力只能通过“判决依赖”的间接途径来解决，而不是直接与判决等同。

因此，正是因为美德两国不同的诉讼理论、诉讼性质与历史发展背景，导致他们的诉讼和解与调解制度均发展出了明显区别于中国法院调判一体化的模式，也印证了中国法院调判的“调判共生”“调中有判、判中有调”“灵活转化”等内在机理的独特性。正是这种显著区别于世界两大法系典型的内在独特机理，展现了中国法院调判一体化深刻的理论内涵与研究价值，这也是本书将要继续分析阐释的内容。

二、中国民事诉讼调判适用样态考察

程序是依据决定解决纠纷必不可少的要素，而且决定的正当性也来自对程序的严格遵守。程序不但能够通过其角色分派体系合理分配各个主体的权限，使恣意受到限制；同时，为了使通过程序作出的决定具有稳定性，程序还具有不可逆转性，这是满足纠纷的解决在效率性方面的要求。〔1〕从美德两国民事诉讼解纷模式的程序设计来看，因其在本质上将调解理解为合意的、去裁判化的、无法律强制力的协商程序，美德两国均采取了“调判分离”的思路，这一点与我国调判一体化民事诉讼样态形成鲜明对比，最直观的表现即为关于调解的法律规制（见表1-1）。

〔1〕 参见唐力：《诉讼调解合意诱导机制研究》，载《法商研究》2016年第4期。

表1-1　美德中三国调解、和解、判决制度法律规制比较

比较对象	解纷方式	主要法律规定
美国	附设调解	《统一调解法》《ADR 法案》
	诉讼和解	《联邦民事诉讼规则》
	判决	
德国	调解	《德国促进调解及其他诉讼外纠纷解决程序法》
	诉讼和解	《德国民事诉讼法》
	判决	
中国	诉外调解	《人民调解法》等
	诉讼调解	《民事诉讼法》
	判决	

从法律规制来看，美德两国的调解和诉讼和解/判决分属不同的法律规制，而我国调解的内容更宽泛，诉讼调解与判决通过《民事诉讼法》统一规制，诉外调解通过《人民调解法》等加以规制。正因如此，在程序性质上，美德调解机制属于完全的非诉讼解纷机制，而我国的调解机制在内涵和外延上既包含了诉讼外调解（如人民调解、行政调解等），也包括诉讼调解（法院调解），在性质上既包括诉讼解纷机制，也包括非诉讼解纷机制（见表1-2）。

表1-2　美德中三国调判解纷机制程序属性比较

比较对象	解纷方式	程序属性	
		诉讼程序	非诉讼程序
美国	附设调解		√
	诉讼和解	√	
	判决	√	
德国	调解		√
	诉讼和解	√	
	判决	√	

续表

比较对象	解纷方式	程序属性	
		诉讼程序	非诉讼程序
中国	诉外调解		√
	诉讼调解	√	
	判决	√	

通过比较不难发现，中国民事诉讼调判一体化的程序样态，既不同于英美法系国家的当事人主义，亦不同于大陆法系国家的职权主义，其所采取的是当事人主义与法官职权主义的复合模式。复合体现为无论是决定型的判决，还是合意型的调解，都是在法官主持下进行的，这与中国古代"私了"显然具有本质的区别，体现为法官在诉讼中可以提出调解建议，进行适当的法律释明，从而引导当事人达成调解协议。另外，即使是法官主持下的调解，也并不是由法官主导乃至包办代替，而是要坚持调解的"合意性"，由两造双方充分沟通，既有对抗也有合作；法官不得以审判权强制性干预甚至威胁两造"合意"。这样一种复合模式，较好地发挥了职权主义的权威性和当事人主义的合意性，体现了中国司法"实用主义"的鲜明特质。

因此，当事人主义和法官职权主义的双重结合，实际上增加了调解和判决在诉讼程序内结合的可行性与必要性，从程序结构上形成了我国民事诉讼调判一体化的诉讼结构。

当前，我国并未设专门的诉讼调解法，根据现行《民事诉讼法》，诉讼调解与判决关系〔1〕内容涵盖各编及相关节。除了关于涉外民事诉讼程序一编外，在第一编总则、第二编审判程序、第三编执行程序中，均有规定。不同审级（一审、二审和再审）及民事诉讼不同阶段均体现了调解适用原则。如总则第9条规定："人民法院审理民事案件，应当根据自愿和合法的

〔1〕 鉴于民事诉讼的主要结案方式仍是判决，故这里仅就涉及调解内容进行梳理和分析。从调解在民事诉讼法中的相关规定内容可以看出立法对调判关系的意图。

原则进行调解；调解不成的，应当及时判决。”本条构成中国民事诉讼关于调解与判决关系总纲性的规定。第96条规定：“人民法院审理民事案件，根据当事人自愿的原则，在事实清楚的基础上，分清是非，进行调解。”本条系对调解启动权所作的规定，表明“纠纷解决程序的启动、推进以及最终结果，均依赖于当事人，意思自治是民事纠纷解决程序的基本原则”〔1〕。第99条规定：“调解达成协议，必须双方自愿，不得强迫。调解协议的内容不得违反法律规定。”本条系对调解过程及调解内容的规范，表明调解协议的内容，以及是否形成协议，均需由两造决定，法官在此过程中同样要尊重两造的选择权，且需遵循调解合法原则。再如，执行程序编第241条规定：“在执行中，双方当事人自行和解达成协议的，执行员应当将协议内容记入笔录，由双方当事人签名或者盖章。申请执行人因受欺诈、胁迫与被执行人达成和解协议，或者当事人不履行和解协议的，人民法院可以根据当事人的申请，恢复对原生效法律文书的执行。”本条关于执行和解的规定，虽已不是在审判程序中，但执行程序是审判程序的延续，体现了在执行程序中继续倡导诉讼两造进行和解，以钝化矛盾，尽快恢复秩序，等等。

从我国民事诉讼的司法规制来看，调解与判决共生于民事审判程序中；调解与判决相互衔接，这是我国民事审判程序最大特点。可以看到，中国法院的调解与判决，既可以是两种结案方式，也可以是两个诉讼阶段，既包括实体处理上的考虑，也包括诉讼经济与效率上的考虑，这无疑为两造和法院（法官）均提供了纠纷解决灵活选择的机会与空间。〔2〕

在程序效力上，美国法院的附设调解只能产生终结诉讼的程序效力，

〔1〕 梁平、陈焘：《民事纠纷合意解决的制度选择》，中国政法大学出版社2015年版，第90页。

〔2〕 与此同时，应当看到虽然《民事诉讼法》规定的调解内容涵盖调解原则、调解组织形式、协助调解、调解协议、调解书的制作、内容及效力以及调解失败（未达成协议或调解书送达前一方反悔）等，但是，有关调解的规定仍然是散见于该法一审、二审、再审程序等各篇章中。从一定意义上说，是“调寓于判”之中。总体来看，调解的规定仍然是零散、辅助和补充性的。说其零散，是因为现行《民事诉讼法》共306条，与调解有关的条文有16条左右，只约占总条文数的1/20。说其辅助和补充，是因为立法中无单独的调解程序，调解的有关规定散见于立案受理、庭审、宣判等程序之中，是这些审判程序的特殊化。

德国调解则属于法院之外的社会化解纷途径，与法院已经不存在诉讼系属，调解只能在当事人之间产生合同效力。而美国与德国的诉讼和解均必须通过法院判决才能获得既判力，存在“判决依赖”现象，与中国法院调解书直接具有既判力的模式存在显著区别。中国民事诉讼“判中有调”，调解是审判程序中一种重要的审判方式。调解的运用，如果最终两造达成协议，则调解成为一种结案方式，虽然最终法律文书体现为调解书，但其作为法院主持下诉讼调解而出具的法律文书，与判决书一样具有法律强制力。换言之，在我国无论是诉讼外调解还是诉讼调解均可能产生既判力。前者可通过向人民法院申请司法确认获得，[1]后者则通过诉讼调解直接获得[2]（见表1-3）。

表1-3　美德中三国调判适用程序及效力特点比较

比较对象	解纷方式	适用程序及效力
美国	附设调解	调判分离；法院附设调解
	诉讼和解	和判并用、和解从无到有；和判只能单向转化；和解无既判力
	判决	
德国	调解	调判分离；调解与法院无关
	诉讼和解	和判并用、和解从任意到强制前置；和判只能单向转化；和解无既判力
	判决	

〔1〕　如《人民调解法》第33条规定，经人民调解委员会调解达成调解协议后，双方当事人认为有必要的，可以自调解协议生效之日起30日内共同向人民法院申请司法确认，人民法院应当及时对调解协议进行审查，依法确认调解协议的效力。人民法院依法确认调解协议有效，一方当事人拒绝履行或者未全部履行的，对方当事人可以向人民法院申请强制执行。人民法院依法确认调解协议无效的，当事人可以通过人民调解方式变更原调解协议或者达成新的调解协议，也可以向人民法院提起诉讼。

〔2〕　《民事诉讼法》第9条规定，人民法院审理民事案件，应当根据自愿和合法的原则进行调解；调解不成的，应当及时判决。第100条规定，调解达成协议，人民法院应当制作调解书。调解书应当写明诉讼请求、案件的事实和调解结果。调解书由审判人员、书记员署名，加盖人民法院印章，送达双方当事人。调解书经双方当事人签收后，即具有法律效力。第247条规定，发生法律效力的民事判决、裁定，当事人必须履行。一方拒绝履行的，对方当事人可以向人民法院申请执行，也可以由审判员移送执行员执行。调解书和其他应当由人民法院执行的法律文书，当事人必须履行。一方拒绝履行的，对方当事人可以向人民法院申请执行。

续表

比较对象	解纷方式	适用程序及效力
中国	诉外调解	调判分离；调解与法院无关
	诉讼调解	调判一体化：调判灵活并用，不分先后；调判可以双向转化；均产生既判力
	判决	

综上所述，相较于美德等国“调判分离”的二元诉讼程序结构模式[1]，中国民事诉讼调判模式将“两种理念截然不同的纠纷解决方式——调解与判决奇妙地杂糅于同一诉讼程序内，共同成为法官民事审判权的作用方式”[2]，这是一种独特的调判一体化的民事诉讼程序结构。无论是从民事诉讼理论层面还是司法实务层面看，调判一体化的民事诉讼制度安排体现出了创新性与突破性，可以说这种司法方式不仅高度契合了“实用主义”[3]的司法理念，同时也构成了中国式民事诉讼司法程序的独特景观，亦为全面审视中国民事诉讼制度找到了一个精准切口。

（一）程序结构：动态适用下的调判一体化

中国民事诉讼调判一体化程序构造具有极为丰富的层次内涵：其一，诉讼调解与判决同样作为审判权行使的方式，在结构层次上形成互补促进关系，但却并不产生司法适用效力差异；其二，调判一体化赋予了解纷机制中的不同主体以更充分的调判适用参与权与选择权；其三，调判一体化对于促进诉讼结果的可接受性，实现纠纷解决形式正义和实质正义的统一

[1] 此处使用二元诉讼程序结构，依据法院（法官）是否具有诉讼调解的权限进行区分，在后文的分析中，可以发现中国民事诉讼中调解概念和域外法如美国法上的调解概念等并非完全对应的概念。此处不予赘述，后续章节中将进行详述。

[2] 王聪：《调判分离还是调判结合：再论法院调解的中国图景——为“调判结合”辩护》，载《河北法学》2019年第9期。

[3] 调判一体化体现司法实用主义最突出的表现为调判适用的灵活性与动态性。一体化模式下，调解与判决在诉讼进程中始终处于动态变化的过程，可以根据案件事实查明、案件举证质证以及当事人的意愿等情况随时转化，从而有效避免机械化司法。

具有积极促进意义，这与美德两国民事诉讼程序结构形成鲜明对比。有别于域外模式，中国民事诉讼解纷程序中调判适用具有兼容性、互洽性、灵活性、规则性等显著特点，为纠纷化解提供了一种全新思路与方案，同时亦无可否认地证明，法庭调解无论作为一种实践还是理想都还会在当代中国民事司法制度中继续发挥重要作用。〔1〕

1.适用兼容性：调中有判、判中有调

从程序设计理论层面，民事诉讼程序是以当事人辩论权和处分权保障为基本原则而构建的规则体系，并在相当大程度上承认诉讼契约。诉讼调解并不是试图寻求法律上的正确解决，调解在法律与实际生活之间起着统合作用，将严格的法律规范（包括程序规范与实体规范）与当事人的真实思想相调合，只要制度设计得当，审判程序中调解合意是有生存余地的。〔2〕与此同时，司法判决并不适宜解决所有纠纷，尤其是不适合解决“多中心问题”（polycentric task），这类纠纷如“蜘蛛网”一样各因素相互牵连，不是用判决区分黑白或简单宣告当事人权利义务就能解决的。〔3〕这表明，调解与判决解纷机制可以兼容于统一诉讼程序之内。中国民事诉讼调判一体化程序兼容性的一大亮点即在于没有偏狭地限定自身的范围，也没有一味地坚守传统意义“审判中心”模式，而是根据程序用户的需求不断发展、优化，创造性地在民事诉讼程序中引入调解的积极因素，设立诉讼调解程序。正是民事诉讼所具有的兼容性才赋予其发展性，也使民事诉讼成为一种易于理解和适用的过程。〔4〕

就程序性特征而言，中国民事诉讼调判一体化是以“过程导向”而非“结果导向”作为行为规范的，能够“超越‘案结事了’的短期利益，为当

---

〔1〕 参见黄宗智：《中国法庭调解的过去和现在》，载爱思想网2008年9月19日，http://www.aisixiang.com/data/13556.html。

〔2〕 参见唐力：《诉讼调解合意诱导机制研究》，载《法商研究》2016年第4期。

〔3〕 See Lon L. Fuller, *The Forms and Limits of Adjudication*, 92 Harvard Law Review 353 (1978).

〔4〕 参见单邦来：《论民事诉讼的目的及其实现的可能路径》，载《新疆社科论坛》2014年第1期。

事人提供将来自主决策的参考模式和技术，而法官对主体的尊重和关注，也将有助于树立司法公信力”〔1〕。在这一过程中，调解手段与判决手段相互交叉或并用，司法行为的推进烙上过程动态化的印记。客观来看，我国当前并没有设立专门的调解程序，法院调解贯穿于整个审判程序，同时依附于诉讼程序。“裁判和调解尽管在方法上有所区别，但在正当性基础、维护公平正义、解决纠纷的制度功能上是一致的，都是人民法院行使审判权的法定方式，都是解决纠纷的有效方法。”〔2〕《民事诉讼法》第96条要求调解应“分清是非”，这实际上包含了判断行为。法官以自己的内心确信（法律、道德或是效益上的）为标准，试图统一当事人的价值判断，进而形成合意。因此，可以说在我国调审合一的制度安排下，很难将调解权从司法权中单独分离出来。〔3〕总体来看，正是中国民事诉讼调判关系一体化导致“调解与判决‘你中有我，我中有你’的混合状态”〔4〕，决定了“调中有判、判中有调”的司法特点，但此种司法特点并非“以调代判”或“以判代调”，而应当是调判灵活适用。〔5〕

就纠纷解决程序过程与方法特征而言，中国民事诉讼调判一体化“调中有判、判中有调”突出表现为调解与判决在纠纷解决中过程与方法的兼容性。在解纷方法上，可以采用阶段性调解或阶段性判决的方式固定阶段性诉讼成果，为“案结事了”提供基础准备。这表现为，在调审结合的民

---

〔1〕 农会清、黄睿：《法院调解：从权威的依附到权威的重构——对调审合一背景下调解职权合理化的再思考》，载《学术论坛》2013年第8期。

〔2〕 吴兆祥：《〈关于进一步发挥诉讼调解在构建社会主义和谐社会中积极作用的若干意见〉解读》，载《人民司法·应用》2007年第7期。

〔3〕 参见农会清、黄睿：《法院调解：从权威的依附到权威的重构——对调审合一背景下调解职权合理化的再思考》，载《学术论坛》2013年第8期。

〔4〕 王聪：《调判分离还是调判结合：再论法院调解的中国图景——为“调判结合”辩护》，载《河北法学》2019年第9期。

〔5〕 与之形成鲜明对比的是，美德等国的诉讼和解与判决虽然均纳入统一诉讼程序结构，但诉讼和解作为诉内解纷程序，独立于判决程序，二者不具有依附性关系，诉讼和解和判决存在“非黑即白”的关系，成为诉讼结构内解纷的两套方案。这导致了“诉讼和解归和解，判决归判决”，最终程序适用上的特点就是要么以“诉讼和解方式结案”，要么“以判决方式结案”。

事审判程序中，法官在后续的案件审理中很可能受当事人在调解中陈述的“事实”的影响，在裁决时形成“先见”。〔1〕同理，对于部分案件事实清楚的，法官亦可以先行判决，并为后续的可行调解提供“先见”。这种程序方法的独特性赋予了调解和判决适用上的兼容性，实质上反映出当事人主义和法官职权主义复合型司法模式的优点，提升了两造与法院（法官）解纷的效率，这与前文所述的美国单纯的当事人主义司法模式以及德国所采取的法官职权主义模式形成显著差别。在中国民事诉讼调判一体化诉讼模式下，“调中有判、判中有调”的典型表现为“调解式判决”和“判决性调解”：〔2〕前者对应那些虽然具有调解的形式但实质是判决的案件，后者对应的则是那些带有判决成分但主要性质是调解的案件。而区分判决案与调解案的“试纸”，则是看争议的解决是否是违背一方当事人的意愿

〔1〕 参见李喜莲：《我国民事审判中调审关系的再思考》，载《法律科学（西北政法大学学报）》2019年第6期。李喜莲教授进一步指出，为使法官的“先见”合法化，并且在后续诉讼中有效地进行裁决，实行“无争议事实记载机制”，即在法院调解终结时，当事人双方未达成调解协议的，调解法官在征得各方当事人同意后，可以用书面形式记载调解过程中双方没有争议的事实，并由当事人签字确认。在后续的诉讼程序中，除有相反证据足以推翻外，当事人无须对调解过程中已确认的无争议事实再行举证。2016年最高人民法院《关于人民法院进一步深化多元化纠纷解决机制改革的意见》第23条规定，当事人未达成调解协议的，调解员在征得各方当事人同意后，可以用书面形式记载调解过程中双方没有争议的事实，并由当事人签字确认。在诉讼程序中，除涉及国家利益、社会公共利益和他人合法权益的外，当事人无须对调解过程中已确认的无争议事实举证。这一规定较好地体现了诉讼进程中调解与审判的衔接，应予充分肯定。首先，这可以避免将二者割裂开来的问题，体现调解与审判在诉讼中的互相促进；其次，兼顾诉讼效率与效益需要，如果将调解过程中双方无争议的事实，在诉讼程序中再行举证、质证，无疑是审判资源的浪费，也会给当事人带来诉累。

〔2〕 关于“调解式判决”，黄宗智教授指出，案件记录中将这类案件叫作“调解”只不过是对“调解”这个词作了相当程度的曲解。最典型的例子是其在有关离婚法的文章中详细讨论过的，以法庭强加的“调解和好”来驳回有争议的离婚请求。这些案件先是判决性地驳回离婚请求，然后采用高压手段来确保和解的达成，常常违背了诉讼请求人的意志。此一概念同“裁判式调解”基本意义相同，后者主要是指法院在民商事案件调解过程中，在查明事实、分清是非的基础上，依法引导当事人自愿达成调解协议，并在调解书中载明调解确认理由，对案件事实认定、法律责任及协议内容进行评判，据以确认调解协议法律效力的一种调解方式。参见罗斌：《融“刚”于“柔”——江苏省苏州市吴中区法院裁判式调解实践的调查》，载《人民法院报》2012年11月19日，第5版。关于“判决性调解”，黄宗智教授指出，有许多案件尽管包含一些判决性的因素，但仍然属于调解范畴，因此称之为“判决性调解”。比如，法庭可能会在某种判决性质的干预下帮助双方当事人达成妥协。如下文的案例讨论的，法庭可能会在着手调解之前判决性地认定离婚中的一方当事人为过错方（如有通奸行为的一方），然后协助达成有利于对方但是双方均愿意接受的调解方案。

而强加的。[1]当然，司法实践中具体案件用调解处理好，还是用判决解决好，处理案件的法官最清楚，应该赋予其灵活处理的权力。[2]因此，在处理案件过程中，法院（法官）需要根据两造合意、案件性质及复杂情况等综合因素，合理选择调解或判决，实现“能调则调，当判则判，调判结合，案结事了”。

2.适用互洽性：相互促进、互为补充

当代社会的司法与纠纷解决机制始终处在不断调整和反思的过程中，[3]司法审判所依据的诉讼程序在一切纠纷解决程序中必须是最完善、最科学、最有效的。它不仅要在调解失败的情况下能够终结纠纷，而且对其他渠道化解矛盾纠纷具有指导和监督职能。[4]在中国民事诉讼调判一体化诉讼程序结构下，调解和判决虽然同为审判权行使的方式，但本质上仍然属于不同的解纷机制（见图1-1），解纷机制的逻辑主线存在显著差异。“调解的目的在于纠纷的和平解决，其宗旨并不在于建构一种统一的法秩序；而判决的影响则可以超越个案，这反映了法律在原则性问题上的刚性，以及国家在某类问题上的基本立场和价值取向，有助于建构法治秩序。”[5]更具体地说，调解所具备的自愿性、合意性、处分性、灵活性等特质，决定了其属于一种民间自治性的解纷途径，其核心功能就在于和谐、低成本地解决民事纠纷；司法虽然同样承载着有效处理民事纠纷的任务，但这并不是其唯一的功能，司法所具有的强制性、严格且刚性的程序规则、高度的专业性等特征，决定了其在发挥公力救济功能的同时，还具有形成规则、

---

〔1〕 参见黄宗智：《中国民事判决的过去和现在》，载爱思想网2012年6月19日，http://www.aisixiang.com/data/13549.html。

〔2〕 参见彭世忠：《能动司法视野下民事调解改革的径向选择——对某些地方法院追求“零判决”现象的反思》，载《暨南学报（哲学社会科学版）》2011年第1期。

〔3〕 参见范愉：《从诉讼调解到“消失中的审判”》，载《法制与社会发展》2008年第5期。

〔4〕 参见冯文生：《回到诉讼过程本身——“调审结合程序一体化”诉讼机制研究》，载《法律适用》2015年第7期。

〔5〕 徐昀：《“调判结合”的困境——以民事审判结构理论为分析框架》，载《开放时代》2009年第6期。

发展制度并引导相关主体之后行为选择等独立功能。〔1〕尽管如此,“调解与判决目标一致、属性相同、效力相同,本质上具有兼容性。两者的结合有利于全方位纠纷解决机制的完善,有利于维护解纷机制的生态平衡。同时,调解和判决两种机制的融合可以实现‘1+1>2’的制度功效,提高解纷效率,因此才被赋予‘东方经验’的美誉”〔2〕。

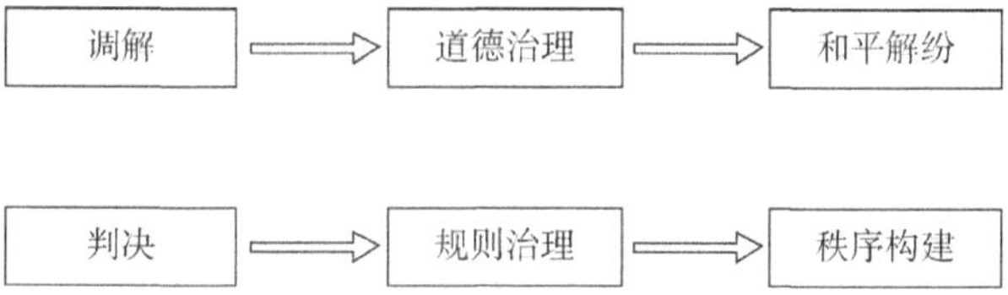

图1-1 调解与判决解纷机制对比

民事诉讼调判一体化诉讼模式下,调判适用的互洽性主要体现为二者相互促进,互为补充。其一,判决的权威性系达成调解的重要支撑。诉讼调解并不意味着案件事实与法律规范在调解合意的形成过程中毫无意义,案件的实际情况及法律规范恰好是与对方讨价还价的重要武器,判决程序中的规范效应恰能够成为诉讼调解合意形成的一个契机。〔3〕在民事诉讼纠纷解决中,法官通过充分行使释明权等,将案涉诉争焦点、事实、法律关系向两造充分传递,有效实现解纷信息共享,促进两造形成解纷合意。当事人基于审判法官的合法性权威,而对其给予更多的信任和尊重,从而更加有利于调解的达成。〔4〕其二,调解能够弥补判决对缓和矛盾、妥善解决纠纷的功能不足;判决则能够弥补调解对于秩序建构的功能缺陷。〔5〕调判一

〔1〕 参见潘剑锋:《论民事司法与调解关系的定位》,载《中外法学》2013年第1期。

〔2〕 田平安、杨成良:《调审分离论:理想图景与双重背反——兼与李浩教授商榷》,载《湖南社会科学》2015年第5期。

〔3〕 参见唐力:《诉讼调解合意诱导机制研究》,载《法商研究》2016年第4期。

〔4〕 参见王聪:《调判分离还是调判结合:再论法院调解的中国图景——为“调判结合”辩护》,载《河北法学》2019年第9期。

〔5〕 参见徐昀:《“调判结合”的困境——以民事审判结构理论为分析框架》,载《开放时代》2009年第6期。

体化有助于促进调解与判决解纷柔性与刚性统一，实现“情”“理”“法”相结合，提升解纷效果。其三，调解与判决可以在调判一体化的架构内实现各自理论与价值的互洽，调判一体化诉讼程序结构恰恰能够更好地发挥出比较性优势和复合性优势。正因如此，不管政治、社会、经济环境如何变化，调解与审判不同力量拉锯关系如何此消彼长，调判一体化在中国法治环境下始终能够发挥旺盛的生命力。

3.适用灵活性：一体适用、灵活转化

中国民事诉讼调判一体化的程序构造决定了民事诉讼纠纷解决过程系动态变化的过程，系在纠纷解决过程中，“调”“判”适用各种方法和手段的立体化、层次化的动态运用与转换。

就程序设计而言，我国民事诉讼调判一体化结构模式系当事人主义与法官职权主义相结合的诉讼模式。前者要求保障两造的诉讼程序选择权，后者则通过法院（法官）的职权强制构成对当事人程序选择权的有限限制。这种民事诉讼模式，从根本上决定了民事诉讼纠纷解决体现出“调判一体适用”的特征。此外，按照民事诉讼“程序相称”原理，民事诉讼所设置的程序要与处理的案件类型和当事人利益满足相适应。对于一般的简单案件适用简便快捷的程序，而对于疑难、复杂案件适用普通程序。更重要的是，对于不同性质的案件设置不同的程序规则，适用不同的程序审理。[1]对于诉讼初始阶段而言，无论是两造还是法院（法官），对于纠纷的类型、难易程度、案件事实、法律适用等案件信息的把握并不一定系统、全面、客观；民事诉讼进程的推进以及案件信息的传递与共享，将促进两造产生解纷方式的合意或转化并形成解纷方案的固定。而在最优解纷方式确定之前，调解与判决通常均属于解纷备选方案，不存在孰优孰劣问题，均可以一体适用、灵活转化。调判灵活转化涉及两方面要素。

〔1〕 参见张艳丽：《现代民事诉讼程序结构的类型化》，载《政法论丛》2015年第3期。

其一，主体要素。纠纷解决的过程是多方参与、彼此互动以达至最终解决结果的过程。在这个过程中，无论各方有没有明确地意识到，也无论事实上能不能够达到目的，他们都希望或不得不通过这个互动过程导向合作地解决纠纷这个结果。[1]民事诉讼纠纷解决的主体结构在法院（法官）与两造之间构成等腰三角形结构，两造享有解纷选择权（实质属于处分权）。进入民事诉讼程序后，两造均享有获得判决或请求调解的权利，这是当事人通过行使解纷选择权进行权利处分的体现；法院则享有解纷建议权和决定权，这是法院（法官）行使司法权的具体体现（见图1–2）。

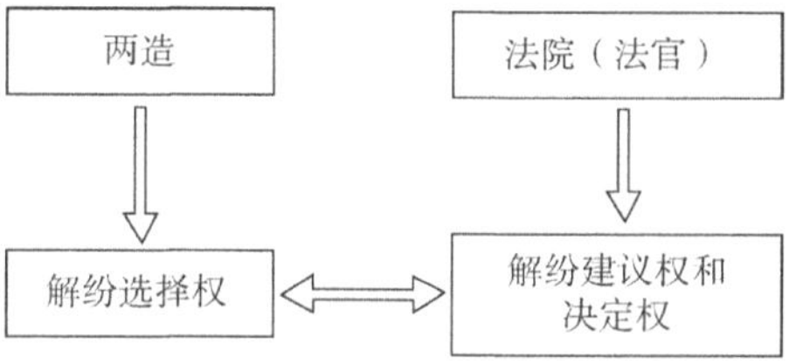

图1–2　两造与法院（法官）在解纷中的主体权限

调判灵活转化根据主体不同而有差异。对两造而言，可以在诉讼中灵活选择调解[2]或判决方案；对法院（法官）而言，可以在诉讼中灵活提出调解方案，并根据两造选择作出适用调解或适用判决的最终决定。而在最终决定之前，在两造或法院（法官）所提出的方案之内，调判均可以灵活转化。但是，值得注意的是，司法改革与《民事诉讼法》修改，都将重点放在保障诉权上，在这种背景下，短期内“非前置”原则不会改变。有此底线，法院只能通过鼓励、引导、建议等方式促进当事人选择采用调解或达成和解，既不能越俎代庖、在当事人明确拒绝调解时坚持调解，也不能拒绝作

〔1〕 参见胡平仁、杨夏女：《以交涉为核心的纠纷解决过程——基于法律接受的法社会学分析》，载《湘潭大学学报（哲学社会科学版）》2010年第1期。

〔2〕 尽管如此，在满足本书第五章所论述的诉讼结果可接受性的双重检视标准下，即便两造达成调解解纷的合意，行使调解解纷选择权，亦并不必然代表法院（法官）将决定适用调解方式结案。

出判决。[1]

其二，时机要素。[2]通常而言，调判灵活转化的时机仅限于法院（法官）行使调判适用的决定权之前。一般而言，该最终时机截至法院裁判之前。但法院（法官）决定权的作出却受到外在因素的影响。纠纷解决过程的动态性与变化性决定了调判选择必须一体化适用和灵活转化，要动态调整结案方案，灵活运用调解与判决在同一案件上的相互转换，针对案件的性质、类型和诉求等，科学把握运用调解或判决方式处理案件的基础和条件。从理论上来讲，虽然调解可以贯穿于民事诉讼的任何阶段，但并不是任何时候都适合调解，若调解的时机或阶段选择不恰当，往往会事倍功半。[3]缺乏时机要素导致调判无法灵活转化的情形主要包括：（1）根据案件类型或性质不宜适用调解，则自始失去调解时机，即便两造基于合意或法院（法官）基于误判适用调解，亦无法实现诉讼结果的可接受性；[4]（2）两造无法达成解纷合意，则自解纷合意被否定时失去调解时机，但在法院（法官）最终行使解纷决定权之前，并不排除调解时机在诉讼进程中后续恢复；[5]（3）两造在时机空间之内恶意滥用调解或判决解纷选择权，

---

〔1〕 参见范愉：《“当判则判”与“调判结合”——基于实务和操作层面的分析》，载《法制与社会发展》2011年第6期。

〔2〕 关于时机要素的具体规则，可见本书第四章提出的调判转换规则中的时点规则，此处仅从宏观层面予以引入。

〔3〕 参见张传军：《论民事案件调判结合办案方式之完善：寻求正义与和谐之间的衡平》，载《法律适用》2012年第4期。

〔4〕 这些案件类型主要包括本书第四章中“篱笆规则”之内的案件，如适用特别程序、督促程序、公示催告程序的案件，婚姻等身份关系确认案件以及其他根据案件性质不能进行调解的案件，以及应当通过判决方式树立裁判规则、弘扬社会主义核心价值观的案件等。

〔5〕 在整个民事诉讼过程中，当事人的意思并不是一成不变的，选择调或判随着诉讼进程的推进呈现阶段性变化，如有的当事人开始要求判决，但在案情逐渐明晰后又主动要求或愿意调解，这时法官就应当从判决结案方式向争取调解结案方式转换。有的当事人开始愿意调解，而到后来又不愿意调解，而要求法院判决，法官则不应再做调解工作，尤其是不能强制或违法调解，而应当依据查明的事实和证据依法判决。参见张传军：《论民事案件调判结合办案方式之完善——寻求正义与和谐之间的衡平》，载《法律适用》2012年第4期。与我国相类似的是日本的相关规制。根据《日本民事诉讼法》第89条之规定，法院可令受命法官或者受托法官随时尝试和解，不受诉讼进度的影响，这种规定亦考虑到了诉讼进程中诉讼调解动态变化的可能性。

法院（法官）据以否定调解时机。[1]排除上述情形，无论是两造还是法院（法官）一般均可利用时机要素，促进调判灵活转化。

综上可见，纠纷解决过程的动态性与变化性决定了调判选择必须一体化适用和灵活转化，要动态调整结案方案，灵活运用调解与判决在同一案件上的相互转换，这也正是调判一体化的核心内涵之一。最高人民法院“能调则调、当判则判”的政策表述直接从概念层面展现了调解与判决在诉讼过程中的适用转换样态，不能久调不决，不能以调代判，更不能以判压调，而应当坚持当事人自愿的原则，同时在查清事实的基础上，灵活选择最优方案。但仍然值得注意的是，从考虑纠纷化解的效果出发，无论是选择司法调解还是司法判决，都必须始终遵循调解的本质特征（合意性）以及判决的本质属性（国家强制性），并应力图实现二者效果的统一性和最大化。

4.适用规则性：调判平衡、功能互济

在调判一体化诉讼程序结构下，调判方式的选择与适用必须遵循特定规则。应当“根据具体案件来决定采用调解还是判决，使调解结案和判决结案回归正常司法轨道”[2]。司法实践中，鉴于调判一体化综合调解与判决两种纠纷解决机制，其内部衔接、原则尺度等问题在具体个案中往往较难把握，需要对司法适用的特殊形态、考核量化标准、司法程序机制以及调判适用理念进行再审视，以期实现调解与判决之间的衡平互济，确保实现司法功能价值的最大化。应当看到，在民事诉讼不断推进的动态过程中，“不同类型的案件或许对不同的解决形式有不同的要求，或者说，不同的纠纷解决形式对不同案件有不同的适应性”[3]，因此，民事诉讼纠纷解决是调

〔1〕 对该问题目前尚无统一标准。笔者倾向于两造解纷选择权的行使原则上不超过3次。当然，如果超出了3次，当事人能够合理阐释变更理由且不违反法律强制性规定，法官亦可自由裁量是否允许。这种程序设计的主要原因在于，如果一味地允许两造无限制地行使解纷选择权，容易造成选择权行使之恣意，不仅有违司法目的，也不符合对方当事人诉讼利益之保护。

〔2〕 李喜莲：《我国民事审判中调审关系的再思考》，载《法律科学（西北政法大学学报）》2019年第6期。

〔3〕 黄建武：《中国调解功能的演变及制度创新启示——基于1988年至2010年统计材料的分析》，载《北方法学》2012年第5期。

是判可能始终处于动态的变化，需要从动态的角度把握调判结合。[1]

调判结合的平衡应该强调一种动态性，一段时期内可能偏向于调解，之后则需要注重判决，在调解与判决的动态变迁中寻求均衡。但此种变迁应该限定在一个相对较小的幅度内，在对和谐社会与法治社会有同等程度的需求尚未发生整体性改变的前提下，调判结合的既定政策就不应该改变。[2]一般而言，调解与判决动态变迁的“较小幅度”具有相对判断要求与标准。其一，宏观层面而言，要求调判政策应当在动态中保持适度的连贯性与相对稳定性。调判政策可以体现出调判适用的相对侧重，但不是绝对的排他适用。其二，微观层面而言，“较小幅度”具有相对的判断标准，即应当限定在形式上“适合性”以及实质上的“可接受性”范围之内。前者的基本依据在于案件的性质以及当事人的态度，后者的依据则在于是否能够满足合法性和正义标准等诉讼结果的可接受性标准。换言之，何种案件适合调解，何种案件必须判决，何种案件可调可判，虽然随着诉讼进程有所改变，但囿于民事诉讼正当性、合法性等司法原则，以及民事诉讼法等特别规定、特殊案件类型、社会公共利益、社会价值观等考量因素的影响，仍然需要严格遵循特定规则中的“例外”，这一点成为调判一体化诉讼程序结构的创新与突破，同时也为新时代中国民事诉讼理论与实践发展提供了新契机。

（二）主体关系：协同参与下的合作与对抗

中国民事诉讼调判一体化的程序构造决定了民事诉讼纠纷解决中不同主体的角色定位和功能发挥上的差异性。这种民事诉讼程序结构同时强调多元主体的一体化参与，更加体现协同式司法的形式与实质要求，无

---

〔1〕 笔者此处所用的“调判结合”概念实际上等同于本书所主张的“调判一体化”概念，其差异性在于对同一民事诉讼程序结构的认识不同而已，因此，此处引用未加区别。

〔2〕 参见徐昀：《“调判结合”的困境——以民事审判结构理论为分析框架》，载《开放时代》2009年第6期。

论是各方主体的合作对抗，或是其他形式的冲突博弈，均体现出各方主体在解纷推进中无可替代的功能作用。按照日本学者棚濑孝雄的观点，纠纷解决的参与主体包括：当事者、第三者与社会一般成员。〔1〕在民事诉讼解纷机制下，当事者即为作为诉争主体的两造；第三者即为理涉诉争的法院（法官）；社会一般成员则为案外不特定的社会主体，不同主体的共同作用（直接或间接作用）推动促进纠纷解决。〔2〕

1.解纷机制中法官的角色与职能定位

我国诉讼程序调审合一之本质，不只是两个程序合二为一，而更主要的是两个程序操作主体的合一。调解与审判的主体合一是我国调解程序与审判程序交互运行使然，在程序的运行上具有一定的便宜性。〔3〕就程序参与主体的法官角色特征而言，在民事诉讼中法官扮演调解者和裁判者的双重身份，既可以调解结案，也可以判决结案。双重角色要求法官在审理活动中具有应对复杂多变情形的能力，而“调中有判、判中有调”的这一民事审判方式兼顾判决和调解，通融性强，恰恰能够满足当事人自由选择解纷方式的需要。因此，最高人民法院亦明确提出了民事审判法官要做到“会判也会调”〔4〕的基本要求。〔5〕

---

〔1〕 参见［日］棚濑孝雄：《纠纷的解决与审判制度》，王亚新译，中国政法大学出版社1994年版，第35页。需要强调的是，社会一般成员对于纠纷解决的意义主要体现为对纠纷解决的效果评价以及外部监督作用。在审判独立原则下，围绕两造和法院（法官）之间形成的纠纷过程，应当绝对排除社会一般成员参与。因此，关于纠纷解决中的社会成员，本书不予讨论。

〔2〕《宪法》第131条规定：“人民法院依照法律规定独立行使审判权，不受行政机关、社会团体和个人的干涉。”人民法院依法独立行使审判权并不等同于西方国家的司法独立。按照我国《宪法》的规定，人民法院必须接受国家权力机关的监督，向产生它的权力机关负责，并向其报告工作，这与西方国家的三权分立存在本质区别。本书研究中，案外一般成员不在此处作为解纷主体探讨，但案外第三人对于案件效果的评价可能成为本书第四章所探讨的诉讼结果的可接受性因素，将在本书第四章专门论述。

〔3〕 参见唐力：《诉讼调解合意诱导机制研究》，载《法商研究》2016年第4期。

〔4〕 参见最高人民法院时任副院长曹建明2007年1月6日在第七次全国民事审判工作会议上的讲话。

〔5〕 在美国，法官仅是以“提供便利”的调解人身份开展工作，并以司法裁判者的公权身份作出裁决。在诉讼和解中，主持和解会议的法官与后续参与案件审理的法官是相互分离的。在德国，将诉讼和解明确规定为法官的职能和义务，在诉讼和解方面，德国法上存在“和解法官”与“审判法官”分类、各司其职的制度特色。

法官作为调解者的职能定位。在调判一体化诉讼模式下，法官在调解中可以毫无障碍地运用自己的正式职权对案件的事实情形是否涉及过错作出判断。[1]但民事诉讼调判一体化，并不意味着调解相较判决在司法适用上具有绝对的优位性。法官在处理民事纠纷时应当坚持能调则调，能调则调既是主观判断，亦是工作要求和导向。[2]这意味着诉讼调解必须立足于有效化解纠纷矛盾，定分止争，案结事了，实现法律效果与社会效果的有机统一。相较于诉外调解，诉讼调解最大的特点源于法官身份属性上的“权威性”。法官作为调解者的权威性体现为公正高效解纷的行为优势，而非调解优先、以调代判或强制调解，法官调解必须以两造真实意愿作为根本前提。

法官作为调解者主要应当发挥中介功能、促和功能和说服功能。就中介功能而言，主要基于三方面考虑：其一，当由于某种原因当事人之间对话有困难时，为他们提供一种使对话可能的渠道；其二，通过中介过程当事者的要求转化为更具有明确性、客观性的主张，变得更有说服力，结果使合意更容易形成；其三，终结者的威信和事实上的影响力能给传递的信息带来某种分量，迫使对方不得不给以负责任的回答。[3]就促和功能而言，

---

〔1〕 参见黄宗智：《中国法庭调解的过去和现在》，载爱思想网2008年9月19日，http://www.aisixiang.com/data/13556.html。

〔2〕 一般认为是处于熟人社会的争议不大的纠纷，如相邻关系、亲属之间的家事纠纷、损害赔偿纠纷等，这些纠纷一般法律关系比较明确、案件争议不大，特别是涉及的当事人基本上是“熟人”，采取调解方式解决纠纷，既有便利条件，也有利于当事人之间不因诉讼而使今后的关系处于对抗，以达到真正化解矛盾的目的。相反，市场经济发展中产生的商事纠纷，不仅不具有熟人关系，而且争议的标的往往也比较大，一方或双方让步的余地不大，就比较难以达成协议。从必要性来说，在全球化和互联网经济的今天，市场交易与合作的当事人可能都不会见面，亦不存在影响“熟人”间今后交往的因素。故这类纠纷应属于“不适宜”或难以调解成功的。当然，这一区分只是相对的。对不同的法官来说，由于工作阅历、专业背景、调解取向或能力不同，其调解的效果也会有很大区别。从工作导向来说，显然各级法院会采取各种激励或倡导措施去要求法官加强调解工作，包括曾经一段时期内存在的追求高调解率等做法。在司法行政化的推动下，亦不可避免地为调解而调解，从而违反调解自愿、合法原则，出现了广为学界诟病的以判压调、强迫调解等不正常现象。

〔3〕 参见［日］棚濑孝雄：《纠纷的解决与审判制度》，王亚新译，中国政法大学出版社1994年版，第85-89页。

在民事诉讼纠纷解决中，法官并不必然具有促和义务，法官之所以发挥促和功能本质上系法官自由裁量权的体现。对于不具有调解可能的案件，即便取得两造自愿调解的合意，法官亦应当放弃促和，依法裁判。换言之，对于有调解可能的，要认真进行调解；对于根本没有调解可能的，要及时判决。就说服功能而言，说服功能系主要针对纠纷解决的效果，法官说服两造达成解纷合意，尽管以其身份角色的权威性作为保障，但并不具有必然性。法官的身份角色亦仅仅形成条件优势，而非决定因素。客观而言，法官说服的行为动机在于尽可能形成两造合意解纷的有效干预，并影响当事人解纷策略的选择。在这个过程中释明权的行使、打断主义的介入均是必要的形式与手段。

法官作为裁判者的职能定位。司法裁判功能是审判权的基本功能，司法裁判除了定分止争的基础功能，还承载着规则培树、价值观弘扬等其他功能。因此，法官进行纠纷处理的任务不仅停留在“不管怎样能使纠纷平息下来就成”这样的简单的层面，还进一步要求纠纷得到正确的解决，这就更强化了在第三者的判断或说服中诱导以至胁迫当事者向具有正确内容的合意靠拢的契机。[1]中国民事诉讼调判一体化诉讼框架下，法官的裁判功能主要表现为判断功能和强制功能。法官的判断功能意味着法官对于纠纷本身首先必须作出形式和实质性判断，这些判断的影响要素主要包括案件事实、两造预期、法律关系、社会影响等。判断功能的发挥程度、准确与否将直接影响纠纷解决的后续处理，或者可以说，“纠纷处理机关的判断功能主要表现在，先找出某个合意点为暂定的标准，以否定离此太远的当事者主张或尽量推动当事者向此合意点靠拢的方式来诱导合意的形成”[2]。如果依据法官判断，案件不具备合意基础或条件，抑或案件不适用

〔1〕 参见[日]棚濑孝雄：《纠纷的解决与审判制度》，王亚新译，中国政法大学出版社1994年版，第82页。

〔2〕 [日]棚濑孝雄：《纠纷的解决与审判制度》，王亚新译，中国政法大学出版社1994年版，第90页。

合意解纷，法官将对解纷形成强制性判断，从而借助裁判发挥司法的强制功能，此即当判则判。这里的当判则判强调的是调解与判决的衔接与配合。从实务和操作性角度而言，法官对于当事人无法协商和解、调解不能的案件、其他无法进行调解的案件、实验性诉讼，需通过判决作出标准化处理的案件、隐藏着违法可能性或调解有可能导致重大法律错误的案件等情形，〔1〕法官不应久调不决，必须通过判决的方式及时进行处理。

可以看到，中国民事诉讼调判一体化在司法操作上并非法官随意运用调解或判决的解纷方式，而是要求法官应当在立足于个案具体案情的基础上，充分考虑到调解解纷与判决解纷的比较优势效果，但很多时候，何种案件需要运用判决而非调解结案仍然是一件颇具挑战性的司法任务。〔2〕

2.解纷机制中两造的角色与行为范式

“纠纷当事者把什么样的解决过程视为现实中可能的选择，与他采取什么样的纠纷解决行动有密切的关联。”〔3〕诉讼调解的本质是当事人行使处分权的结果，是当事人通过对程序权利和实体权利的处分而实现纠纷的解决，是在公权力解决纠纷的程序中导入当事人“自治”的纠纷解决模式，目的在于重塑当事人之间的信任关系，以治愈双方因纠纷而导致彼此破裂的关系。〔4〕两造角色和行为范式对于推动纠纷解决起到至关重要的作用。

两造系诉讼进程的推动者而非服从者，两造之间以及两造与法院之间存在合作与对抗的基本关系。其一，两造合意在纠纷解决中往往起到决定性作用。就两造而言，中国民事诉讼调判一体化模式赋予了两造以纠纷解决充分合理的选择权和自愿性，一方面，缺乏两造关于调解解纷的合意，

---

〔1〕 参见范愉：《“当判则判”与“调判结合”——基于实务和操作层面的分析》，载《法制与社会发展》2011年第6期。

〔2〕 其中关涉的核心问题在于诉讼结果的可接受性，对该问题将在本书第四章中予以具体分析。

〔3〕 [日]棚濑孝雄：《纠纷的解决与审判制度》，王亚新译，中国政法大学出版社1994年版，第42页。

〔4〕 参见唐力：《诉讼调解合意诱导机制研究》，载《法商研究》2016年第4期。

法院（法官）就不能进行强制调解，只能适用判决；另一方面，即便获得了两造的调解合意，对于特殊类型的案件〔1〕，法院（法官）亦未必适用调解，而可以选择判决。其二，两造之间存在利益冲突对抗，并围绕冲突与对抗进行举证质证，推进诉讼进程。

当前，我国司法类型在从政策型司法向回应型司法〔2〕转型的过程中，民事司法的结构和模式转型呼唤程序自治性和程序主体性的制度构建，应对当前民商事领域的新发展、新要求作出回应，根据价值取向、技术构造、社会需求的不同设置不同的程序，以适应回应型司法的要求。〔3〕中国民事诉讼调判一体化强调多元主体的一体化参与，正是基于全方位保障两造诉讼参与权、知情权等诉讼权利的客观需要，有效契合了回应型司法的内在需求，同时体现了以人为本的司法理念。中国民事诉讼调判一体化的多方参与强调的是实质参与，在法官职权主义的传统思维下，这种实质参与实际上更多地系对两造诉讼权利的维护，以及纠纷解决功能的彰显，因此参与的侧重系对两造参与的保障。为了达到这一效果目标，除了诉讼参与人形式参与之外，为了有效解决矫正各方主体之间信息不对称的客观问题，民事诉讼调判一体化必须体现出协同主义理念，通过加强当事人和法院之间的协作，促进法官在事实发现方面的能动性。而协同主义主要是从当事人、法官相互之间的作用而言的，为《民事诉讼法》的修改注入了新的程序原则和程序要素，它通过加强当事人和法官的权责互动机制，提高了当事

〔1〕 这些类型的案件包括后文所述的，如适用司法判决更加有助于弘扬社会主义核心价值观、更有利于确立裁判规则、统一裁判尺度的案件等。

〔2〕 回应型司法是主张司法发挥主动作用以回应社会需要的一种模式。它具有灵活性（不但适用具体法条，还运用法律原则、法律价值进行裁判）、主动性（在司法权运行过程中，为更有效地解决进入司法程序的社会纠纷，司法能动干预，平衡双方的诉讼能力，并根据社会发展的需求能动适用法律达至最佳的社会效果）、开放性（司法机构需以审判活动为连通器，以司法理性为护城河，使司法活动与社会需求达至最佳平衡点）三大特点。参见金民珍、徐婷姿：《回应型司法的理论与实践》，载《人民法院报》2012年11月21日，第8版。

〔3〕 参见张艳丽：《现代民事诉讼程序结构的类型化》，载《政法论丛》2015年第3期。

人对裁判的可接受度，从而为实现社会和谐发挥积极作用。[1]

（三）效力评价：调解与判决的同等既判力

中国民事诉讼调判一体化将诉讼调解引入民事诉讼结构框架之内，不仅扩张了审判权的行使方式，同样导致诉讼调解与判决产生同等的司法既判力[2]。这意味着无论是判决还是诉讼调解均产生同等强制执行力下的胜诉权益保障的司法效果。简言之，在我国，诉讼调解是“人民法院行使审判权的方式之一”，凡经诉讼调解达成协议的，一般由人民法院审查认可制作调解书，调解书经双方当事人签收后，即产生与生效判决相同的法律效力。而对于判决，判决书的送达可以多样化，无论当事人是否自愿接受都将产生法律效力。[3]

1.调判效力问题

中国民事诉讼调判一体化司法模式中存在先行调解和先行判决的既判力问题。[4]在我国民事诉讼调判一体化诉讼模式下，先行调解和先行判决均可根据案件情况灵活适用，具有极强的程序特色。关于先行调解的既判力问题，则应当视情况予以说明。我国《民事诉讼法》第125条仅仅规定，“当事人起诉到人民法院的民事纠纷，适宜调解的，先行调解，但当事人拒绝调解的除外”。该规定仅仅是关于先行调解具体内容的规定。但从实践情况来看，《民事诉讼法》第125条规定的先行调解可以分为两种情

---

〔1〕 参见肖建华：《构建协同主义的民事诉讼模式》，载《政法论坛》2006年第5期。

〔2〕 司法既判力是法院作出的确定性和终局性判决所具有的普遍拘束力。一般认为，既判力针对的是法院确定的终局判决。本书认为，在调判一体化诉讼模式下，诉讼调解同样产生司法既判力。

〔3〕 相较于我国，美德日等国的诉讼和解均取得与判决类似或同等的既判力。美国法上，当事人可以和解协议为基础，向法院申请合意判决，“合意判决与一方应诉判决相同。尽管此时尚未经过审理，但就统一诉讼原因来说，产生既判力”。德国法上，诉讼和解一旦记载于法院笔录中，将产生与判决相同的效力，可以终结诉讼程序，具有执行力和形成力。

〔4〕 美德存在强制调解的制度规定，但究其实质属于诉外（前）程序。在诉讼程序内部诉讼和解的适用上，美德等国在司法判决之前一般都会尝试进行诉讼和解，这与我国的先行调解类似，但并无先行判决的司法模式。

况：一是由法官主持或由法官与法官以外的人共同主持的先行调解，其协议应当具有法院调解的效力；二是由法官以外的人主持的先行调解，其协议应当具有合同或契约的效力。并且调解协议达成后，调解的主持者应当与法官一道依职权进行司法确认，但当事人不同意的除外。可见，从我国民事诉讼调判一体化制度设计的初衷来看，诉讼调解作为审判权的行使方式与司法判决一样，应当产生同等既判力。

2.司法救济问题

以裁判方式与诉讼调解（和解）方式审结的一审案件在效力瑕疵的救济上具有差异性。[1]在我国民事诉讼调判一体化诉讼模式下，依据我国的实际情形，诉讼调解无法通过上诉的方式实现救济。司法实践中，诉讼调解不应采续行诉讼的救济方法，而应在肯定调解既判力的前提下，将"实体法上的无效或撤销原因"之瑕疵作为再审事由，通过再审程序予以救济。这样做的优势在于既高度重视了诉讼调解一次性解决纠纷的目的性要求，又充分保障了当事者自主合意之诉讼调解的正当性，同时也与我国现行诉讼调解制度只允许通过再审途径对调解瑕疵予以救济的构造具有亲和性。[2]而以司法裁判方式审结的一审案件，则可以通过上诉等方式实现救济，但这仅是权利救济方式之差异，诉讼调解和判决在解纷效果上并不产生既判力差别，二者均可以产生定分止争、案结事了的目的效果。

三、司法界定：调判一体化理论建构

作为一种全新的民事诉讼理论，调判一体化对我国民事诉讼调解和判

---

〔1〕 美国民事诉讼中的和解，不论是在当事人之间达成的还是法院主持下达成的，都视为以双方当事人之间订立的新契约代替发生纠纷的旧契约。和解契约如有瑕疵，可援用契约无效或可撤销的法理予以救济。德国法上，诉讼和解若存在欺诈、胁迫等和解当事人的意思表示瑕疵问题，可以被撤销，撤销理由还包括被法院胁迫。在诉讼和解存在可撤销的情形下，诉讼程序继续进行。

〔2〕 参见张大海：《诉讼调解既判力论》，载《政法论坛》2008年第5期。

决的司法关系脉络进行了重新厘定整合，系对我国民事诉讼理论的创新与突破，同时决定了其鲜明的司法适用特点。

（一）一体化理论对民事诉讼的优化与续造

从我国民事诉讼调判一体化诉讼程序结构特点和司法实践效果来看，民事诉讼调判一体化不仅是司法实践的有益尝试，也是中国法院司法实践的必然选择。审视中国民事诉讼调判一体化现实可能性与必要性基础，必须立足于中国社会司法环境的整体视野与格局之下。

1.问题破解：调判一体化基本证成

从概念形式外观来看，民事诉讼调判一体化概念结构系由“诉讼调解”与“判决”复合而成，此种复合既是司法技术性问题，亦属结构性问题。就复合结果的可能性来看，从形式复合到“一体化”存在“兼容”与“排斥”的两种可能，但从复合要素分析，中国民事诉讼调判一体化产生了兼容性的良好效果。

从民事诉讼“一体化”的实质内容分析来看，在中国传统诉讼理念中，“‘诉讼社会’和‘无讼社会’这两种理想类型，都不能独立成为社会治理的合理模式，现实的选择只能是通过多元化纠纷解决机制来应对各种社会需求和危机，从而形成国家法律机制与社会自治的协调，逐步接近善治”〔1〕。这种实现善治的内生性需求之于民事诉讼程序结构必然产生民事诉讼程序结构“资源优化整合”之客观需求，以此消减“调解归调解，审判归审判”〔2〕二元调判程序结构，以及“以调代判”“以判代调”一元调判程序结构〔3〕的极端化倾向。将调解引入诉讼结构，使之与判决一样成为司法

〔1〕 范愉：《诉讼社会与无讼社会的辨析和启示——纠纷解决机制中的国家与社会》，载《法学家》2013年第1期。

〔2〕 李浩：《调解归调解，审判归审判：民事审判中的调审分离》，载《中国法学》2013年第3期。

〔3〕 类似观点，可参见叶肖华：《零判决现象的反思与批判》，载《政法论坛》2015年第3期；农会清、黄睿：《法院调解：从权威的依附到权威的重构——对调审合一背景下调解职权合理化的再思考》，载《学术论坛》2013年第8期。

审判权的内容和审判权的行使方式，不仅丰富了狭义调解的概念内涵，亦丰富了民事诉讼纠纷解决的途径，无疑契合了两种理想类型，既符合纠纷解决的主体预期，也能够产生类似多元解纷的司法效果。这表现为民事诉讼一体化结构模式的突出优点在于及时高效回应当事人的司法需求。在诉讼过程中，两造主动请求法院调解或对自行达成的调解协议请求法院进行司法确认的并不在少数，法官依职权主动建议两造进行调解亦符合回应型司法的内在需要。

从民事诉讼一体化形式分析来看，尽管调解和判决作为处理案件的两种不同方式，在适用对象、法律程序、法律效果和社会效果等方面不可避免地存在一些差别和矛盾，〔1〕但调解与判决作为纠纷解决的两种最基本形式，构成民事诉讼矛盾纠纷化解的“车之两轮、鸟之双翼”却是无可争议之事实。必须强调的是，调解与判决“非黑即白”的排他性仅仅是从纠纷解决的结果而言的，而调判一体化所强调的侧重点则在于程序结构的一体化，这是一种功能关系的一体化、司法适用过程的一体化，而非结果意义上的一体化。因此，在民事诉讼程序结构中，通过合理厘定调判关系、科学适用调判方法，强化调判主体参与，完全无悖于一体化形式要素之外观标准，调解与判决形式外观的差异性亦不构成对一体化实质意义上的绝对排他性。可以看到，“调判结合”从国家主义理念下的能动型或政策实施型司法体制中获取了正当性，并与我国长期以来的职权主义诉讼模式具有高度亲和性。〔2〕

从司法功能与目的分析来看，尽管中国司法和西方司法在司法目的性上呈现不同的侧重，前者突出表现为“纠纷解决”的基础动因，后者倾向于“权利保护”的价值取向。但调解和判决作为两种不同的“照明工具”，

---

〔1〕 参见邹小院：《判决与调解的理性选择——人民法院增强司法审判能力的有效途径》，载中国法院网2005年10月11日，https://www.chinacourt.org/article/detail/2005/10/id/181478.shtml。

〔2〕 参见王聪：《调判分离还是调判结合：再论法院调解的中国图景——为“调判结合”辩护》，载《河北法学》2019年第9期。此处王聪关于“调判结合”的理论观点，本书作“调判一体化”同义进行援引。

对照亮法律大厦中的凹角、拐角起到了无可替代的功能作用。就司法目的实现而言，无论是调解还是判决，均能够实现纠纷解决或权利保护的目的。单独选择适用或是一体化选择适用不存在任何理论上或实践中的障碍，而仅仅存在适用上的“技术选择”问题。作为决定型纠纷解决典型的审判，与作为合意型纠纷解决典型的调解具有相辅相成的流动性关系。〔1〕这种“情境思维”反对将调解与判决置于非此即彼的地位，法官处于调解与判决之间的“连续统一体”中，根据具体情形适用这两种司法模式中的一种或介于两种之间的某种混合模式，可谓一种从经验、事实、历史出发的“实用理性”〔2〕，最终确保了民事诉讼的调解与判决“不仅在单一线索上形成功能对应，也在两条线索之间形成功能互补”〔3〕。

通过在民事诉讼程序结构中引入调判一体化实践，奠定并建构起民事诉讼调判一体化诉讼程序结构理论，在某种意义上构成对中国民事诉讼理论的探索性创新。在这种创新内涵之下，以民事诉讼调判一体化的术语，替代“调判结合”或“调审合一”等表述，无疑提供了一个更加全面、科学的分析视角，从根本上彰显了中国民事诉讼调判制度的鲜明特色。

2.理论建构：基于核心要素的分析考察

建构民事诉讼调判一体化理论虽然具有可行性与必要性基础，但要想从概念学意义上对民事诉讼调判一体化作出精准界定仍然并非易事。造成这一症结的根本原因在于，纠纷解决除了实现一定的目的之外，还应当包含解决的过程和解决的结果状态这样两个方面的内容，包含纠纷解决目的、过程和结果状态三个层次的内涵。〔4〕正因如此，本书研究的两个核心

〔1〕 参见［日］棚濑孝雄：《纠纷的解决与审判制度》，王亚新译，中国政法大学出版社1994年版，第6页。

〔2〕 参见王聪：《调判分离还是调判结合：再论法院调解的中国图景——为“调判结合”辩护》，载《河北法学》2019年第9期。

〔3〕 徐昀：《“调判结合”的困境——以民事审判结构理论为分析框架》，载《开放时代》2009年第6期。

〔4〕 参见赵旭东：《纠纷解决含义的深层分析》，载《河北法学》2009年第6期。

要点即在于:(1)重点通过过程分析方法研究调判一体化的运行逻辑即合作与对抗;(2)重点通过诉讼结果的可接受性标准检视纠纷解决的结果状态效果。

首先讨论过程分析研究思路的嵌入。过程性概念对于纠纷解决机制及其运行方式而言具有重要意义。它所关注的是具体的纠纷通过什么样的方法或手段加以解决才能够带来预期的效果,以及各种纠纷解决机制自身如何不断完善、如何配置更为合理等问题。[1]纠纷解决的过程分析意味着研究焦点集中于现实中卷入纠纷的个人身上,主要探究规定他们进行行为选择的各种因素。[2]在调判一体化司法适用上,可以看到,纠纷解决的过程即不同诉讼参与主体之间合作与对抗的过程,合作与对抗构成过程分析的核心与关键内涵。正因如此,本书所提出的"一体化"概念更加侧重于对纠纷解决过程的动态描述与表达,体现"立体型""动态型""层次型"的纠纷动态化解过程特征,成为纠纷解决研究的一种崭新思路。

其次讨论诉讼结果可接受性的检视标准。纠纷解决"好不好"的外观体验在于"诉讼结果的可接受性",诉讼结果的可接受性系从纠纷解决的结果状态或诉讼目的实现的角度而言的。"司法审判并不是追求过去发生之事实的最终真相的探索过程,而是建立一种关于发生过什么事情的版本,这个版本对于过去发生之事实的正确性必须达到可以接受的可能性。"[3]诉讼结果的可接受性首先意味着不同主体存在不同的司法评价与选择,但同时,该种司法评判并非完全以个体化的评判为唯一依据。从关系论视角看,对可接受性的评价应当兼顾外在的形式判断与内在的实质判断,前者反映直接受众的态度,后者反映结果内容是否合法并契合正义标

〔1〕 参见赵旭东:《纠纷解决含义的深层分析》,载《河北法学》2009年第6期。

〔2〕 参见[日]棚濑孝雄:《纠纷的解决与审判制度》,王亚新译,中国政法大学出版社1994年版,第7页。

〔3〕 Peter Murphy, *Murphy on Evidence*, 7th edition, Blackstone Press, p. 121. 转引自易延友:《证据法学的理论基础——以裁判事实的可接受性为中心》,载《法学研究》2004年第1期。

准。换言之，个别主体对诉讼结果的评价并不能对诉讼结果的可接受性“盖棺定论”；真正意义上的可接受性不仅需要满足形式可接受性（如未上诉、未再审等）的基本条件，还需要在合法性的基础上通过正义标准进行综合评判与检视。

综上所述，本书认为，界定中国民事诉讼调判一体化要重点把握以下关键要素：其一，主体要素。纠纷解决是纠纷解决需求者（当事人）与纠纷解决提供者（纠纷解决机构）之间的互动过程，忽略纠纷解决需求者只不过是“隔靴搔痒”，所展现出的亦不过是“单方幻想的纠纷解决”。〔1〕民事诉讼调判一体化在主体上强调多元主体的一体化参与，各方参与主体对于诉讼进程的有效推进均发挥出无可替代之作用。其二，调判关系衡平。一体化意味着调解与判决密切关联，调中有判，判中有调，体现一个动态转化与衡平的过程，最典型的表现是司法实践中存在大量虽然具有调解形式但实质属于判决的案件，以及带有判决成分但主要性质属于调解的案件。〔2〕因此，在民事诉讼进程中不能以割裂眼光看待二者关系，调判分离并不可行。其三，诉讼目的实现。一体化程序结构对于诉讼目的的要求超脱于传统司法理念，并不以单纯追求“案结事了”作为目标。调判一体化兼具纠纷化解、社会治理、价值观引领等多重特定性司法目标，故而“应从实现民事诉讼法任务的视角来看待和处理调解与判决的关系，来衡量调解与判决的效果”〔3〕，并考虑诉讼结果的可接受性。

据此，本书从司法过程性视角切入，提出中国民事诉讼调判一体化概念。中国民事诉讼调判一体化指的是“在民事诉讼进程中，通过充分保障诉讼参与主体的诉讼权利与两造合意，根据纠纷解决实际需要进行调判灵

---

〔1〕 参见陈奎、张艳：《纠纷及其解决：原因与路径的另一种思考》，载《河北法学》2012年第8期。

〔2〕 参见黄宗智：《中国民事判决的过去和现在》，载爱思想网2012年6月19日，http://www.aisixiang.com/data/13549.html。

〔3〕 章武生、肖国玉：《法院调解与判决的关系》，载《政法论坛》2012年第6期。

活转换，确定调判选择适用的最优方案，实现民事诉讼最佳司法效果的动态程序运作模式”。此一层次上的定义侧重并着眼于纠纷解决的过程性和诉讼结果的可接受性，而这个过程则具体表现为纠纷解决中“调”“判”适用各种方法和手段的立体化、层次化的动态运用与转换，以及对诉讼结果的实效评估，构成调判一体化纠纷解决机制的本质内涵。

（二）核心关联概念的区分与展开

中国民事诉讼调判一体化既是中国法院行使司法裁判权的外在表现，也是中国法院司法裁判权之产生、发展和完善的内在动因。这种诉讼程序结构并非简单的调解与判决均作为司法裁判手段，其中涉及调判适用原则方法、适用时机、调判转换、调判平衡等多重问题。界定调判一体化需要从比较分析的视角切入，对相邻概念作出界分，以提升司法界定的全面性、客观性与准确性。

1.基础关系之辨：调解与判决

调解与判决作为纠纷解决的两种最基本形式，是一组相互依存的关系。调解的本质是“合意治理”，程序的目标是取得双方当事人对纠纷解决方案的认同，双方当事人能够就调解协议协商一致或者共同认可调解人提出的调解方案才是调解列车的终点站。[1]而判决所强调的是“规则治理”，是法院行使审判权的结果，“司法判决只是法律的证明”。[2]二者最根本的差异可以形象地表述为“调解是合意型纠纷解决的典型，而判决则是决定型纠纷解决的典型”[3]。就调解与判决的关系而言，判决是调解的前提

---

〔1〕 参见李浩：《调解归调解，审判归审判：民事审判中的调审分离》，载《中国法学》2013年第3期。

〔2〕 See 273 N.Y.S.582(Sup.Ct.App.Div., 1934), p.587.

〔3〕 [日]棚濑孝雄：《纠纷的解决与审判制度》，王亚新译，中国政法大学出版社1994年版，第6页。关于判决与调解更具体的差异，李浩教授认为，至少存在八个方面的不同面相，具体包括：获得判决与达成合意的区别，宣告规则与解决纠纷的区别，限于本案请求、事实与灵活对待请求、事实的区别，公开与非公开的区别，“面对面”与“背靠背”的区别，面对过去与面向将来的区别，黑白分明与调和处理的区别，以及方法固定与方法多样的区别。参见李浩：《调解归调解，审判归审判：民事审判中的调审分离》，载《中国法学》2013年第3期。

和基础，是法院行使审判权的结果；而调解是判决的继续和完成，是当事人行使处分权的结果。[1]从调解的内涵和外延来看，西方法律文化中的调解特指诉讼外调解，而中国调解具有更丰富的层次内涵，不仅包括诉讼调解，同时也包括诉讼外调解。本书强调的调解，如无特别指出，专指诉讼调解。

准确厘定调解与判决的关系，关键性焦点在于两个方面：其一，调解与判决是分是合的问题；其二，调解与判决是否存在孰优孰劣的问题。在东西方法律文化和法律传统中，调解与判决作为两种不同的纠纷解决形式，其角色功能的发挥存在明显区别。在西方主流法治理论中，调解与判决属于"非黑即白"的完全不同的两种纠纷解决机制，"应该严格区分开来，是否依法判决被认为是司法解决与非司法解决的根本区别"。[2]甚有观点认为，"和解是对审判制度的一种冲击，只能达到一种二流正义，是一种妥协方式，既不应当鼓励，也不应当称赞"[3]。而在中国法律文化和法律传统中，主流观点认为调解和判决作为法院处理民事纠纷的两种不同方式，在功能上各有优势与不足，并没有优劣之分，二者之间"有一种长期的制度互补又相互竞争的关系"[4]。但仍有少数观点单纯从否定论层面对诉讼调解进行全盘否定。主张"诉讼调解这样一种对于案件事实的模糊化处理，必然导致裁判事实与案件事实尤其与纠纷事实发生偏离，使正当裁判赖以存在的裁判事实可接受性的来源不再是事实的客观性，改变了既往的寻求客观真实的裁判路径，使裁判的正当性源于民众权利的自我放弃、互

〔1〕 参见章武生、肖国玉：《法院调解与判决的关系》，载《政法论坛》2012年第6期。

〔2〕 王聪：《调判分离还是调判结合：再论法院调解的中国图景——为"调判结合"辩护》，载《河北法学》2019年第9期。

〔3〕 Owen M. Fiss, *Against Settlement*, 93 Yale Law Journal 1073 (1984). 中译文节选自［美］斯蒂芬·B. 戈尔德堡等：《纠纷解决谈判、调解和其他机制》，蔡彦敏等译，中国政法大学出版社2004年版，第384–388页；全文参见［美］欧文·费斯：《如法所能》，师帅译，中国政法大学出版社2008年版。

〔4〕 苏力：《关于能动司法与大调解》，载《中国法学》2010年第1期。

谅互让，以及对于事实的模糊处理”[1]。

通过对比可以发现，西方法院遵循的是“调解—判决”并立的二元结构纠纷解决模式，而中国法院使用的乃是“调解—判决”一体化的程序结构模式，存在显著的差异性。正因如此，有观点认为，我国民事诉讼法把调解与审判均作为法院行使审判权的方式，由此形成了民事审判的结构性矛盾，[2]因此必须实现调解与判决分离。

本书认为，讨论调解与判决是分是合必须紧切特定的司法传统或司法语境。对于调解和判决的关系而言，“无论作出何种价值及手段的选择，都要在各种价值之间达至适度平衡。具体到和解与裁判之间的优选之争，则应当谨慎处理解决私人纠纷与设定公共规范标准之间的矛盾、社会正义与个别正义之间的矛盾，以及效率与公平之间的矛盾”[3]。只有适合特定司法传统和司法文化的调判关系才是最理想的关系。中国法院调解自诞生之日起就作为法官行使审判权的一种方式，调解只是法官诉讼职权中的一部分，是法官职权与当事人处分权的交汇点，而不是一种与审判权对立或并列的、可以分割出来的独立的职权。用西方“诉讼上和解”制度来取代中国法院调解实质上混淆了二者在各自司法程序中的性质，并高估了“诉讼上和解”或“职权交付调解”的纠纷解决实效。[4]而调审分离论在制度层面存在理论自足性缺失和实践可行性证伪的双重悖反，这些因素合力致使调审分离理想愿景乌托邦化。[5]

---

〔1〕 李训虎：《案结事了的司法观与裁判事实的可接受性》，载《证据科学》2009年第6期。

〔2〕 参见李浩：《调解归调解，审判归审判：民事审判中的调审分离》，载《中国法学》2013年第3期。李浩教授认为，这种结构性矛盾具体表现为调解以自愿为前提，判决以强制为特征，当由同一法官或者合议庭采用先调后审的方式处理民事案件时，由于调解也被打上了审判的印记，审判所具有的强制力就会渗透到调解中，造成自愿原则变形。

〔3〕 史长青：《裁判、和解与法律文化传统——ADR对司法职能的冲击》，载《法律科学（西北政法大学学报）》2014年第2期。

〔4〕 参见王聪：《调判分离还是调判结合：再论法院调解的中国图景——为“调判结合”辩护》，载《河北法学》2019年第9期。

〔5〕 参见李喜莲：《我国民事审判中调审关系的再思考》，载《法律科学》2019年第6期。

关于调解与判决是否存在孰优孰劣的问题，本书认为，无论是从诉讼目的还是从诉讼过程来看，调解与判决均不存在结构性矛盾，调解与判决的冲突实际上仅是就结果意义上的结案方式而言的。选择调解还是判决模式，或者介于两者之间的混合模式，取决于法庭本身对每个案件的事实的定性，而依靠法院来判断哪些事实情形适合以调解方式解决（如果调解失败，法院会继续裁断或判决结案），哪些事实情形下调解于事无补，在一定程度上是一个行之有效的办法。〔1〕在中国，调解与判决作为纠纷解决两种最基本方式，绝不仅仅是一种纠纷解决的技术或方式，而是社会治理的一种制度性或体制性存在，对其研究不能仅仅着眼于程序的层面，而必须将其视为社会治理机制中的一环，结合社会转型的背景展开。〔2〕

2.核心蕴含之辨：调判一体化与调判结合

在概念学意义上，调判一体化与调判结合属于两个不同的概念。但就调判一体化和调判结合的司法蕴含而言，二者具有概念描述上的交叉性，无论是调判一体化还是调判结合，不仅在单一线索上形成功能对应，也在两条线索（“和谐社会—纠纷解决—调解”作为一条主线，“法治社会—秩序建构—判决”作为另一条主线）之间形成功能互补，两者缺一不可。〔3〕就差异性而言，尽管调判一体化的核心要义在于调判结合，但非调判结合所能替代，后者仅是从形式外观上对司法调判关系进行直观性描述，无法准确反映与涵盖我国民事诉讼调解与判决司法适用的实质内涵。换言之，在审判与调解同质化的程序安排与设计上，使审判与调解置于错落有致、并行不悖的位阶。〔4〕

---

〔1〕 参见黄宗智：《中国法庭调解的过去和现在》，载爱思想网2008年9月19日，http://www.aisixiang.com/data/13556.html。

〔2〕 参见范愉：《调解的重构（上）——以法院调解的改革为重点》，载《法制与社会发展》2004年第2期。

〔3〕 参见徐昀：《“调判结合”的困境——以民事审判结构理论为分析框架》，载《开放时代》2009年第6期。

〔4〕 参见毕玉谦：《对我国民事诉讼中审判与调解同质化现象的反思与检讨》，载《法律适用》2019年第23期。

首先，就职能对象的指向性而言，中国民事诉讼制度的一个突出特质表现为法官职权主义与当事人主义的结合；[1]而无论哪一种诉讼模式，都必然涉及当事人和法院在事实、证据以及过程控制层面上的职能作用分担问题。[2]当前理论界对我国司法调判概念关系的描述，常用的概念定义为调判结合，实际上源自（或直接沿用）最高人民法院的司法政策用语。关于调判结合的司法政策用语，最高人民法院最早于2005年提出“能调则调，当判则判，调判结合，案结事了”的司法政策，2008年以后调整为“调解优先、调判结合”的司法政策，2014年以后则调整为“合法自愿调解”的司法政策。最高人民法院强调指出，“调判结合”要求人民法院在处理具体案件时，应当根据案件的实际情况，灵活运用调解和裁判的方式和手段，能调解的及时调解，不能调解的和无须调解的要及时裁判。[3]从最高人民法院的官方解释来看，调判结合实际包含着不同层次的语境。一方面，从纠纷解决结果看，它意味着调解与判决作为两种纠纷解决方式应该结合起来运用；另一方面，从程序展开过程看，它意味着法官应不拘泥于形式主义，在诉讼程序内相机而动，适时调解。[4]这种司法政策上的调判结合，实际上体现出的是理念上的结合、模式上的结合以及具体方法上的结合，在当前中国司法体制下具有非常积极的司法意义。但调判结合仅是从人民法院视角出发进行的概念界定，强调的是对人民法院司法审判职能的要求，意即强调人民法院在司法过程中应当调判结合；调判一体化从概念形式上虽然没有突出职能对象的指向性，但强调的是对象职能的复合，更具有准确性和全面性。

---

〔1〕 参见李喜莲：《我国民事审判中调审关系的再思考》，载《法律科学》2019年第6期。

〔2〕 参见肖建华：《构建协同主义的民事诉讼模式》，载《政法论坛》2006年第9期。

〔3〕 详见2008年《最高人民法院工作报告》附件一（有关用语说明）第11条，载《中华人民共和国最高人民法院公报》2008年第4期。

〔4〕 参见王聪：《调判分离还是调判结合：再论法院调解的中国图景——为“调判结合”辩护》，载《河北法学》2019年第9期。

其次，就程序参与的主体性而言，调判结合无法准确表达出调判一体化诉讼程序结构中主体参与多元性的特点。现代社会，协同主义司法理念所强调的“诉讼中既不是绝对由法官一方来发现案件事实，也不是由当事人一方来支配诉讼，协同主义所强调的是两者的相互协同的作用关系”〔1〕。而调判一体化一个重要的概念层次内涵就在于强调了“多元主体参与的一体化”，这是对多元化诉讼参与主体角色与功能的再定位与重塑。确定民事诉讼目的需要抓住的一个关键点在于诉讼参与主体（主要是提供诉讼制度的国家和利用诉讼制度的当事人）目的之最大公约数。因为民事诉讼制度的运行依靠诉权与审判权合力推动，民事诉讼目的须兼顾二者的需求。当事人选择和利用诉讼的目的可以分为两个层面：根本目的在于保护自己的实体权利，直接目的在于解决纠纷。〔2〕民事诉讼调判一体化恰恰满足了民事诉讼各主体有效合作的司法客观性需要。

最后，就程序结构的过程性特征而言，中国民事诉讼调判一体化，并非简单的调解与判决均作为司法裁判手段，其中涉及调判适用原则方法、适用时机、调判转换、调判平衡等多重问题。调判一体化的适用过程样态始终处于“调中有判、判中有调”“相互促进、互为补充”“一体适用、灵活转化”这样一种立体型、灵活型、层次型的动态化过程，这种过程样态贯穿诉讼过程的始终，确保并保持了调判关系在不同地域、不同法院级别、不同程序阶段、不同时期的社会需求等条件的制约下实现动态平衡。〔3〕而调判结合仅仅强调了对纠纷解决中的方法选择，仅是从形式外观上对司法调判关系进行描述，无法体现司法过程的能动性特征。综合来看，无论是调判结合，还是调判一体化，都高度认同对调解与判决关系定位与职能优化

〔1〕［日］三月章：《辩论主义的动向》，载《法学协会杂志》第72卷第2号，第28页。转引自唐力：《辩论主义的嬗变与协同主义的兴起》，载《现代法学》2005年第11期。

〔2〕参见吴英姿：《诉讼契约及其边界》，载《南京大学法律评论》2015年第1期。

〔3〕参见王聪：《调判分离还是调判结合：再论法院调解的中国图景——为“调判结合”辩护》，载《河北法学》2019年第9期。

的司法过程意义，这也正是中国民事诉讼理论与实践一再强调要“回到诉讼过程本身”[1]的一个重要原因之所在。

3.司法优位之辨：调判一体化与调解优先

相较调解优先，调判一体化程序结构所强调的是在司法过程中应当实现调解与判决之间的衡平互济，确保实现司法功能价值的最大化。就此而言，调解优先只是一种相对性的比较概念。在调判一体化诉讼程序结构下，如果将调解优先中的调解片面化理解为非诉调解显然是不适宜的，“调解优先必须在调判结合的前提下实行系基于法院的定位和功能”[2]。现行诉讼法理论与实务中，调解优先中的调解不仅应当包含非诉调解，理所当然地也应当包含诉讼调解。

调解优先源自最高人民法院“调解优先、调判结合”的司法政策。所谓“调解优先、调判结合”，就是在处理案件过程中，首先要考虑用调解方式处理；不论是调解还是判决，都必须立足于有效化解纠纷矛盾，定分止争，案结事了，实现法律效果与社会效果的有机统一。与“能调则调，当判则判，调判结合，案结事了”原则相比，该原则重要的变化是由调解与判决处于一个相对平衡的地位过渡到调解处于优先于判决的地位。[3]此一认识的主体对象主要是针对法院（法官）而言的。调解优先中的优先当如何定位，目前理论界尚无统一定论。一般意义上，法院“如果将绝大多数案件或者本来不应当以调解方式结案的案件都运用调解，使得大多数案件的解决以及裁判的可接受性建立在事实的模糊化处理上，这无疑与当下的制度设计相左”[4]。

首先，就调判一体化而言，调解贯穿立案、审判、执行的各个环节，调

[1] 冯文生：《回到诉讼过程本身——“调审结合程序一体化”诉讼机制研究》，载《法律适用》2015年第7期。

[2] 范愉：《诉讼调解：审判经验与法学原理》，载《中国法学》2009年第6期。

[3] 参见范电勤：《调解优先、调判结合的宪法审视》，载《法学》2012年第8期。

[4] 李训虎：《“案结事了”的司法观与裁判事实的可接受性》，载《证据科学》2009年第6期。

解与判决并重，在诉讼进程中，调解优先更多地表现为时间优先和手段优先，而不存在结果优先。也并不存在孰优孰劣、孰先孰后之问题，可能存在的只是在适用时机、成本效益等内容选择上何者更加适合的区别。其次，调解优先必须建立在两造合意的基础之上，诉讼调解的开展必须以两造的自愿性为前提，因此，调解优先应当理解为在当事人自愿通过调解解决纠纷而该纠纷亦适宜调解的情况下，尽可能使用调解的方式解决纠纷。〔1〕最后，调解优先不等于调解前置，也不等于以调代判。调解和判决具有不同的诉讼价值和追求，调解优先虽然旨在优化司法资源配置，但并非所有民事诉讼案件都必须适用调解前置。同时，调解优先必须在处于调判结合之下，何种案件应该诉讼调解，何种案件应该选择司法判决需要法官进行司法价值衡量。因为作为一种整体性判断，调解优先不代表在任何个案中调解都优于判决，还受到公共政策、司法价值取向、公众舆论等因素的影响。

综上可见，在民事诉讼调判一体化程序结构中，调解与判决并不存在实质性冲突，无论是从纠纷的性质、当事人间的关系、法律的规定和制度设计而言，原本都隐含着对调解与合意优先的认同。〔2〕就此而言，调判一体化就需要法官培养综合法律技巧，而非在诉讼过程中形成调解依赖或强制判决，从而导致“互相促进”的初衷在实践中往往异化成为“互相阻碍”甚至“互相削弱”。

4.基本样态考察：调判一体化程序样态分析

民事诉讼调判一体化主要包括横向层面和纵向层面两种程序样态，贯穿同一诉讼进程和不同审级的全过程，具有广泛的适用性。司法实践中，民事诉讼的程序推进体现为递进式动态推进的过程。在此过程中，纠纷解决

〔1〕 参见张立平：《为什么调解优先——以纠纷解决的思维模式为视角》，载《法商研究》2014年第4期。

〔2〕 参见范愉：《“当判则判”与“调判结合”——基于实务和操作层面的分析》，载《法制与社会发展》2011年第6期。

的思路、最佳方法、调判适用选择同步保持动态变化。因此，不管是从横向还是纵向程序样态来看，都必须坚持运用一体化思维引导诉讼推进。

就横向程序层面来看，一个诉讼案件要彻底解决，其诉讼活动应当经历立案登记、审前准备、开庭审理、评议裁判和强制执行等阶段环节，各个阶段环节的任务是民诉法赋予和划分的，因此，需要厘清每个诉讼阶段的纠纷解决功能，赋予其相应的纠纷解决任务。[1]调判一体化贯穿立案、审判和执行的各个环节，但在适用各类结案方式的过程中，却存在一定的顺序考虑，即基本上是先做撤诉、调解工作，不成则判决。“在各种执结方式的选用方面，同样存在一定的顺位，总是先动员被执行人自动履行，不成再争取双方都让步以达成执行和解，最后是强制执行或执行终结”[2]，这即是横向纠纷化解的诉讼阶段梯次化样态。就纵向程序层面来看，“法院级别和审级制度的设立是为了满足民事诉讼制度的多重功能：认定事实、适用法律的正确性，以解决纠纷、稳定社会秩序；保障法律解释和适用的统一性、提供连续改进和创制法律的途径，促进法治的实现”[3]。调判一体化贯穿民事诉讼的全过程，从一审、二审、再审、执行，甚至包括信访。在不同的审级制度[4]中，调判一体化的适用侧重是有所不同的，比如一审阶段注重通过调解的方式化解纠纷，而在二审阶段，法官可能更加倾向于发挥

---

〔1〕 参见冯文生：《回到诉讼过程本身——“调审结合程序一体化”诉讼机制研究》，载《法律适用》2015年第7期。

〔2〕 沈杨：《结案方式的改进和完善——以促进纠纷解决为原则》，载《人民司法·应用》2007年第11期。

〔3〕 韩红俊：《法院的职能分工与民事判决书》，载《河北法学》2006年第9期。

〔4〕 我国法院分四级，即最高人民法院、高级人民法院、中级人民法院和基层人民法院。基层人民法院的核心角色是“初审法院”，中级人民法院的核心角色是“上诉法院”，高级人民法院的核心角色是“再审法院”和“管理法院”，最高人民法院的核心角色是“政策法院”。我国法院实行两审终审制，除最高人民法院第一审判决和裁定就是终审判决和裁定外，其他的一般案件，可经过两级法院审理然后终审。2021年9月27日，最高人民法院印发《关于完善四级法院审级职能定位改革试点的实施办法》，进一步明确，基层人民法院重在准确查明事实、实质化解纠纷；中级人民法院重在二审有效终审、精准定分止争；高级人民法院重在再审依法纠错、统一裁判尺度；最高人民法院监督指导全国审判工作、确保法律正确统一适用。为了与此项改革相配套，最高人民法院还相应调整了民事案件级别管辖标准，当事人住所地均在或者均不在受理法院所处省级行政辖区的，中级人民法院管辖诉讼标的额5亿元以上的第一审民事案件。

出调判一体化中的判决功能价值。综合横向程序和纵向程序的共性来看，在动态诉讼的过程，“立法者应当根据社会纠纷的形态设置多样化的解决纠纷方式”〔1〕。

从我国民事诉讼相关法律规定来看，调判一体化机制已经通过阶段性判决和阶段性调解的程序性嵌入对上述问题加以了有效回应。我国《民事诉讼法》第156条规定，“人民法院审理案件，其中一部分事实已经清楚，可以就该部分先行判决”。这表明在民事诉讼具体个案的处理中，人民法院可以采取阶段性判决的方式审理案件，同时意味着对于同一民事诉讼案件，先行判决以后的剩余部分，法院仍可能根据诉讼情况灵活采取调解结案或判决结案，真正意义上体现调判一体化。相较阶段性判决，我国现行法律法规并无诉讼调解的类似规定，但就调解与判决在诉讼进程中化解纠纷的功能性而言，二者均可以产生同样积极的效果。本书认为，现行法律法规有必要确定阶段性调解之内容。对同一民事诉讼案件中两造达成合意能够调解的部分，人民法院可以先行调解，剩余部分则视诉讼证据情况等灵活选择适用调解或判决。

（三）调判一体化司法适用性分析与展示

1.调判一体化的社会功能分析与展示

现代生活复杂性和价值观念丰富性所形成的审理规则单一僵化，难以适应现实需要，要求按照当事人本位的理念，对审理规则进行更趋个性化，更加贴近实际、贴近生活、贴近群众的改造，从而把诉讼程序之灵便与规范统一到问答逻辑的要求上来，〔2〕这就是规则层面的调审结合程序一体化的基本含义。必须看到，中国式调解和判决各自的功能价值与局限性均具

---

〔1〕 沈杨：《结案方式的改进和完善——以促进纠纷解决为原则》，载《人民司法·应用》2007年第11期。

〔2〕 参见冯文生：《回到诉讼过程本身——“调审结合程序一体化”诉讼机制研究》，载《法律适用》2015年第7期。

有显著机制“短板”，相互之间具有很强的互补性，而民事诉讼调判一体化恰恰保证了“调”与“判”在诉讼程序结构框架内实现各自理论与价值的互洽，实现并优化程序结构的社会功能。

鉴于现代型诉讼的特征，现代法院认定事实、作出裁判的工作就必须回应诉讼争执焦点社会化的要求，从简单地适用法律向具有一定预测未来作用的政策制定性工作扩展。〔1〕在功能设定上，当前中国法院存在一种二律悖反的现象：一方面，法院承担着大量的非裁判性功能，另一方面，许多应该由法院承担的纠纷裁判功能事实上并没有归入法院。〔2〕其言外之意在于中国民事诉讼调判一体化除需要满足司法政治功能〔3〕外，还需要承担起满足社会转型时期纠纷解决的多层次需求性功能，〔4〕特别是针对社会转型期因农村土地征用、房屋拆迁、企业改制、劳资争议、民间集资等问题引发的社会矛盾化解等。〔5〕除此之外，中国民事诉讼调判一体化还具有社会规则引领与价值观培树，有效化解矛盾，维护社会稳定，实现法律效果与社会效果衡平统一的特殊价值功能。

就人民法院司法裁判职能而言，其最重要的价值就是为法治社会提供

---

〔1〕 参见左卫民、周长军：《变迁与改革：法院制度现代化研究》，法律出版社2000年版。任何法院制度的功能可分为直接功能和延伸性功能两种，直接功能是法院制度本身所固有的、决定法院制度产生的根本功能；延伸性功能则是以直接功能为前提和依托的功能，只有在充分发挥直接功能的条件下，延伸性功能才可能有效发挥。中国调判一体化正是法院直接功能和延伸性功能的集中体现。

〔2〕 我国法院承担的大量非裁判性功能主要包括主动为社会提供法律服务、进行法治宣传教育、从事信访处理工作、参加一般的公益性社会活动、承担调查取证工作和案件执行工作等。在功能设定上，我国法院存在的另一个突出问题是法院并未取得纠纷裁判功能的“独占权”，非纠纷裁判主体如检察机关等也在一定程度上分担了纠纷裁判权。具体表现为“对于犯罪情节轻微，依照刑法规定不需要判处刑罚或者免除刑罚的，人民检察院可以作出不起诉决定”。参见丁以升、孙丽娟：《论我国法院纠纷裁判功能的理性建构》，载《法商研究》2005年第2期。

〔3〕 司法具有政治功能，是国家意志的表达方式。作为国家主权的重要组成部分，司法权需要表达国家意志，司法的政治功能乃通过其对国家意志的维护而实现，司法机关通过对法律的适用而将法律中的国家意志予以实现。参见蒋银华：《论司法的功能体系及其优化》，载《法学论坛》2017年第3期。

〔4〕 这些多层次需求性功能主要表现为司法的社会性功能，包括缓解社会矛盾、促进社会经济、引领社会风气、法治秩序构建等。参见孙笑侠：《论司法多元功能的逻辑关系——兼论司法功能有限主义》，载《清华法学》2016年第6期。

〔5〕 参见王聪：《调判分离还是调判结合：再论法院调解的中国图景——为“调判结合”辩护》，载《河北法学》2019年第9期。

具体可行的司法规则。在中国现行诉讼法框架下，何种案件应该选择适用判决，何种案件应该适用调解，需要法官进行一系列复杂的社会价值与司法价值衡量，其间既涉及法官的专业法律素养与个人对社会形势的判断把握，也反映出作为整体的中国法院参与社会治理的理念与路径。故而，中国法官应当更加注重司法判决对社会主流道德取向的引导作用，把正确的价值判断和社会主流价值观有机融入司法裁判全过程，通过灵活运用司法调判的机制方法实现司法效果的最优化。中国民事诉讼调判一体化不仅满足了服务国家治理的政治需要和社会转型期纠纷解决的需要，同时成为推进司法职业正规化、职业化和专业化改革，〔1〕以及不断满足人民群众日益增长的司法需求的客观需要。

2.调判一体化的成本效益分析

在法经济学层面，任何一种纠纷解决手段都依存于供求双方的交换。纠纷解决机制市场是国家、当事人之间建立起的交换关系，当事人通过对投入（成本）、产出（收益）的理性计算，选择最经济的纠纷解决方式。〔2〕在中国社会和经济全方位转型升级以及人民群众日益增长的司法需求和司法不平衡不充分发展的矛盾之下，“中国法院面对着中国社会转型期矛盾多发和诉讼案件复杂难解的局面，越来越清楚地意识到司法资源、能力的有限性和多元化纠纷解决机制的意义”〔3〕。基于此，中国民事诉讼调判一体化“有必要从社会的整体规模上计算、比较投入司法的资源和正义生产的总量，同时与其他社会任务权衡来相对确定资源的配置、程序的设计以及

---

〔1〕 调判一体化的司法适用无论是对法官的调解能力还是判决能力均提出了较高要求。从后文第三章、第四章的内容中可以发现，调判一体化的司法适用须遵循特定的原则和方法，法官这些能力的习得需要经过系统完善的锻炼，这与我国实行司法责任制改革中推进实现司法职业正规化、职业化和专业化的要求保持高度的契合性。

〔2〕 参见吕世伦、陶菁：《审判前夜的调解——调解与审判关系的法经济学思考》，载《求是学刊》2012年第5期。

〔3〕 范愉：《“当判则判”与“调判结合”——基于实务和操作层面的分析》，载《法制与社会发展》2011年第6期。

正义的分配”[1]。

在调解与判决司法适用成本与效益的法经济学比较分析上，存在调判关系“成本—收益”分析工具。其中，货币成本与时间精力成本、私人成本与公用成本、错误成本与道德成本构成调判关系的三组成本样态；预期收益、收益风险因素、收益增值则构成调判关系三组收益样态。通常只有当纠纷解决的收益大于纠纷解决的成本时，经济理性的当事人才有可能将纠纷解决付诸实践。[2]问题在于，司法实践中的调判成本与收益并非恒定量关系，成本与收益在不同的民事诉讼个案中体现不同的样态，可能表现为：(1)司法成本>司法收益；(2)司法成本=司法收益；(3)司法成本<司法收益。民事诉讼调判一体化模式的理想图景应当属于第三种样态，[3]且在第三种样态下，司法成本和司法收益的反向差值越大越好，这意味着可以更少的司法投入获得更多的司法产出。

关于诉讼调解和判决的司法适用成本效益问题，笔者曾利用在国家法官学院学习的机会，向全国不同地区、不同级别法院的法官(法官助理)发出过111份调查问卷。在关于“司法实践中，你认为何种方式更能够提高司法审判效率？”的问题中，认为调判结合方式更优的有87人，占比为78.4%。同时在向两造发出的111份调查问卷中，关于“司法实践中，你认为法官采取调解、判决还是调判结合方式更能实现诉讼预期？”的问题中，认为采调判结合方式的有69人，占比为62.2%。综上可见，无论是从法院(法官)角度，还是两造角度，以调判结合方式化解纠纷都在很大程度上展现出较大的相对优势。

就成本要素的三种样态而言，民事诉讼调判一体化模式通过对调判资

---

〔1〕［日］棚濑孝雄:《纠纷的解决与审判制度》，王亚新译，中国政法大学出版社1994年版，第269页。

〔2〕参见吕世伦、陶菁:《审判前夜的调解——调解与审判关系的法经济学思考》，载《求是学刊》2012年第5期。

〔3〕司法实务中，“司法成本=司法效益”的司法样态更多是一种应然状态，在此不多作探讨。

源的优化配置，灵活转换，在动态中寻求纠纷化解的最优模式，体现出更大的灵活性、机动性与可选择性，可以有效地节约社会资源和减轻当事人诉讼负担，降低司法改革风险，实现司法资源的优化配置以及司法资源和效益的最大化，在当前中国法院司法人力、物力资源有限性与案件猛增、“诉讼爆炸”的矛盾大格局以及法官员额制改革的大背景下，民事诉讼调判一体化无疑发挥出了极大的程序结构性优势（对该问题将在本书第三章进行详述）。

就收益要素的三种样态而言，现代社会的司法纠纷解决已经不再单纯以追求法律效果为单一导向，社会价值与社会需求日益多元化促使司法本身应当实现法律效果与社会效果的有机统一。当前司法实践中，法律与情理的对立碰撞，规则与习俗的协调互动，裁判与民意的博弈平衡，一定程度上鲜活地展现了法治实践中的“生动画面”和“多样图景”〔1〕，这些问题不仅关涉司法的法律效果与社会效果的差异冲突问题，而且事实上也在检验着中国司法者的智慧和能动的判案艺术。最高人民法院也一直在强调，各级人民法院在对案件作出司法裁判时，要坚持法律效果与社会效果的统一。〔2〕中国民事诉讼调判一体化遵循调判适用的特定规则方法（具体在本书第四章加以论述），能够显著提高纠纷化解的可预期性，同时这种民事审判方式兼顾审理和调解，通融性强，恰恰能够满足当事人自由选择解纷方式的需要，〔3〕从而可以有效避免案件“非黑即白”纠纷处理方式下“要么全赢要么全输（零和游戏）”的结果性风险，实现法律效果和社会效果的衔接统一。除此之外，民事诉讼调判一体化还能够实现社会规则创立和价值指引的收益增值功能，显著提高司法收益总量与成效值。

---

〔1〕 严蓓佳：《实现“法”与“理”的融通》，载《人民法院报》2014年11月19日，第2版。

〔2〕 参见张文显、李光宇：《司法：法律效果与社会效果的衡平分析》，载《社会科学战线》2011年第7期。

〔3〕 参见李喜莲：《我国民事审判中调审关系的再思考》，载《法律科学》2019年第6期。

3.调判一体化的激励性分析

司法具有特定的目的性，民事诉讼调判一体化的激励性从结构性层面源自调判结构关系的优化整合，最终则表现为追求特定的司法效果或诉讼目的。因此，调判一体化的程序结构性机理必须对民事诉讼的参与主体特别是在人民法院和两造之间形成激励性互洽或均衡性满足。

调判一体化的激励性具有多元性。就司法目的激励性而言，一个法律制度若要恰当地完成其职能，就不仅要力求实现正义，而且还须致力于创造秩序。〔1〕调判一体化通过灵活运用调判关系，寻求纠纷解决的最优化方案，可以更为有效地解决当事人之间的各种民事争端，促进当事人之间本着“向前看”的原则，来正确处理相互之间的矛盾纠纷和法律关系，和谐相互之间的社会关系，从而促进社会整体的和谐。〔2〕因此，调判一体化兼顾了司法的正义价值和秩序价值，能够促进实现社会正义与和谐秩序之间的衡平。除此之外，“调解与判决在某种意义上仅仅是纠纷解决的形式终点，只有按照协议履行完毕后，纠纷才得到实质的解决”〔3〕，而调判一体化无疑在纠纷的实质性化解上发挥了不可替代的司法功能。从本体论解释学来看，纠纷形成的根本原因在于当事人双方就某个事件未达成理解而造成隔阂，纠纷解决的目的就是促成这种理解，在诉讼进行的过程中，每个阶段的目的都指向这种相互理解的达成。〔4〕或可说，纠纷的发生很大程度上与信息在交往主体之间分布的不对称有关，信息不对称不仅是导致纠纷发生的客观动因，而且制约着人类解决纠纷的能力，同时也影响着纠纷的现实

---

〔1〕 参见［美］E.博登海默：《法理学：法律哲学与法律方法》，中国政法大学出版社2010年版，第330页。

〔2〕 参见张传军：《论民事案件调判结合办案方式之完善——寻求正义与和谐之间的衡平》，载《法律适用》2012年第4期。

〔3〕 章武生、肖国玉：《法院调解与判决的关系》，载《政法论坛》2012年第6期。

〔4〕 参见冯文生：《调判关系理论纠葛七十年——调判关系学术研究情况分析报告》，载《厦门大学法律评论》（2015年上半年卷·总第25辑刊），厦门大学出版社2015年版。

解决。[1]而调判一体化有助于在人民法院和两造以及其他诉讼参加人之间搭建起畅通信息沟通渠道的桥梁，从而在双向主体之间产生纠纷解决之合意，符合“回应型司法”的内在需要，构成内在的程序性激励。

就法官激励性而言，调解与判决的选择背后潜藏着审判者自身的利益，反映了法官作为理性经济人趋利避害的本能。[2]法官对案件的处理结果会对其工作评价产生影响，这自然会使本与案件无利害关系的法官间接与案件处理的评价体系产生“利益”联系。[3]鉴于调判一体化能够提高法官办案的质效，同时最大限度避免因错案导致自身承担责任之风险，能够对法官形成行为上的激励。[4]除此之外，被社会成员所称赞还是批评关系到法院（法官）威信，他必须时时证明自己的决定符合社会成员广泛持有的价值及规范，[5]因此更容易获得法官“青睐”。

就两造激励性而言，民事诉讼的目的在于解决纠纷，保护权利。调判一体化在确定民事诉讼目的时，为两造提供了充分理性对话的平台，程序选择彰显了当事人的程序主体性，以及民事诉讼程序是为解决私权纠纷而设立因而归根结底是为当事人服务的本质，[6]有助于实现两造对诉讼前景、相互之间关系作出理性判断，从而对纠纷解决方式和解决内容作出合理选择，最大限度接近或满足两造预期，故而能够对其形成心理和行为激励。

---

〔1〕 参见陈奎、张艳：《纠纷及其解决：原因与路径的另一种思考》，载《河北法学》2012年第8期。

〔2〕 参见李喜莲：《我国民事审判中调审关系的再思考》，载《法律科学》2019年第6期。

〔3〕 参见唐力：《在“强制”与“合意”之间：我国诉讼调解制度的困境与出路》，载《现代法学》2012年第3期。

〔4〕 笔者对此做过专项调查问卷，调查问卷的对象包括111名基层、中级和高级人民法院的法官和法官助理。在对调判功能关系的认识上，认为在司法过程中应当调判结合、调中有判、判中有调有67人；认为调解和判决可以相互转化有34人；认为各有优势、不可偏废其一的有92人。从数据可以看出，司法实践中司法人员对调判一体化的司法激励性给予了充分肯定。

〔5〕 参见[日]棚濑孝雄：《纠纷的解决与审判制度》，王亚新译，中国政法大学出版社1994年版，第45页。

〔6〕 参见肖建国：《回应型司法下的程序选择与程序分类——民事诉讼程序构建与立法的理论反思》，载《中国人民大学学报》2012年第4期。

第二章　调判一体化的内在机理

某一制度之创立，绝不是凭空突然地创立，它必有渊源，早在此项制度创立之先，已有此项制度之前身渐渐地在创立。某一制度之消失，也绝不是无端忽然地消失了，它必有流变，早在此项制度消失之前，已有此项制度的后影渐渐地在变质。

——钱穆*：《中国历代政治得失》

中国的现代法治之路必须倚重发端于中国本土之中的各种资源与规范，注重中国传统法律文化的现代性塑造。

——苏力**：《法治及其本土资源》

一、如影随形：调判共生的多元阐释

司法制度运作是在特定的社会历史条件下展开的，尤其要受到该社会司法文化的制约和影响。在一定程度上，可以说司法文化传统就是一个国家司法制度的内在逻辑，在相当程度上规制着一个国家司法制度的运作模

---

* 钱穆，中国现代著名历史学家、思想家、教育家，与吕思勉、陈垣、陈寅恪并称为“史学四大家”。钱穆著述颇丰，专著多达80种以上。代表作有《先秦诸子系年》《中国近三百年学术史》《国史大纲》《中国历代政治得失》等。

** 苏力，原名朱苏力，北京大学法学院教授，博士生导师。研究领域包括法学理论、法律经济学、法律社会学、社会制度等，著有《法治及其本土资源》《制度是如何形成的》等，苏力对美国现实主义司法和法学传统译介贡献突出。

式及其发展走向。[1]纠纷解决的过程及其方式选择既根植于特定的司法文化，也深受社会制度、资源供给、司法需求等复合因素的影响。因此，司法过程不仅是一个简单的事实判断过程，而且还是综合社会整体关系的价值评判过程。[2]就这个意义而言，审视并探究纠纷解决与审判制度这一主题的落脚点将无可避免地首先回归到司法环境语境的特定场域之中，其背后所反映或折射出的是司法的本土性问题。这一立足点的提出将对合理解释中国民事诉讼调判一体化命题，特别是调判共生现象起到开宗明义的作用，亦对调判一体化内在机理的阐释起着举足轻重的作用。

（一）对立还是协同：从“礼文化”到“法文化”

长久以来，中国本土司法文化体现出较强的多元性、包容性与适应性，这些本土司法文化特性展现出强大的文化韧性与延续性，从而能够呈现持久旺盛的司法生命力，避免出现司法文化断片。正因如此，一方面，中国司法文化的形成与流变能够为纠纷解决与审判制度的选择与设立提供差异化的可供选择的替代性方案；另一方面，中国传统司法文化所追求的效果导向有助于挣脱形而上学的各种桎梏。

1.崇礼与尚法的文化脉络

调解与判决根植于中华传统文化中的礼法文化，并通过礼法发挥作用。礼法一词首见于《荀子》。礼法不是礼和法，也不是礼加法，不能仅仅理解为纳礼于法（律）、礼法（律）结合，而是古代礼乐政刑治国方式的统称。[3]

〔1〕 参见郑旭文、徐振东:《中国司法文化传统的基本品格及其革新》，载《天府新论》2006年第1期。

〔2〕 参见潘怀平:《乡土法官司法传统的传承与发展》，载《中共中央党校（国家行政学院）学报》2012年第6期。

〔3〕 参见俞荣根:《法治中国与中国司法传统》，载《法治研究》2015年第5期。

先秦时期，西周开创礼、刑结合的治国模式，所谓“礼之所去，刑之所取，失礼则入刑，相为表里者也”。于此，周礼被认为是“经国家、定社稷、序民人、利后嗣”的头等大事，礼法之治构成了当时较为完整的司法治理体系。只不过在治理的要求上，礼更多地强调积极的规范作用，刑则处于消极的被动状态，注重规范违背礼之行为。就周礼的司法蕴含而言，已经初具礼文化与法文化的实质内涵。春秋战国时期百家争鸣。儒家思想认为，如果人们的行为完全被刑法支配而忽视道德伦理这一社会政治秩序的最高规范，那么国家的治理与司法的可信度肯定会遭到破坏，所谓“民在鼎矣，何以尊贵？贵何业之守？贵贱无序，何以为国？”先秦法家则认为，“一民之轨，莫如法”，只要以成文法规作为国家治理的工具，那么司法官便可以得心应手地运用他们对法典的理解力与内在道德判断力来统治、教化民众。〔1〕由此，崇礼与尚法的司法之治争论首次达到高潮。但随着秦朝采取法家“严刑峻法”之治导致“二世而亡”，尚法模式暂时陷入低谷。西汉时期，儒家代表人物董仲舒提出的“罢黜百家，独尊儒术”的主张得到了汉武帝的支持，中国古代法律从此开始逐渐接受儒家礼制。到了唐朝，完成了礼与法的融合。

崇礼司法观的发展检视。在中国传统司法文化中，礼文化是儒家经典反复念颂的“礼之道、和为贵”的文化追求，是秉持以礼求和之精神的文化，是强调“君子和而不同”并以“致中和，则天地位焉、万物育焉”为理想状态的文化。在儒家经典文化浸润之下，儒家之“和”在思想层面上进一步具体化为“礼”，并在中国漫长的农业宗族社会背景下演变出了礼治的社会治理模式与礼法的司法文化底色。礼是根据个人地位与具体社会情境而规定的行为模式。〔2〕值得注意的是，礼在中国传统文化历史语境下，

---

〔1〕 参见陈希：《中国传统司法的文化品格》，载《法治视点》2017年第10期。

〔2〕 参见强世功编：《调解、法制与现代性：中国调解制度研究》，中国法制出版社2001年版，第95页。

其内涵与今天的礼并不等同。在春秋战国时期，礼具有接近于法律的含义，是具有强制性质的道德规范。[1]作为“礼法合治、德主刑辅”“乐礼善学、尚中贵和”思想的集中体现，“无讼”是古代社会治理的价值追求，息讼是官员们实现这一理想境界的重要策略。[2]而在实现息讼甚至无讼的进程中，礼伴随着儒家理论成为官方主导的意识形态，儒家理论被系统性地整合进国家司法制度。其结果就是儒家本位的以礼促和的礼文化成为中国传统司法文化的核心要义，调解成为实现礼文化核心手段。正因如此，主流观点认为中国乡土社会是一种礼治社会，而非法治社会。[3]因此，在思考中国传统司法文化问题时，礼及其导向的礼法混同、礼法合一、重视情理、强调事实伦理等法外因素的思维逻辑，是必须时刻注意的首要文化因素，解构中国司法文化中的调解现象亦应以此作为切口。

尚法司法观的发展检视。尚法思想的核心精髓在于“法不阿贵，绳不挠曲。法之所加，智者弗能辞，勇者弗敢争。刑过不避大臣，赏善不遗匹夫。故矫上之失，诘下之邪，治乱决缪，绌羡齐非，一民之轨，莫如法”[4]。就实质意义而言，崇礼与尚法并非“非黑即白”的两种司法文化观，至少礼在其内涵上与法具有交叉重叠的部分。就其形式意义而言，研究司法传统文化中的尚法观具有十分鲜明的价值意义。这至少表明，法文化绝不是以西方形式主义法学舶来中国为契机，而是结合中国社会历史发展进程在中国逐步确立的。尚法思想受到古代法家思想影响，法家思想主张治理国家要严刑峻法、平等执法，其实质所追求的是规则塑造型目标。春秋时期法家思想尽管没有在中国传统司法文化中占据绝对的主导，但法家思想所主

---

〔1〕 参见姜小川、易娟：《中国传统法律文化中的司法公正观念》，载《中共贵州省委党校学报》2013年第5期。

〔2〕 参见朱声敏：《中国传统司法文化的现代启示——以李陈玉的息讼实践为中心的考察》，载《理论月刊》2018年第4期。

〔3〕 参见费孝通：《乡土中国》，北京出版社2011年版，第69-77页。

〔4〕《韩非子·有度》。

张的“律者所以定分止争也”“以法治国”“以刑去刑”“定分止争”“兴功惧暴”“人生有好恶，故民可治也”“不别亲疏、不殊贵贱、一断于法”等思想在封建治理中却发挥出“礼”无法替代的作用。事实上，在中国两千余年的司法实践中，历朝历代均极大地丰富发展并完善了“刑罚”体系的内容。比如唐朝的《唐律疏议》、宋朝的《宋刑统》、元朝的《元典章》、明朝的《大明律》、清朝的《大清律例》等均是以官方形式将古代尚法思想进行具象化实践。但在礼、法运用上，法在司法治理的地位上始终发挥着“德主刑辅”的作用，而“德主刑辅、明德慎罚”〔1〕则成为中国传统司法文化的一项基本原则，解构中国司法文化中的判决现象应当以尚法主线展开。

2.文化冲突下调判关系的紧张与缓和

中国传统司法文化的多元性在丰富纠纷解决形式和内容的同时，亦存在文化转型、文化形塑中的价值取舍与理念更新等问题，从而使调判关系存在紧张与缓和两种状态，这是一种正常的司法现象，应当努力在法的稳定性与适应性之间寻求一种动态的平衡，使调判关系变化契合社会变化发展之需要。

调判关系的“有限紧张”。调判关系的“有限紧张”意味着调解与判决在适用上并非完全对立关系。在很大程度上，中国古代的司法展现出“消极司法观”的特性。正因如此，在中国传统司法文化中，法律并没有被作为一种至高无上的权威；相反，法律被认为是“失道”以后的产物或是一种实现特定政治理想的手段。〔2〕或者说，法律制度并不代表中国文明的最高成就，而只是必需品，人们与法庭打交道是不体面的，即使一方当事人确有冤情。诉讼破坏了自然和谐的秩序，它使人好讼而无耻，只关注个人

〔1〕《汉书·刑法志》:“故不仁爱则不能群，不能群则不胜物，不胜物则养不足”就是这种思想的突出表现。

〔2〕 参见姜小川、易娟:《中国传统法律文化中的司法公正观念》，载《中共贵州省委党校学报》2013年第5期。

利益而忽视社会利益。法律由强权支撑，因而它是不洁的。大多数纠纷的最优解决办法应当经由道德上的说服。[1]这种现象构成中国古代司法的独特景观。

调判关系的“有限紧张”在中国司法环境的语境下具有双重内涵：其一，角色功能设定的差异性赋予了调解相较判决在选择适用上的“优位性”。这种设定下，官府所代表的是一种复合型权力，既包含行政权同时也包含司法权，但中国古代的州县衙门往往被视作“一人政府”或“全能衙门”，司法只是牧令日常庶务的一个环节。[2]这就意味着在“官”“民”对决的现状下，对于一起民事纠纷，选择以调解方式“私了”往往成为无可厚非的“最优之选”，而诉讼则成为被动之下的无奈之举。其二，理念和价值追求差异性影响调判选择适用。中国传统司法文化具有深刻的情理本位特性，“以和为贵”潜移默化地成为中国传统文化在处理包括纠纷解决在内的各种社会关系的价值取向，而对簿公堂则往往被视为“刁民”之举。于此情形下，与传统宗族社会本位相适应的调解必然成为礼法文化的中国传统司法的关注重点。中国传统社会历史绵延千年，礼法文化也传承千年，这种强大的文化惯性是无可回避更不容抹杀的。因此，调解作为一种纠纷解决方式，其自然享有强大的文化生命力。而文化一旦形成，即具有相对稳定的结构并物化在人们的生活方式中，从而形成强大的传统力量。[3]

调判关系的“适度缓和”。尽管调解与判决代表两种纠纷解决方式，但从不代表着绝对的排他性，即便是封建社会的儒家正统或者法家治理模式也从未将二者彻底地对立与剥离，这就是为什么古代社会“教化”“刑

〔1〕 参见崔永东：《从“恢复性司法”看中国法文化传统的现代意义》，载《北方法学》2009年第6期。

〔2〕 参见徐忠明：《理解传统的中国司法文化：以调解为例》，载《法制与社会发展》2015年第5期。

〔3〕 参见魏波：《现代性建构中的文化困境及其运行机制》，载《中国特色社会主义研究》2011年第3期。

律”均可以兴盛不绝的重要表征。调判关系的“适度缓和”在纠纷解决上主要表现为效果互补性。在效果层面，中国传统司法判决是“平息矛盾模式”，即不论当事人之间有何争执，只要能设法使双方放弃继续争执或将争执最小化，从而最终平息当下矛盾并让双方“世世修好、永不争讼”，此为司法最高境界。[1]既然如此，不管是调也好，判也罢，只要能达到平息矛盾的效果就被视为理所当然利好。这一点可以从中国古代官府断案的基本思路管窥一斑。《元史》载，周自强为婺州路义乌县尹，知民情，性宽厚，不为深刻。民有争论于庭者，一见即能知其曲直，然未遽加以刑责，必取经典中语反复开导之，令其咏诵。如能悔悟首实，则原其罪；如迷谬怙恶不悛，则绳之以法不少贷。[2]

在上述官府断案中，实际上县尹就灵活采用了调判结合的思维，这对于今天的司法亦可提供有效镜鉴。事实上，在中国两千余年的司法实践中，法官为了直接达至无讼的法律理想，在运用法律时，如直接适用法律即可达至息讼，则会严守法律；但当直接适用法律无法达至此目的时，法官们便会依情理审判以达到无讼的目的。这时守法是必要的，但更重要的是说教、“和稀泥”式的调解，对唆讼者的打击以及对实质正义的追求。这些构成中国传统的司法思维模式。[3]调判关系“适度缓和”的另一层面在于文化观层面，中国传统司法体现的是多元开放包容的司法文化观。在文化领域，与华夏文明同步发展，中华法系汲取了中国本土的儒、法、墨、道等各种哲学思想，特别是儒家法律思想，适应了中国古代农业文明的形态，与自然经济、宗法社会和君主政治互为表里。因此，“百家争鸣”的司法文化现象被视为文化多元性的典型表征。故而，对于纠纷的解决，只要能够

---

〔1〕 参见谢晖：《象牙塔上放哨》，法律出版社2003年版，第216页。

〔2〕 参见姜小川、易娟：《中国传统法律文化中的司法公正观念》，载《中共贵州省委党校学报》2013年第5期。

〔3〕 参见郑素一：《中国传统司法思维模式的文化分析》，载《政法论丛》2012年第3期。

实现“和谐”之目的，无论是调解还是判决均应当被视为可行的或者是必要的手段。

3.“刚柔并济”司法实现的路径依赖

司法的价值取向影响司法的行为模式，并为司法效果的取得提供行为预期。为了实现“刚柔并济”的司法效果，中国民事诉讼结构设定通过兼收并蓄的形式，融合调解与判决的比较优势，在坚持效果中心原则的实用主义司法模式下发挥出司法的“本土性”优势。

从乡土社会到后乡土社会司法价值观的流变。中国传统社会属于乡土社会。乡土性质主要包括三重维度：一是社会主体的非流动性，二是社会空间的地方性，三是社会关系的熟悉性。〔1〕由此导致乡土社会最突出的特征表现为相对稳定的文化大前提，并由此形成熟人社会下的“差序格局”〔2〕。乡土社会下的司法价值观就必然带有特定的阶段性特性——规矩的内生性和规矩的习得性。〔3〕值得注意的是，价值本没有孰优孰劣之分，但多种价值在同一时空出现时，就会产生一个位阶和排序的问题，不同的社会发展阶段基于当时的社会需求总会作出自己的价值选择，从而导致追求不同价值的手段或途径也会在某个历史时期占据优先地位。但无论作出何种价值及手段的选择都要在各种价值之间达至适度平衡。〔4〕中国乡土社会所追求的礼的司法价值，更多追求的是一种和谐的司法观，一种基于

---

〔1〕 参见陆益龙：《后乡土中国的基本问题及其出路》，载《社会科学研究》2015年第1期。

〔2〕 差序格局是中国著名社会学者费孝通提出的重要概念。差序格局，就像是石子一般投入水中，溅起一层一层的水波纹，涟漪式地一圈圈推出去，越推越远，越推越薄。其中差就是差额，序就是序列，比如说中国的君臣父子就是差，亲戚之间构成的亲疏网就是序。参见辛勇亨：《浅析费孝通“差序格局”理论》，载https：m.fx361.cc/news/2021/1026/9325810.html，2022年3月2日访问。

〔3〕 规矩的内生性，即乡土秩序所赖以形成的规则基础是在村落内自然形成的，村里人在熟悉的环境中自然而然地明白该做什么、不该做什么，这也就是礼俗规则。乡村秩序主要靠礼俗规则维持，村民与外在法律规则相距遥远，并不熟悉，更谈不上依法理规则行事。规矩的习得性，即村民遵守礼俗规矩，不是靠专门机构来灌输和施教，而是在亲密交往中经常性学习获得并遵守的。参见陆益龙：《后乡土中国的基本问题及其出路》，载《社会科学研究》2015年第1期。

〔4〕 参见史长青：《裁判、和解与法律文化传统——ADR对司法职能的冲击》，载《法律科学》2014年第2期。

关系修复型的司法价值观，这种价值观落实到具体的纠纷解决方式上必然表现为由判决向调解的阶段性倾向失衡。“如果为了某些利益诉诸法律，当事人之间的和睦关系必然受到破坏。加上普通民众对法律知识的了解十分有限，他们以远离诉讼为幸事，万一发生纠纷，便十分乐意通过调解结束他们之间的争端。”况且，“协商与调解不会伤及当事人之间的感情，便于在未来的生产、生活中和睦相处”。这就不难理解为什么在乡土社会无论是民间调解还是官府调解〔1〕均呈现欣欣向荣的蓬勃之势，而“闹到”官府的案件绝大多数是刑事案件，真正的民事纠纷屈指可数。〔2〕

在后乡土社会，乡土性质的三重维度均不同程度发生变化，传统社会的格局由封闭性逐渐走向开放性，规矩的内生性和习得性逐渐转变为规矩的外力塑造性，熟人社会向陌生人社会逐渐生成，传统的“恢复性司法”日渐式微。在这种由单一性向多元化急剧变革的过程中，司法制度也必然发生变化，并且成为促进和支持新的社会事实的重要手段。新的司法态度和观念往往成为司法变革的动力源泉，进而成为推动整个社会变革的推进力量，既可以对司法现代化起抵制、扰乱或阻碍作用，也可以对司法现代化起支持、调适和巩固作用。〔3〕这种显著变化对两造和法院（法官）的司法价值观念均产生较为显著的影响。就两造而言，诉诸法院解决纠纷已经不再被视为一种“不光彩”的事情，而被视为一种正当维权的手段。这种心理

---

〔1〕 黄宗智教授认为，“中国古代官府在具体案件中不作调解”，本书认为该观点值得商榷。事实上，中国古代官员在处理具体案件时也会调解，但具体的调解方式不是以法律为评判依据或裁判工具（如同现代中国法院在民事诉讼中所作的调解一样），而是以儒家经典著作中充满道德教化色彩的文字来开导劝喻当事人，以期待当事人“悔悟”，从而自动放弃诉讼并由官府终止诉讼程序，而不是像今日的中国法院一样出具有司法公权力背书的“民事调解书”。

〔2〕 此种现象典型表现为，古代封建社会纠纷解决中民间调解较为发达，绝大多数案件经乡绅、宗族调处已经基本解决，为耄老士绅所不能解决而必须由官府处置的，绝大多数为刑事案件，政府当然态度常常坚定而明确。如果发生人命损失，则尤其不能有丝毫的玩忽，一定要求水落石出。参见黄仁宇：《万历十五年》，中华书局2014年版，第179页。

〔3〕 参见郑旭文、徐振东：《中国司法文化传统的基本品格及其革新》，载《天府新论》2006年第1期。

层面的“惧讼”情结已经悄然向“求讼”（或“好讼”）心理转化。由此产生的司法文化效应就是当代中国的司法文化、诉讼制度、思想观念与社会舆论从传统的“抑讼”向鼓励积极发起或参与诉讼的“励讼”转型。[1]就法院（法官）而言，现代司法理念赋予了法院（法官）以独特的司法价值与使命，司法权的行使同时肩负着纠纷化解、权利保护以及规则塑造等多重功能，诉讼调解与判决并重的司法格局逐渐生成，并发展成为中国特色社会主义司法文化的现代性根基。

一以贯之的“情理法”相结合司法逻辑。长久以来，中国的司法总是能够在无形中或不经意间展现出“有温度司法”的特质。判决的刚性与调解的柔性特征在调判一体化的司法适用中能够完美展现出“何意百炼刚，化为绕指柔”，这种特质背后所展现的本质在于一以贯之的“情理法”相结合的司法逻辑。在中国，法律的实施、司法的运行需要有相对稳定的、最低限度共识的文化价值体系作为支持力量，需要依靠法律和非法律因素的共同作用。中国传统司法同样具有一种深刻的文化基础，它突出表现为源于儒家伦理价值观的“情理”。这既是传统中国“情理法”一体的机制所致，也是情理自身的内涵使然，更为中国传统司法实践中的诸多事例所印证。“情理法”三位一体的逻辑结构使中国传统司法必然以情理为文化根基；情理所具有的丰富内涵与开放特征使其成为中国传统司法的价值追求；中国传统司法实践充分证明了情理作为一种内在精神，深刻影响了中国古代的司法审判与司法文化传承。或可说，不管是在乡土社会还是后乡土社会，中国传统的司法文化有着浓郁的人文主义精神。这种人文精神虽然不能以现代意义上的人文精神概念来理解，但它同样包含了对人格价值

---

〔1〕 参见郭星华、郑日强：《励讼：当代中国诉讼文化的变迁》，载《广西民族大学学报（哲学社会科学版）》2015年第4期。同时需要指出的是，引文作者强调“励讼”并非字面意义上的鼓励诉讼，而是国家鼓励民众通过司法机关解决纠纷，体现的是一种肯定诉讼、支持诉讼的司法文化价值取向。

的尊重。[1]

由此可见，从法制发展的历史看，“法合人情则兴，法逆人情则竭。情入于法，使法与伦理结合，易于为人所接受；法顺人情，冲淡了法的僵硬与冷酷的外貌，更易于推行。法与情两全，使亲情义务与法律义务统一，是良吏追求的目标。他们宁可舍法取情，以调整法与情的某种冲突，避免以法伤情，从而增强宗法社会成员的亲和力，发挥寓教于刑的法律功能”[2]。也正是因为中国传统司法坚持“情理法”相结合的司法逻辑，调解与判决的司法适用才能够充分保持既超越“世俗”，又兼顾司法“底色”的鲜明特征，并且充分展现出中国司法“刚柔并济”的特质。

(二)自力还是外援：从“私了”到“官决”

调解和判决在民事纠纷解决中的适用，暗含着“私了”和“官决”的行为逻辑，而纠纷解决中的“私了”和“官决”现象则代表着纠纷解决的两种行为模式：自力型纠纷解决和外力型纠纷解决。“私了”实现途径分为两种：一种是不借助第三方力量，只通过某一方力量和另一方力量对比解决；另一种是借助第三方力量调解。[3]“官决”主要借助公权力或司法机构实现，在权利救济的实质上属于公力救济，而“私了”的实质则属于私力救济。“私了”和“官决”构成中国社会纠纷解决的基本路径(见图2-1)。[4]

---

〔1〕 参见郑旭文、徐振东:《中国司法文化传统的基本品格及其革新》,载《天府新论》2006年第1期。

〔2〕 参见张晋藩:《中国法律的传统与近代转型》(第3版),法律出版社2009年版,第115页。

〔3〕 参见贺寿南:《优先逻辑视野中的“私了”现象分析》,载《广西社会科学》2007年第6期。

〔4〕 从纠纷解决的方式上来看，调解和判决在民事纠纷解决中的适用，尽管暗含着“私了”和“官决”的行为逻辑，但并不能将“私了”等同于调解，“官决”等同于判决。“私了”的方式内容，除了调解，还可能是和解，而“官决”的方式内容，除了判决，还可能是其他行政力量介入解决，如土地权属争议由政府相关部门进行确权。为了提高本书研究的针对性和相关性，本书在研究内容上对“私了”和“官决”进行限缩性援用，“私了”在内容上作调解理解使用，“官决”在内容上可作判决理解使用。下文同。

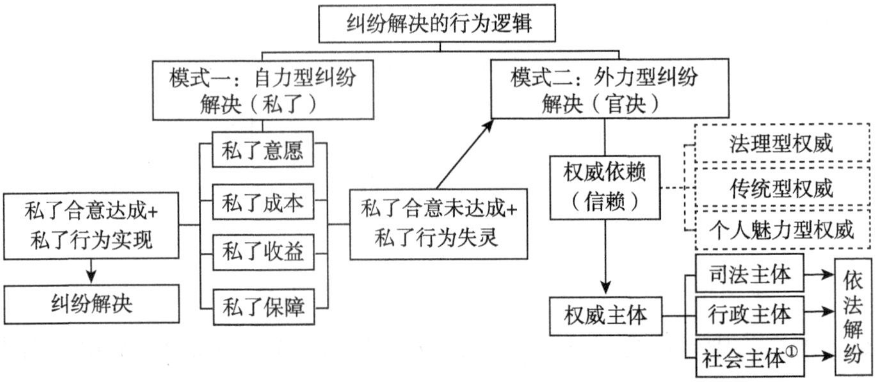

①在纠纷解决的权威性主体中，诸如仲裁一类的纠纷解决主体，本书作广义理解，作为社会主体归入“官决”类外力型纠纷解决模式之类。

图2-1　民事诉讼纠纷解决行为逻辑

1.自力型纠纷解决的基础动因

自力型纠纷解决必须满足自给性基础。这种“私了”的自给性基础既包括传统社会结构性基础动因（政治、经济、文化等），也包括结构外诉讼主体能力、纠纷解决成本以及预期收益等现实要素。审视中国社会纠纷解决的“私了”现象，应当以全面、客观的视角对上述要素加以审视。

基于社会结构性基础动因的审视。中国传统社会属于封闭型的小农经济社会，这种经济基础型社会最突出的特点表现为分散性、封闭性与自足性，这从根本上决定了纠纷解决资源的有限性和纠纷解决方式的单一化，纠纷解决的设定在行为逻辑的优先性上系以“个人本位”为中心，并由此进行“一对一”发散。小农经济社会，礼与情理是维持乡土社会秩序的工具，是纠纷解决机制的社会文化基础，是人们遵守的社会规范，是人们做人做事的准则。因此，“私了”被视为基于礼与情理的一种理性选择，“私了”的解决过程、运行逻辑既要依据礼与情理，也要符合礼与情理。“私了”的目的和最终的结果是既要解决好当前纠纷，也要在很大程度上继续维持以“礼”和“情理”为社会文化基础的乡土社会秩序。〔1〕除此之外，闭合型纠纷解决

〔1〕 参见谢丽丽：《“私了”的乡土性及其现代价值——以闫老汉死亡事件为例》，载《华中农业大学学报（社会科学版）》2016年第5期。

的思想观在传统社会具有深厚的底蕴基础，“大事化小，小事化了”“各人自扫门前雪，莫管他人瓦上霜”“忍一忍风平浪静，退一步海阔天空”等，均是这种“私了”思维的集中表现。正因如此，调解方式的灵活性和柔性特征恰恰可以满足这种结构性矛盾解决的需求并能够获得广泛的社会认同与适用。

基于社会结构外复合动因的审视。从行为动机学视角看，纠纷解决总是存在潜在的优先选择逻辑。当人们认识到这一点，往往会形成某工具优先于另一工具的判断，并作出对优先工具的选择。[1]诉讼主体能力、纠纷解决成本、预期收益构成社会结构外复合动因的三组核心要素。中国传统社会格局下，法治程度和水平较低，诉讼体制和机制不够发达与健全，行为主体的诉讼能力整体是不高的，法律意识也相对不足，这导致其寻求以诉讼形式解决纠纷的激励性不足。在纠纷解决的路径上，以较低的成本有效平息事端是各方所乐见的，特别是“私了”这种方式较好地兼顾“情理法”三者之间的关系，可以促使纠纷在不伤和气、花费少的情况下得以解决。因此，无论是从经济成本、机会成本还是精神成本层面来看，“私了”的效果不仅是可预期的，而且在操作上更具有“隐蔽性”和“自主性”，在收益效果层面不仅可以实现化解纠纷之目的，还能够将基于纠纷所产生的不良影响或负面效果限缩在最小的范围内，契合当事人的基本心理预期。因此，调解相较于判决在选择逻辑上被视为具有天然的优先性，而判决在常态下往往仅成为次优选择方案。

2.寻求外力型纠纷解决的逻辑

外力型纠纷解决行为逻辑的核心影响要素包括自力救济失灵和寻求权威依赖（信赖）。从自力救济转向寻求外力救济，实际暗含着两种不同的逻辑主线。其一，自力救济失灵—寻求外力救济弥合—实现权利救济

〔1〕 参见贺寿南:《优先逻辑视野中的“私了”现象分析》，载《广西社会科学》2007年第6期。

和保护。此一主线中，从自力救济到寻求外力救济实际上系补强和递进之关系。自力救济失灵意味着两造之间基于私了成本、私了收益、私了保障等无法形成预期性满足导致无法形成合意共识，寻求外力救济已经成为必要。换言之，在自力救济资源充分的前提下，外力介入型纠纷解决一般缺乏相应的必要性基础。其二，自力救济/外力救济—实现权利救济和保护。此一主线中，寻求外力救济不是因自力救济不足所致，尽管自力救济资源、手段、方式充分，但基于寻求权威依赖（信赖）之现实必要，仍然寻求外力介入之结果。这导致两造寻求外力型纠纷解决的主要动因在于寻求纠纷解决的权威性、正规性以及公信力。自力救济失灵和寻求权威依赖（信赖）实际上反映出调解和判决在纠纷解决中存在的“短板”及比较优势问题。

纠纷解决中自力救济之失灵。纠纷解决通常可能涉及社会关系、法律关系、人情关系等复杂关系网。在应然层面，个体力量处理复杂的关系并非行不通，但实然层面确实存在一定的难度。这意味着“私了”行为不是万能的。一方面，中国社会的“私了”传统没有制度保障，过分依赖道德规范，而且有压制人们寻求公平正义的倾向。另一方面，民间非正式的“私了”制度与国家正式纠纷解决机制之间缺乏衔接，如果当事人在付出一定“私了”成本后再进入诉讼，极有可能造成成本的不合理支出，甚或以“私了”的方式规避国家正式法律以达到个人利益的最大化，引发损害社会公益之风险。[1]一般而言，民事纠纷的“私了”行为，如果系当事人自愿、平等的真实意思表示，且“私了”行为未超越法律行为的边界，就应当受到法律的保护。相反，如果“私了”行为本身包含非法性的因素或者基于“私了”行为出现《民法典》第147～151条规定的可撤销、可变更，第500条规定的合同缔约过失责任等情形，则该“私了”行为失灵，不发生相应的预期

〔1〕 参见谈萧：《论“私了”——从非正式制度到正式制度》，载《甘肃政法学院学报》2009年第1期。

后果。此时,公力救济就成为客观必要。

纠纷解决中的寻求权威依赖(信赖)。权威在纠纷解决中具有独特的司法价值与意义,能够显著增加信服力、说服力以及受众对纠纷处理结果的可接受度。概念学意义上的权威包含权力和威信的双重内涵,而权力和威信成为促进纠纷解决的关键性要素。在马克斯·韦伯的权威来源说中,韦伯将权威分为三种,即传统型、法理型和个人魅力型。〔1〕根据韦伯对权威的划分,司法权威应该属于法理型。在此分类下,司法权威来自对法律的信仰,也与法律的正当性亦即公正密不可分。例如,乡土社会中的乡贤、里长正是基于德高望重的个人魅力型权威在纠纷化解中扮演重要作用。后乡土社会重视法治社会建设和法律意识的培树,法理型权威在纠纷解决中扮演更加突出的角色。在司法实践中,权威司法鉴定机构、权威律师、权威法官往往被冠以权威程序化标签而为两造所青睐,这已经成为一种习以为常的司法现象。在纠纷解决过程中,作为静态的法律规范的权威必须借助动态的司法主体权威、司法权运作过程权威和司法判决权威得以实现和延伸,必须通过司法判断力、司法说服力、司法确定力和司法执行力得到体现和拓展。〔2〕

为说明自力型纠纷解决和寻求外力型纠纷解决的行为逻辑,此处试举《马背上的法庭》〔3〕影片中的两幕加以说明。

幕一:书记员阿洛结婚的现场闯入了一群不速之客,要求阿洛的老丈人归还他家的羊,但此时的羊已经变成了羊肉汤。原因是该村民的羊损坏了阿洛老丈人家的庄稼,依据当地的“村民公约”,阿洛的老丈人可以自

---

〔1〕 马克斯·韦伯强调的传统型权威建立在人们对于习惯和古老传统的神圣不可侵犯的基础之上,典型形式包括家长制、世袭制和封建制;法理型权威建立在正式制定的规则和法令的正当性基础之上,典型形式是科层制;个人魅力型权威则建立在个人魅力之上,典型的如先知、宗教领袖等。

〔2〕 参见季金华:《司法权威的结构要素与基本表征》,载《南京社会科学》2018年第9期。

〔3〕 电影《马背上的法庭》讲述了中国西南边区的法官通过马驮法徽,翻越崇山峻岭,深入少数民族边区开展巡回审判的一种形式,充分体现了中国司法中调解与判决本土化、乡土化的中国特色,体现出中国司法的“人民性”,让司法更贴近民众、更具有温度。

行宰杀该羊作为补偿。法官老冯让阿洛评判该案对错，阿洛根据专业法律知识判定是自己老丈人的错。老丈人一怒之下不让婚礼继续。阿洛则带着已经领过结婚证的妻子一走了之。当地人认为，“穿制服的人”（指司法人员）拐走了人，除非把人还回来，以后再也不会找“穿制服的人”打官司了；法官老冯认为，阿洛行为严重损害了法院的权威和形象。

幕二：法官老冯驮着法徽的马被盗了，最后马没有找到，只找到了法徽，但法徽却陷在一片草海中。老冯想也不想就要跳进草海去捞法徽，当地老百姓认为老冯跳进草海会要命的。村民困惑地问法官老冯，法徽是金的？还是银的？老冯没有直接回答金银的问题，而是转而回答：“你们摩梭人不是烧香拜佛吗？它就跟你们心中的佛一样重要”。如此，村民们终于明白法徽所代表司法神圣权威的意义，他们将法徽捞起，清洗干净，神圣地挂起来，法徽变成了神祇一样的存在。村民深情地触摸法徽，祈求法徽的护佑。

《马背上的法庭》所展现的是中国司法现实景观的真实片段。在幕一的纠纷解决中，村民公约和法律规定产生了冲突，实际上代表了纠纷解决中自力救济和公力救济之关系冲突，其中蕴含着单纯依靠判决或调解可能带来的机械性司法，损害司法权威和司法公信力等客观问题。而在幕二的场景中，法官老冯用行动表明法徽的意义不在于金银，无法用金钱予以衡量，而是代表着法治信仰，其中蕴含着司法权威对于推进司法治理的核心价值和意义。

3.纠纷解决中私权与公权的平衡

自力型纠纷解决和外援型纠纷解决涉及私权与公权行使中利益平衡的问题，亦即调解和判决在司法适用中的冲突平衡问题。为了实现正义之目标，罗尔斯在《正义论》中提出了“反思的平衡”的概念，指出反思的平衡应当既表达合理的条件，同时又适合我们深思熟虑的并已经修正和调整了的判断。〔1〕司法实践中应当借鉴这种利益平衡方法，通过兼顾公益和私

---

〔1〕 参见［美］约翰·罗尔斯：《正义论》，何怀宏、何包钢、廖申白译，中国社会科学出版社2009年版，第16页。

益、避免权利和权力滥用、谦抑性司法，确保调解和判决的司法适用能够达到预期效果。

通过兼顾私益和公益实现平衡。民事诉讼中的不同参与主体存在不同的利益诉求，不同诉讼参与主体之间可能存在重叠利益（如高效化解纠纷、修复关系等共同利益），也可能存在冲突利益（如两造之间的“胜败利益”冲突，个体利益和社会利益冲突）。调解或判决的司法适用应当成为纠纷解决中私益和公益平衡之有效杠杆。私法领域的纠纷处理应当以保护合法私益作为首要原则。合法性作为诉讼结果可接受性的阈值底线，意味着纠纷如果不涉及正义标准的原则底线，不产生正义冲突，则应当通过调解或判决保护两造的合法私益。在民事诉讼中，公益评判之标准应当借助正义评判标准发现，而正义评判的双重标准既包括了共性要素标准（通识性标准，如诉讼结果符合常理与一般伦理认知，符合经验法则等），也包括了差别要素标准（如裁判规则培树、司法价值观弘扬等）。只有在两造私益与纠纷处理所蕴含的社会公益可能产生正义冲突之场合，才应当允许通过个案判决的形式对个体私益进行有限否定，实现在个案中私益与公益平衡之目的。

通过避免权利和权力滥用实现平衡。在权利—权力关系形态中，二者具有双向的制约关系，权利实现需要权力保障，权力行使同样需要权利驱动与监督。为了保持这种动态的平衡所形成的内稳态，权利—权力不得滥用就成为调解和判决司法适用中实现私益和公益平衡的基本原则。诉讼权利系为两造所享有与主张，禁止权利滥用的实质意义在于，“不让该项权利的行使发生原本应有的私法上的法律效果”。[1]民事诉讼中虚假诉讼、虚假调解、滥提管辖权异议等将严重影响诉讼秩序，损害他人合法权益。因此，不仅应当使权利滥用面临道德层面的谴责，还应当将禁止权利滥用上

---

〔1〕 参见［日］近江幸治：《民法讲义Ⅰ：民法总则》（第6版补订），渠涛等译，北京大学出版社2015年版，第18页。

升为一项法律原则，使之产生强制约束力。就权力层面而言，权力滥用将打破权利—权力平衡结构，“以判压调”“不当判决”将导致“以力压利”的现实后果。一方面，司法权的行使如果缺乏必要的制约，法官自由裁量不设定尺度，将导致司法权的恣意性。另一方面，司法权滥用将导致司法的不确定性，削减公众对司法的认知、认同与信服感，减损司法的公信力。这就要求必须通过完善权力运行的行为规范、监督体系等为权力行使划定边界，确保纠纷中的调解或判决以科学的方式行使或运用，促进实现积极的效果。

通过谦抑性司法〔1〕实现平衡。谦抑性原则，又称必要性原则或节制性原则。在民事诉讼纠纷解决中体现出司法谦抑性，意味着法院（法官）对纠纷的处理必须是适当的和必要的。司法权的核心在于审判权，审判权保持中立是民事诉讼的基本立场。当民事诉讼两造的真实意思表示产生调解或判决之需要，法院（法官）原则上应当尊重当事人的立场。换言之，即便法院（法官）主导诉讼进程，但这种主导亦应当属于克制型的；特别是在释明权的行使上，法院（法官）必须保持适度行使原则，应当充分尊重当事人的处分权。法院（法官）可以通过释明促进当事人澄清或补充主张，但不得以释明方式直接在两造的诉讼主张之外提出新的主张，代行两造辩论之实。必须注意到，“能调则调，当判则判”应当是民事诉讼中谦抑性司法的基本要求，只有在需要通过个案平衡实现正义差别性标准的特定司法价值的情况下，才可以允许法院（法官）通过强制判决形式突破谦抑性司法约束，否则就不应突破此种底线。

〔1〕 作为一项重要的法律原则，谦抑性原则最初是随着非犯罪化、非刑罚化的宽省刑事政策的产生而由刑法学者在刑法学领域提出的，后为宪法学、行政法学等公法部门所接受采用，逐渐演进为一项公法原则。其核心理念在于强调以最小的公权力行使成本来实现最大的社会效益，也就是使权利义务得到最有效的恢复和实现，使社会秩序维护和发展的纠正成本降到最低。本书认为，谦抑性并非仅仅适用于公法领域，在私法领域同样具有一定的适用空间，民事诉讼“不告不理”“谁主张，谁举证”等内容，实际上亦从侧面反映出了谦抑性司法的基本理念。本书借鉴谦抑性司法的法律方法，并将之作为实现纠纷解决中私权与公权平衡的一种手段。

（三）被动还是主动：从“良法”到“善治”

民事诉讼纠纷解决中，根据诉讼参与主体的参与程度和介入形式，可以分为主动型参与和被动型参与两种基本样态，这两种基本样态将产生不同的司法效果，并对纠纷解决中调解和判决的司法适用产生不同程度的影响。从提高司法治理效果的角度出发，应当积极改造并优化民事诉讼纠纷解决的路径方法，充分提高民事诉讼参与主体的积极性和主动性，减少被动性的影响要素，以“良法”促进达到司法“善治”目标。

1.主动型参与和被动型参与的司法蕴含

主动型参与和被动型参与的区分标准在于是否积极履行了在民事诉讼中的义务。就两造而言，诉的发起并不代表发起者始终扮演主动参与的角色；同样，被诉方亦不绝对处于被动状态。法庭辩论、举证质证中两造作用的发挥，双方“攻守状态”始终处于动态变化的过程，这意味着主动可以向被动转化，被动也可以向主动转化，调解或判决的选择适用始终处于动态变化中。就法院而言，从治理层面理解司法的特性，司法的被动性不是绝对不可动的，不能作狭义僵化的理解。司法的被动性应仅限于司法机关在具体案件司法裁判程序中的被动与中立，在法律释明、法庭引导等方面，法院必须发挥出主导性作用，司法不得拒绝裁判。

调解和判决的选择适用随着诉讼参与主体参与样态的变化而变化。在民事诉讼中，两造的诉讼动机有所不同，但这种不同并不意味着绝对的对抗不可协调。两造之间根据诉讼参与形态的不同，可能产生如下后果：原告主动型参与/被动型参与或被告主动型参与/被动型参与—形成证据优势/无法形成证据优势—两造妥协/对抗—调解/判决。在上述后果样态中，两造诉讼参与的程度和介入形式起到前置性作用。经过诉讼参与，两造能够对纠纷的处理产生相应的心理预期，并对后续选择合作或对抗产生直接影响。如果双方均寻求“息事宁人”，通常会以调解的方式化解纠纷；如果一方以上寻求“明辨是非”，则通常会以判决的形式化解纠纷。法院根据诉讼参与形态的不同，可能产生如下后果：法院主动型参与或被动型参与—两造妥协/对抗—调解/判决。在上述后果样态中，法院的被动型参与强调法院不得打破两造诉讼关系之平衡，应当处于中立之状态；法院的主动型参与强调法院必须履行诉讼主导义务，并就应该释明的事项进行释明，依职权应当查明的事实进行查明。如果两造基于合法自愿原则选择调解，除非纠纷处理需要满足正义标准差异性要素之必要，应当遵循当事人的真实意思表示。

2.调判适用中道德治理与法律治理之定位

司法善治目标之实现有赖诉讼参与主体的主动型协作，此一过程中调解与判决的司法选择适用实际上反映出不同的司法治理行为逻辑，同时也表现为不同的司法效果。中国民事诉讼调判一体化贯穿道德治理和法律治理的复合逻辑，在实现司法善治目标的过程中，道德治理和法律治理构成纠纷解决的两大调节系统，调解和判决的司法适用则构成实现司法善治目标的基本手段。

道德治理与法律治理的治理逻辑与适用侧重。从本质属性来看，道德治理和法律治理分属非正式制度和正式制度结构安排，分属不同的司法治理手段。道德治理过程具有动态性和持续性。道德治理并不是一套规则的制定，也不是一项活动的开展，而是一整套规则（或制度）体系和一系列活动的持续动态的过程；治理过程的基础不是主体之间的控制，而是彼此间的互动、协调与合作。〔1〕法律治理强调确定性、连续性和稳固性，即在不确定的变化之间追求一种相对稳固的实现路径，在最大程度上满足有据可依的理想状态。中国社会道德治理的行为偏好根植于传统社会的礼法文化，道德教化、传统美德、以和为贵均是道德治理的重要依据和内容，调解则成为道德治理最主要的实现方式。在道德治理体系下，调解目标的实

〔1〕 参见龙静云、熊富标：《论道德治理的基本路径与社会合作》，载《江汉论坛》2013年第5期。

现很大程度上受到介入主体个体力量的影响（如前述的个人魅力型权威主体），从而使调解本身带有依赖“人治逻辑”的明显倾向。这意味着调解的主体如果在权威性、信服力、影响力等方面具有明显的比较优势，则更利于产生成功调解的后果。但是，在适用侧重上，调解往往侧重于解决一般简单案件纠纷。相较于道德治理，民事诉讼纠纷解决强调法律治理，主要借由司法判决的方式实现，司法判决本身遵循的是法治化逻辑，通过借助明确的、相对稳定的、可预期的法律行为规范，实现解决民事纠纷、保护民事权利之目的。这种特性决定了司法成为维护社会公平正义的最后一道防线，而判决对于各类纠纷的解决则产生普遍的适用性。

道德治理与法律治理的效力特性与效果差异。从道德治理和法律治理的效力特性来看，道德治理是一种柔性治理或“软治理”，法律治理则是一种刚性治理或“硬治理”。〔1〕道德治理与法律治理虽然具有差异性，但同时也具有共同的要素。从内容来看，道德治理与法律治理往往相互交叉、相互吸收。法律条文体现伦理的基本精神，蕴含公平、正义、责任等道德元素，法律条文禁止的内容也为道德所谴责。与此同时，道德所蕴含的一系列价值理念也指导着法律治理，“体现社会公平正义和社会主义道德理念的价值追求，是今日社会建构的基础，也应是当代中国法治社会创建的价值理念”。〔2〕道德治理和法律治理的统一是非正式制度和正式制度的统一，构成“软约束”和“硬约束”的统一。从治理效果的差异性来看，道德治理和法律治理效果各有侧重。在民事诉讼纠纷解决中，通过调解方式所实现的道德治理的社会效果往往更为明显，通过判决方式所实现的法律治理的法律效果则更为突出。中国民事诉讼调判一体化模式，正是通过诉讼调解和判决兼用的方式，将道德治理和法律治理相结合，从而实现“刚柔

---

〔1〕 参见邹海贵：《论道德治理》，载《吉首大学学报（社会科学版）》2016年第6期。

〔2〕 参见周中之：《道德治理与法律治理关系新论》，载《上海师范大学学报（哲学社会科学版）》2014年第2期。

并济”的理想愿景，追求并达致实用主义的复合效果。

3.善治目标下的调判互动及价值实现

良法善治是实现司法治理体系和治理能力现代化的理想境界和重要目标。良法是实现司法善治的基础与前提。中国民事诉讼调判一体化诉讼结构模式构成司法善治的良法。应当充分发挥调判一体化的司法价值，实现调解和判决在民事诉讼中的科学适用。

个案与整体并重。一体化模式下调解和判决的司法适用应当坚持系统性思维，避免司法处理方式的程序化。这意味着，民事纠纷的解决不仅需要考虑个案处理效果，还需要综合考虑对类案处理可能产生的后果及影响。其一，需要充分考虑调判适用中的“情理法”关系。现代社会的高度复杂性使司法担负的使命日益艰巨，其角色也更具挑战。一个看似法律方面的问题往往不是或不仅仅是法律问题，其间“情理法”的冲突、碰撞与博弈，考验着法官的智慧、良知和能动性的判案艺术。〔1〕调解与判决的司法适用应当尽量避免“情理法”冲突，确保诉讼效果和程序目标保持应然一致性。其二，需要综合考虑案件处理中秩序价值和正义价值之关系。一项法律制度若要恰当地完成其职能，就不仅要力求实现正义，而且还须致力于创造秩序。〔2〕调解与判决的司法适用应当有效化解矛盾，同时在纠纷处理中兼顾实现维护社会秩序价值和正义价值。其三，需要综合考虑主体参与形式理性和实质理性之关系。形式理性和实质理性能够科学指导诉讼进程，应当通过增加调解与判决适用中的理性成分，减少纠纷解决中的主体对抗与冲突，增加协商与合作的机会空间，统一维护司法权威与纠纷解决效果，提升诉讼结果的可接受性。

关系修复与规则塑造并重。关系修复是民事诉讼的基本价值之一。

〔1〕 参见陆永棣：《法官良知在司法责任制背景下的展开》，载《现代法学》2020年第3期。

〔2〕 参见[美]E.博登海默：《法理学：法律哲学与法律方法》，邓正来译，中国政法大学出版社2004年版，第330页。

中国的司法“是以恢复或者建立一种稳定的、和谐的人际关系和社会关系为着眼点来看待和解决现实纠纷(特别是民事纠纷)的。司法关注的就并非只是程序,更重要的是裁判的结果……这个结果必须有利于解决利益冲突、协调利益关系进而恢复或维系一种和谐的社会秩序和人际关系”。〔1〕正因如此,民事诉讼纠纷的处理,首先需要以当事人的利益为重,不能强求其承担生产公共产品的义务和责任。在当事人的处分权面前,司法权应该尽可能节制,无须以公共政策、价值取向、公众舆论、媒体偏好和法学界的期待等对判决的必要性作出评价。〔2〕同时,鉴于不同类型的案件对不同的纠纷解决形式有不同的要求,或者说,不同的纠纷解决形式对不同案件有不同的适应性,〔3〕应当充分发挥调解和判决的功能比较优势。这要求,司法过程中应当实现调解与判决之间的衡平互济,确保实现司法功能价值的最大化。对于能够通过调解方式结案,或者通过调解方式结案更加有助于关系修复、权利保护的案件(如婚姻家庭类案件),应当尽可能优先通过调解结案。同时,对于那些通过判决方式结案效果更好的案件(如新类型、涉公序良俗等案件),一般应当判决结案,以实现规则塑造等司法目的。

法律效果与社会效果并重。中国民事诉讼调判一体化坚持效果中心原则,效果导向是其基本导向。司法过程中,究竟选择调解还是判决,其判断标准必须立足于有效化解矛盾纠纷,促进社会和谐,定分止争,实现法律效果与社会效果的有机统一。〔4〕就法律效果而言,对于专业性较强的案件(如知识产权案件、海商事案件、涉外案件等)或者是新类型案件(如法律依据不明确或欠缺、特定行业领域体现新技术新理念等新类型案件)、

---

〔1〕 参见李浩、刘敏、方乐:《论农村纠纷的多元解决机制》,载《清华法学》2007年第3期。

〔2〕 参见范愉:《“当判则判”与“调判结合”——基于实务和操作层面的分析》,载《法制与社会发展》2011年第6期。

〔3〕 参见黄建武:《中国调解功能的演变及制度创新启示——基于1988年至2010年统计材料的分析》,载《北方法学》2012年第5期。

〔4〕 参见肖建国:《理性看待调解优先、调判结合》,载《郑州大学学报(哲学社会科学版)》2011年第6期。

重大典型性代表性案件（如社会广泛关注的案件、重大疑难复杂案件等），适用司法判决产生的法律效果一般更优。就社会效果而言，则需要法官综合考虑调判关系选择适用结果的可接受性效果预估，如社会舆论广泛关注的案件或关系到日常生活的案件（如“彭宇案”），调解的社会可接受度未必比判决的社会接受效果好。因此，“应当在坚持调解与判决各自功能作用的前提下，实现二者的互济与衡平，从而实现司法功能价值的最大化”[1]。

二、此消彼长：调判张弛的多重解读

调判共生下“如影随形”的关系体现出调解与判决的结构性兼容特性，“此消彼长”的外部特征则体现出调解与判决在适用上的灵活性特征。事实上，调判关系的此消彼长不仅依赖诉讼主体对纠纷方式的选择，更重要的是还受到司法供需矛盾、司法政策与对策、司法裁判思维以及司法价值取向等多重因素的影响，就此而言，解读中国民事诉讼调判一体化现象，仍有必要从调判关系的张弛视角切入分析。

（一）司法供给与司法需求：内外互动的司法逻辑

司法供给和司法需求是司法的内生性矛盾。在司法供需关系问题上，最核心的功能目的就是努力实现和维护司法供给与司法需求之间的平衡关系，努力揭示作为公共产品的司法供给对于中国法治建设所可能具有的现实意义。审视中国民事诉讼调判一体化中的调判张弛现象，应当立足于司法供需关系视角分析，力求实现调判适用供需关系平衡，提升调判适用的司法效果。

1.司法供需矛盾决定司法调判张弛空间

司法的本质是国家提供司法供给，满足民众司法需求的过程。在通常

---

[1] 刘振会、荣明潇：《判决与调解：在衡平互济中实现公平正义》，载《山东审判》2014年第2期。

情况下，这种司法供求关系处于动态的、非均衡的状态。[1]司法需求和司法供给之间始终处于动态的变化过程，司法需求侧和司法供给侧之间产生相互作用力，决定了司法供需矛盾构成调判适用此消彼长张弛现象的根本内因。为增加展示这种关系的直观性，在司法需求c和司法供给b的关系样态中，本书以b和c的对角线作为司法供需平衡线a，将纵轴设定为司法需求坐标（仅限两造）[2]，将横轴设定为司法供给坐标（仅限法院），据此构建司法需求和司法供给的基本关系模型（见图2-2）。

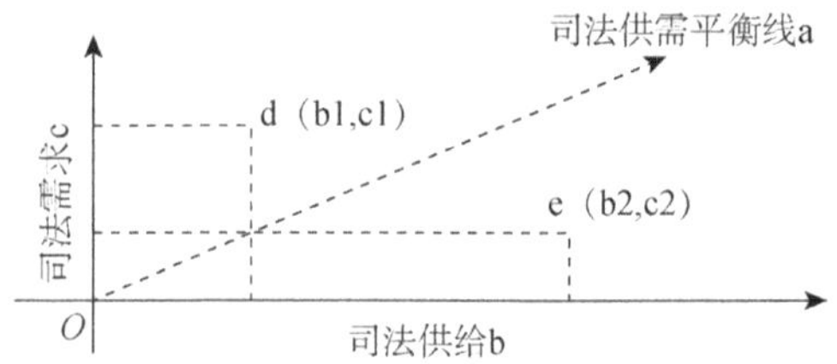

图2-2　司法需求和司法供给关系

从上述基本关系模型可以看出，司法需求c和司法供给b之间存在一定程度的正相关性，即司法供给应然状态下随着司法需求的增长而增长。[3]在图2-2a—c区域范围内，以d（b1，c1）为例，此时c1>b1［可能包括（1）c1=诉讼调解需求>b1诉讼调解供给；（2）c1=诉讼判决需求>b1诉讼判决供给］，意味着司法需求>司法供给，此种状态下，司法需求将刺激司法供给投入［直接司法供给（诉讼调解/判决资源倾斜适用）和间接司法供给（司法供给数量投入如人员配备、硬件设施配备等）］，以促进实现司法供需平衡。

在图2-2a—b区域范围内，以e（b2，c2）为例，此时b2>c2，意味着司法

〔1〕　参见曹全来：《国情与司法模式构造的规律性研究——以司法供求关系为中心》，载《法律适用》2014年第5期。

〔2〕　为提高本书研究的针对性，纵轴中两造的司法需求仅限于调解或判决，撤诉、和解等不予考虑。同理，在横轴中，法院的司法供给亦限于提供调解或判决，驳回起诉、驳回诉讼请求等不予考虑。

〔3〕　尽管司法需求c和司法供给b始终处于动态变化之中，但司法需求c和司法供给b的正相关性并不代表司法需求随司法供给增长而绝对增长，在司法供给>司法需求的情况下，司法需求可能在相对时间内保持不变甚至减少。

需求<司法供给，此时司法供给的配备是充足的，重点将由供给“量”转向供给“质”（司法能力和司法水平）偏移。但在实然状态下，a—b区域范围内的司法供需样态很难实现，特别是在当前诉讼资源有限的前提下，司法矛盾的样态仍将在很长一段时间内持续表现为a—c区域范围的基本样态。此即司法供给实际产生的外部效果与司法供给应当产生的较为理想的外部效果之间的差距即是司法供给效应的局限。[1]或可说，司法供给和司法需求的预期力和客观力之间总是或多或少存在现实性偏差，完全契合的理想状态几乎是不存在的，调解和判决的司法适用将始终围绕司法供需矛盾的变化呈现动态变化的样态。

此处以2013年和2019年全国法院收案量、审执结案件量、调解案件量和法官人数对比为例分析（见表2-1）。

表2-1　2013年和2019年全国法院收案量、审执结案件量、调解案件量和法官人数对比

时间	收案量（万件）	审执结案件量（万件）	调解案件量（万件）	法官人数（万人）
2013年	1421.7	1294.7	479.8	19.6
2019年	3156.7	2902.2	849.7	12

注：从2015年起，最高人民法院工作报告不再使用调解和撤诉结案数字，而改用调解结案数字，这应该说更具科学性。因为撤诉案件，除一部分系调解成功，当事人撤回起诉外，还有一部分程序类案件，包括原告未交诉讼费或二审上诉未交上诉费等情形。

从表2-1可以发现，6年间全国法院收案量增加1735万件，审执结案件增加1607.5万件，调解案件增加369.9万件，而基于法官员额制改革，全国法院法官数量下降近7.6万人。在此期间，纠纷解决的司法需求大幅上升，而尽管在司法供给中法官人员配给出现大幅下降，但得益于最高人民法院推进智慧法院建设、深化司法体制综合配套改革等司法供给投入，2019年

〔1〕 参见申伟：《中国司法供给的效应局限——以产品性供给与符号性供给的区分为基础》，载《北方法学》2016年第5期。

全国法院法官人均办案量已经达到228件，同比增长13.4%，互联网法院平均审理周期42天，比传统模式缩短57.1%。[1]

总体来看，司法作为一种社会公共资源的“公共产品”这一属性决定了司法供给并不具有随意性或主观性。一方面，司法供给受到整个社会供给能力以及分配方式的直接影响。在高度“司法化”的社会，司法供给的资源优势就会得到彰显。相反，在高度“人治化”的社会，司法的力量则可能被“人治”力量或其他行政化力量侵蚀或替代。另一方面，司法供给直接决定了司法资源的配给，继而影响司法结构的基本样态或司法运作的基本模式（形式），其最终结果就是直接影响调解与判决在社会解纷机制中的作用以及选择适用的导向性。相较司法供给，司法需求则表现出较大的弹性特征。司法的可替代性方法以及诉诸司法的成本等因素对司法需求弹性的作用比较明显。如果有较多的可替代司法的“私力救济”方式或者其他非强制性司法方法，而且又能取得相近的效果，那么司法需求的弹性可能就较大。[2]为解决人民群众日益增长的司法需求与人民法院司法能力相对不足的矛盾，实现司法供需平衡，必须均衡司法领域的资源/利益配置，为此，应当通过推进司法“供给侧”改革，加强司法需求侧管理，增强司法供给，规范司法需求。[3]综上可见，司法供需矛盾在实质上对调判张弛关系的变化产生影响与推动。

2.调解与判决适用的影响要素

调解与判决适用的要素包括内在要素与外在要素两个方面，内外要素

---

〔1〕 相关数据援引自2019年《最高人民法院工作报告》。应加以解释的是，此轮司法体制改革，重点是司法责任制，表现为法官员额制，改变过去审判员、助理审判员均具有审判权的做法，而是设定一定的任职条件和职数比例，由省一级法官遴选委员会统一选拔法官，原有的助理审判员则成为法官助理辅助法官办案。因此，虽然法官减少了，但在法官助理的辅助下，法官办案总数呈上升趋势。

〔2〕 参见吴良志：《司法需求之中国情境：发现与回应——以最高人民法院历年工作报告为样本》，载《法律适用》2009年第1期。

〔3〕 参见方乐：《司法供给侧改革与需求侧管理——从司法的供需结构切入》，载《法制与社会发展》2017年第5期。

共同构成调判适用的基础性条件。内在要素层面，调解与判决的性质根本上决定了调解与判决的适用条件与范围，调解从本质上属于当事人意思自治的范畴。民事“纠纷解决程序的启动、推进以及最终结果，均依赖于当事人，意思自治是民事纠纷解决程序的基本原则”〔1〕。调解作为一种解决纠纷的诉讼程序，同样要坚持以事实为根据，以法律为准绳。〔2〕调解的内容，包括调解的有关程序、方法都不得违反法律的规定。判决的本质在于追求司法结果的确定性、权威性、可期待性以及可保障性，系以国家强制力作为后盾的终极解纷路径。既然如此，该不该判、怎么判、判什么均是司法意志的表现，原则上不以当事人意志为转移。作为判决的表达，判决书不但承载着通过公开展示审判过程和公正提供裁判结果实现对纠纷的权威、正当乃至终极解决的基本功能，而且承载着推动与制定公共政策、规范与制约公共权力、解释法律与统一法制、形成判例与确立规则等延伸功能，从而实现通过司法裁判的社会治理的功能。〔3〕调解与判决的这种内在属性构成调判适用差异性的根本动因。

外在要素层面，调解与判决适用的影响要素主要受到适用主体偏好及利益权衡，程序性规范保障，司法环境的开放性、透明性、公正性等要素的影响，而其中最重要的包括证据、诉讼环境、成本压力和信息因素的影响，诉讼参与主体则可能基于形式理性或实质理性在诉讼过程中展开对抗与合作。因此，在社会转型和治理机制的形成中，必须充分考虑现实性和可行性，考虑成本和效果，最大限度地达到各种治理机制的良性互动和各方利益的最大化。如果能对社会的需求及其发展趋势作出合理的分析、预测和

〔1〕 梁平、陈焘：《民事纠纷合意解决的制度选择》，中国政法大学出版社2015年版，第90页。

〔2〕 参见《民事诉讼法》第7条。另外需要指出的是，我国现行《民事诉讼法》并未专门规定调解原则，而是以第2条规定的“查明事实、分清是非”作为判决与调解共同的总体原则，并在第96条进一步明确人民法院调解时“在事实清楚的基础上，分清是非，进行调解”，实际上仍是对第2条规定的重述。可见中国法院的调解工作缺乏专门的工作原则，而是与判决共享一个原则，此即为我国民事司法实践中出现“调判混同”“调判同质化”弊端的潜在深层次原因。本书在随后章节中将针对性地展开论述并提出解决方案。

〔3〕 参见谢进杰：《判决功能的阐释：纠纷解决与社会治理》，载《学术研究》2014年第1期。

选择，就有可能通过理性的建构减少盲目抉择的错误成本和社会冲突。[1]

3.调判适用对司法供需的反作用

从关系互动的基本样态而言，司法供需和调判适用的作用力是双向的。司法供需决定调判适用，调判适用同样反作用于司法供需。司法实践中，调判效果、调判政策以及调判成本三大要素构成反向作用于司法供需的基本复合力。效果维度的三个方面包括法律效果、社会效果以及政治效果。在纠纷解决的效果上，如果调解或判决某一解纷方式的综合效果更好，特别是在群体性案件或类案的处理上发挥出比较优势，势必影响两造甚至法院（法官）对于解纷方式的倾向性侧重，继而增加对该种解纷方式的司法供给与需求；反之亦然。在成本要素方面，司法的核心特征在于裁判过程的正式性、裁判规模的有限性和独立性。这些核心特征在形成司法解纷制度比较优势的同时，也隐含着高成本的进入门槛、诉讼专业化带来的诉讼时间与经济成本等问题。[2]周期长、程序复杂、成本高、对抗性强等特点，有可能使诉讼机制的功能性特点在一定程度上演变成“功能性缺陷”，从而促使调解的生长，调解的司法供需矛盾亦在纠纷解决中得以彰显。

至于调判政策对司法供需的反作用，我国调判政策变迁先后经历了以调为主（1949—1981年）、以调为重（1982—1990年）、自愿调解（1991—2003年）、调判结合（2004—2008年）、调解优先（2009—2012年）和多元调解（2013年迄今）等阶段，[3]不同历史时期我国调判政策具有显著差异

---

〔1〕 参见范愉：《调解的重构（上）——以法院调解的改革为重点》，载《法制与社会发展》2004年第2期。

〔2〕 参见［美］尼尔·K.考默萨：《法律的限度》，申卫星、王琦译，商务印书馆2007年版，第36页。

〔3〕 （1）以调为主（1949—1981年）：1956年最高人民法院提出“调查研究，就地解决，调解为主”的十二字民事审判工作方针。（2）以调为重（1982—1990年）：1982年我国《民事诉讼法（试行）》提出了“着重调解”的原则。（3）自愿调解（1991—2003年）：1991年修订《民事诉讼法》，原则方面的规定是“应当根据自愿和合法的原则进行调解；调解不成的，应当及时判决”。（4）调判结合（2004—2008年）：2004年最高人民法院颁布了《关于人民法院民事调解工作若干问题的规定》，其确定的原则为审理民事案件可以调解，能够调解的案件应当调解。2007年最高人民法院《关于进一步发挥诉讼调解在构建社会主义和谐社会中积极作用的若干意见》中明确提出“能调则调，当判则判，调判结合，案结事了”原则。（5）调解优先（2009—2012年）：最高人民法院《2009年法院工作要点》提出要贯彻“调解优先、调判结合”的司法原则，2010年发布《关于进一步贯彻“调解优先、调判结合”工作原则的若干意见》。

（见图2-3）。

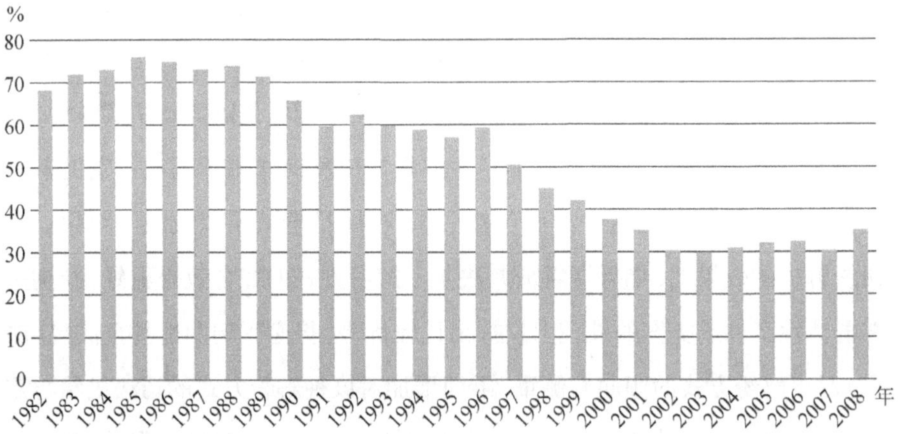

图2-3　1982—2008年全国法院一审民事案件调解率变化

注：为体现调判适用司法政策对司法供需的反作用，此处仅列举以调为重（1982—1990年）、自愿调解（1991—2003年）、调判结合（2004—2008年）三个阶段数据进行比较分析。至2013年，全国法院受理案件1421.7万件，调解撤诉案件479.8万件，调解撤诉率占同期结案数的41.7%。2014年，调撤结案数为461.9万件，占结案数的42.4%，与上年微升不到1个百分点。2015年，调解结案数为498.1万件，占结案数的38.6%。2016年，调解结案数为532.1万件，占结案数的36.2%，比上年下降2个多百分点。2017年，因为这一年是本届最高人民法院履职的最后一年，故按惯例最高人民法院工作报告总结的是过去五年（2013—2017年）工作，所以调解结案数也是五年的，五年间共调解结案1396.1万件，占同期结案数的21.4%。五年间平均每年调解结案数为279.22万件。2018年调解结案数为313.5万件，占结案数的18%。以上说明，无论是从调撤比例，还是从调解比例，都可以看出最近几年法院诉讼调解比例呈逐年下降趋势，2018年调解率比2015年下降了整整一半。这一结果之原因实多复杂。其一，最高司法机关理性对待调解与判决的关系，不再一味强调调解优先；其二，这几年恰逢中国各级法院根据党的十八届三中会全精神，在中央政法委统一部署下，开展以司法责任制为核心的司法改革。改革的重大内容之一是实行法官员额制。应当说，改革的直接效应之一就是能够拥有审判权的法官较之以往有一定幅度的下降。与此相反，2013—2018年，全国法院结案数（为统计方便，此处的数字不包括最高人民法院本身受理的案件，亦不包括执行结案数）年均增长11.6%。也就是说，办案法官减少了，同期案件却年均增长一成多，相应地，法官用在调解上的时间也就必然减少了。可以预见，短期内这种状况不会有大的改观。

从图2-3数据可见，最高人民法院司法调判政策直接影响司法实践中的调判适用，造成调判适用的差异性，并影响司法供需。在实行以调为重的8年间，全国法院调解率始终在65%以上的高位运行，峰值达75.9%。而随着1991年《民事诉讼法》修改，确立“自愿调解”原则，加上最高人民法院推行民事审判方式改革，调解率则一路下滑，直到2008年的约35%。当前，面对案件数量日益大幅增长、案件处理难度也越来越大的艰巨挑战，中国法院已经意识到，片面强调通过调解实现提高诉讼效率、化解矛盾纠纷的效果，已经时过境迁，也不现实了。唯有按照协商治理的理念，依托中国日益健全的各类社会组织和社会治理的网络，才能达到从源头上减少乃至化解矛盾纠纷的目的。[1]

（二）司法政策与应对策略：基于科层制的分析视角

司法政策是司法机关制定的对司法活动进行指引和规范的规则，具有宏观上引导司法保护方向，微观上调适裁判审判结果的重要功能，[2]要"根据每个案件的性质、具体情况和当事人诉求，科学把握运用调解或者裁判方式处理案件的基础和条件"，充分发挥调判两种手段的作用。[3]中国法治化总体进程是一个不断贯彻"科层主义法治模式"的改革过程。这种"科层主义法治模式"以科层制为外在的组织体系、以法理型权威为内在的核心导向，强调服从成文规则，是一种制度理性含义下的规则之治，[4]主要通过司法政策的方式发挥作用，对中国特色司法制度下调判关系适用产生影响。

1．"上有政策下有对策"现象解析

"上有政策下有对策"是科层制的一种应激反应。中国的科层制是一

---

〔1〕 在2019年中央政法工作会议上，中共中央总书记习近平在讲话中指出，要完善党委领导、政府负责、社会协同、公众参与、法治保障的社会治理体制。并提出要"把非诉讼纠纷解决机制挺在前面"，按照中共中央最新的社会治理部署，中国各地正在抓紧开展工作，比如，江苏省司法厅就于2019年率先出台了《关于建立非诉讼纠纷化解综合平台的实施方案》，推动建立非诉讼纠纷化解综合平台。该省还在连云港市试点建立非诉讼服务中心，并在市中级人民法院诉讼与非诉讼对接中心，在市人社局、信访局设立劳动争议调处和非诉讼服务分中心。设立在市中级人民法院的对接中心，市司法局派驻了律师、人民调解员、仲裁员公证员等，承担诉讼分流案件的诉前调处工作。

〔2〕 参见李大勇：《论司法政策的正当性》，载《法律科学（西北政法大学学报）》2017年第1期。

〔3〕 参见最高人民法院《关于进一步贯彻"调解优先、调判结合"工作原则的若干意见》第3条。

〔4〕 参见凌斌：《科层法治的实践悖论：行政执法化批判》，载《开放时代》2011年第12期。

种特定的科层制：一方面，科层组织取代了各种传统组织，高度集权；另一方面，科层组织的各种理性化规范程序又未能充分发育。这种情况下，政策制定者和监督执行者的治理目标过于庞大，而掌握的信息又大量残缺。因此，变通就成为这种科层制十分普遍，且在相当范围和程度内被认可的运行机制。〔1〕可以说，法律与政治的关系在中国政治体系中呈现一种独特样态，法律必须服从政治要求，而政治也需要借助法律技术。深嵌于政法体制下的司法从来都不是一个完全独立于政治系统的自主性体系，而在很大程度上要接受政治权力的驾驭与统摄。〔2〕对中国司法科层制下权力结构的分析需要从两个方面切入。

其一，基于“由上及下”内部司法科层制的结构分析。中国司法体制采取的是“科层制”机制，在组织结构上，司法系统内部事实上存在类似行政科层的层级化设置与从属关系，上级拥有更大权势，下级必须接受其命令，并形成了权力等级有序的纵向支配结构；在运行逻辑上，强调司法的“治理化”，而不是致力于实现严格意义上的规则之治，法律与政策共同构成决策的依据。〔3〕据此，上下级法院之间存在监督与指导关系。〔4〕但在司法实践中，上下级法院的关系可能更加复杂，现实状态下的上下级法院审判业务关系是监督、指导与管理关系在不同层面相互交织，呈现“你中有我，我中有你”的胶着状态。〔5〕在司法内部科层制结构下，“科层制”的内部权力构造主要表现为决策层面的案件请示汇报制度〔6〕与考评层面的绩效考核

---

〔1〕 参见谭世贵、翁凌峰：《科层制司法管理的问题与出路》，载《云南大学学报（法学版）》2005年第4期。

〔2〕 参见郭松：《司法文件的中国特色与实践考察》，载《环球法律评论》2018年第4期。

〔3〕 参见郭松：《司法文件的中国特色与实践考察》，载《环球法律评论》2018年第4期。

〔4〕 参见《宪法》第132条第2款，最高人民法院监督地方各级人民法院和专门人民法院的审判工作，上级人民法院监督下级人民法院的审判工作。

〔5〕 参见杜豫苏：《揭开上下级法院审判业务关系之面纱——上下级法院审判业务关系样态透析与分期改革》，载贺荣主编：《司法体制改革与民商事法律适用问题研究——全国法院第26届学术讨论会获奖论文集》（上），人民法院出版社2015年版，第53页。

〔6〕 请示制度是指下级法院遇有法律适用存在分歧的案件，为了正确适用法律，经过审判委员会研究以后，书面向上一级人民法院请示。上一级人民法院作为请示案件正式予以办理，并会给下级法院以答复。

制度[1]。而司法管理权主要借助司法文件予以实现，各种类型的司法文件共同构成了一个有机联系的文件体系，但它并不只是一个类似于法律的规范体系，更是执政系统治理各种司法问题与推动司法改革的“利器”，具有契合中国政治与司法结构环境的独特功能。[2]在中国，借助司法监督指导以及司法文件治理，科层制成功地由司法管理领域扩张至司法审判领域，并通过法官等级化确立了行政领导在司法裁判形成中的主导地位。法院也因其整齐划一的科层结构得到了国家和社会的一致认同和肯定，其科层式的审判事务处理逻辑也成为其同行政机关保持一致的重要保证。[3]

其二，基于“由外及内”外部司法科层制的结构分析。司法要满足中国特色社会主义建设需要。在具有中国特色的司法制度体制下，司法作为一种重要的社会治理手段，在社会治理职能与生态中具有“主动参与治理”的特点，这一客观现实深刻影响了中国社会的司法治理格局。于此情形下，司法审判职能虽然是人民法院的基本职能，但并非全部职能。人民法院作为司法机关，也是国家治理的重要力量，还应当发挥出司法延伸性职能，维护社会公共秩序和公共利益，主动参与社会治理。换言之，中国特色司法体系下，服务大局是人民法院义不容辞的政治责任，推进人民法院职能延伸是人民法院参与社会治理创新的必然要求。[4]

就司法审判职能的延伸内容来看，延伸职能包括两方面的内容：一是向诉前延伸，二是向诉后延伸，二者共同发挥着预防解决纠纷、维护社会

---

〔1〕 绩效考核普遍存在于上级法院对下级法院的审判执行等业务工作予以定量或定性评价，一般以年度为单位。具体可包括审判质量、效率，有一系列相应的指标。

〔2〕 参见郭松：《司法文件的中国特色与实践考察》，载《环球法律评论》2018年第4期。

〔3〕 参见付磊：《我国司法科层制的建构路径及其背景透视》，载《财经法学》2015年第5期。

〔4〕 例如，2020年4月，最高人民法院印发《关于人民法院贯彻落实党的十九届四中全会精神推进审判体系和审判能力现代化的意见》，强调要着力提升人民法院服务大局工作能力，积极服务保障经济社会发展。围绕坚决打好三大攻坚战、优化法治化营商环境、服务“放管服”改革、加强产权保护等国家大局和重大战略提供有力司法服务和保障。要健全依法防控依法治理制度机制，提升人民法院为应对重大突发事件提供服务保障的能力水平。从上述内容可见，最高人民法院的相关政策性文件对于推进司法参与社会治理提出了明确的要求。

秩序的作用，特别是要在健全司法机关法律监督制度机制创新、健全社会矛盾纠纷化解机制创新等领域充分发挥司法职能延伸与社会治理创新相互衔接的功能。司法工作对于社会治理创新机制、制度的形成和不断完善，对于提高其制度化、法治化乃至法治化的水平，都具有重要的规范、促进和监督制约作用。应当切实提高司法服务的主动性、靠前性和积极性，牢固树立公平公正的价值理念，把维护公平正义作为根本追求。在这种结构模式下，调判适用的司法政策必然围绕司法延伸性职能而不断调适与优化，最终确保因司法功能扩张而导致的延伸功能不会反客为主地减损基础性的纠纷解决功能，而是与纠纷解决功能保持和谐互动的积极关系。

2.司法科层制对调判适用的影响

组织学基本原理表明，恰当的系统或组织结构对于系统或组织整体功能的发挥具有重要影响。[1]就当下中国特色司法体制而言，司法科层制无疑既发挥出科层制的巨大优势，同时又带有中国特色的显著优点，但也无可避免地存在相应的制度"短板"。在韦伯看来，科层制是法律化的等级制度，任何官员的行动方向是由处在更高一级的官员决定的，这从根本上保障了法律实施的程序化。科层制的从属关系由严格的职务或者任务等级序列在先安排，要求组织内的每一个个体按照其既定权利义务的界限行事，最大限度排除个人情感因素，使行政管理像一部运转良好的机器一般高效运转。组织中的个人为客观的非个人的组织目标服务，科层制依据具有可操作性的指标评价目标的达成情况，从而对组织中的个人进行激励与惩戒，有效排除个人的性格和意志因素对整体工作的不利干扰。此外，具有整体性的科层制系统，能够通过内部各个部门的整合以实现部门间的相互配合与共同努力，实现组织的既定任务与目标高效、优质地完成。[2]

---

〔1〕 参见[法]米歇尔·克罗齐耶、埃哈尔·费埃德伯格：《行动者与系统：集体行动的政治学》，张月等译，格致出版社、上海人民出版社2017年版，第38页。

〔2〕 参见郭晶：《"科层制"司法与法律人之异化——从刑事司法角度切入探讨》，载《云南大学学报法学版》2013年第4期。

具体到调判适用上，首先司法科层制能够确保调判适用结果的权威性、强大的执行力与贯彻力。科层制附属的一个鲜明特征首先在于权威性。在纠纷解决的过程中，法院主导的诉讼调解或判决均是司法权行使的重要方式，以调解达成的协议同样可以获得司法的强制执行力，获得效果层面的保障。其次，韦伯构建科层制理论的目的是解决科层制组织中人们的各种行动都要以理性的规则为依据的问题，这种理性的规则的最大特点就是它的可预见性。[1]科层制在运作上通过上下级法院的监督指导方式，以司法解释、司法文件等多种形式，增强了调判适用的可预见性，也显著增加了规则理性的成分。同时，通过司法科层制选择适用调判，能够从整体上提升司法效率，“能调则调，当判则判”，为司法效果提供制度性保障，特别是将中国特色司法的延伸性职能和规则培树的司法价值体现出来。当然，司法科层制仍然存在不可忽视的问题，行政化思维的介入如有不当，可能会影响司法的公平正义价值观念，内外部的干预将产生调判适用上的压力传导，不可避免会导致调判异化。

3.摆脱司法科层制的调判适用优化路径

在调判适用的路径优化上，摆脱司法科层制的主要考虑点在于“去行政化”，这也是审判权运行机制构建乃至法院改革的基本任务和主要取向。[2]应当抑制和克服各种内外部和主客观因素带来的“分化”和“解体”风险，使调解和判决真正成为民事司法权运行模式的有效载体和增进法治文明的有效途径。

一是兼顾纠纷解决与社会治理。纠纷解决功能始终是司法的原初功能和基础功能，是司法作为一种客观存在所必需的不可替代性和功能正当性。纠纷解决功能之外的司法其他功能，无论其具体内容和划分标准为何，均以司法的纠纷解决功能作为基础。调判适用应当始终立足于纠纷解

---

〔1〕 参见李翔宇：《实证主义与科层制理论的关系探析》，载《中国经济问题》2012年第4期。

〔2〕 参见顾培东：《再论人民法院审判权运行机制的构建》，载《中国法学》2014年第5期。

决的司法需求，在此基础上兼顾司法参与社会治理的功能，不能“越俎代庖”。应当在正义标准共性要素的基础上彰显差别要素，即个案调判结果实现保障个体权益、特定解纷规则等司法价值。

二是兼顾权利保护与权力规范。司法过程中要实现公正司法，必须注重对诉讼权利的平等保护以及诉讼条件的平等保障。[1]调判适用必须始终坚持权利保护的司法观念，在最大程度上实现并满足人民群众司法需求。为此，就需要尽可能减少科层制可能对司法造成的不当干预，规范司法权的运行方式，坚持公正高质效执法办案，严格依照司法规律，坚持一切司法活动都必须以法律规定的方式和原则进行，确保程序正义和实体正义相结合，切实维护人民群众合法权益。

三是兼顾个案效果和类案裁判引领价值。法律适用是法律实施的重要方式之一，是把法律规定的要求转化为具体行为的过程，直接关系到法律效能的发挥和法律目的的实现。法律适用的统一即对于同一法律事实类型案件适用同一法律规则，得出同样的判决结果是司法公正的重要内容。[2]在调判选择适用上，应当保证在处理类似案件时，依据相同的法律和程序标准，对类似案件作出大体一致的、恰当的处理，即同案同判，以维护法律的统一性和权威性。[3]最终实现个案效果与类案指引功能的双重复合，不断提高司法公信力。

（三）事实主义与形式主义：侦查员还是裁判员

事实主义裁判立场和形式主义裁判立场构成司法裁判的两种基本立场。前者强调事实情况优先于抽象普遍原则，调解与判决构成非正式制度和正式制度相结合。后者力求司法的确定性与稳定性，将纠纷置于对与错

---

〔1〕 参见胡玉鸿：《习近平公正司法思想探微》，载《法学》2018年第6期。

〔2〕 参见房文翠、陈雷：《法律适用的内在约束力研究——以法律方法为视角》，载《法制与社会发展》2011年第4期。

〔3〕 参见房文翠：《司法责任制语境下的法律统一适用标准》，载《社会科学辑刊》2017年第2期。

的二元对立结构，审判被视为普遍原则对具体实施情形的法律适用。准确厘定中国民事诉讼调判一体化现象，有必要从司法裁判立场切入分析，准确把握不同立场下的影响与制约要素。

1.以形式主义和事实主义为出发点的裁判进路

调解与判决裁判逻辑明显区别的一个关键性致因在于裁判进路是以事实主义还是以形式主义为出发点。从法律形式主义的立场来看，典型的中国法思维模式，无论过去还是现在，都似乎是朦胧不清和逻辑上矛盾的——它是工具主义的、实质主义的、非理性的或韦伯所称的“经验主义的”。[1]以此为出发点，中国法院在解决纠纷时的假定是根据具体案件的事实情形，相应地适用调解或判决这两种司法模式中的一种，或介于二者之间的某种混合模式，其根本目的在于纠纷解决。采取“实用道德主义”的立场，在很大程度上立足于一种事实优先于普遍原则的认识方法。调解与判决、非正式正义与正式正义有机结合，这是一种具体事实情况优先于抽象普遍原则的思维方式。西方法院在司法过程中的假定是，从有关权利的普遍前提出发，通过法律的逻辑体系将普遍前提适用于所有案件的事实情形，其根本目的在于权利保护。或者说，形式主义有赖于先验主义[2]的治理逻辑，其核心观点在于“法律是一个自治封闭的体系，由抽象的概念和原则构成，具体的规则来自抽象概念和原则的推导，而司法则完全成为在封闭体系内进行的计算过程，法官只需运用演绎逻辑进行形式主义的法律推理即可为案件找到确定的答案”[3]。

就思维模式而言，形式合理性的法律是一种高度逻辑化且高度普遍性的思维模式，有强烈的制度化色彩。按照韦伯的观点，司法就是运用形

〔1〕 参见黄宗智:《中国民事判决的过去和现在》，载爱思想网2012年6月19日，http://www.aisixiang.com/data/13549.html。

〔2〕 这一观点认为，法律规则是先天存在的，它们的存在是一种客观事实，不受偶然的历史事件的影响，因此，论法律推理是演绎性的，同时是自治的，排除道德或者社会因素。

〔3〕 刘翀:《现实主义法学的批判与建构》，载《法律科学(西北政法大学学报)》2009年第5期。

式逻辑将抽象的法命题适用于具体案件的过程。[1]而事实主义恰恰相反，其很大程度上立足于一种事实优先于普遍原则的认识方法，这是一种现实主义的裁判思维，从案件事实、法律规则再到最终的判决结果的思维过程是跳跃式的，是一种受到某些法律规则外的因素影响的所谓的法官“直觉”。这些法律规则外因素包括法官“对时代必然性的感知、流行的道德和政治理论，对公共政策的直觉……甚至法官和他的同僚所共有的偏见”等。[2]

在从事实主义出发确定裁判思路的模式下，首要考虑的是案件事实情形及性质。这种思维的形成契合了“实用道德主义”的思想，为了实现纠纷能够被有效化解的目的，化解纠纷的手段可以充分地多元化、多样化。综合来看，形式主义司法观过于强调“在法言法”，它反映出一个基本的假定，即抽象原则不足以解决过于复杂多变的实际现实中的问题，但也容易使司法成为“闭门造车”“孤芳自赏”式的活动。同样，事实主义思维过分依赖“直觉与经验”[3]，可能引发司法权滥用之风险。概言之，在司法裁判过程中，法官的裁判思维不应当是绝对法律形式主义或法律现实主义的路径，适当地衡平二者关系才更为妥帖。结合当下我国司法所处的整体环境，裁判思维中平衡两种主义的具体方法应当是法官在裁判思维过程中吸收法律现实主义的精神并“超越形式主义”。[4]

---

〔1〕 参见[德]马克斯·韦伯:《韦伯作品集Ⅸ:法律社会学》，康乐、简惠美译，广西师范大学出版社2005年版，第28页。韦伯曾经对法律形式主义作出登峰造极式的形象描述:“现代的法官是自动售货机，投进去的是诉状和诉讼费，吐出来的是判决和从法典上抄下来的理由。”参见[美]刘易斯·A.科瑟:《社会学思想名家》，石人译，中国社会科学出版社1990年版，第253页。

〔2〕 See Oliver W. Holmes, *The Common Law*, in William W. Fisher Ⅲ, Morton J. Horwitz and Thomas A. Reed eds., American Legal Realism, Oxford University Press, 1993, p. 9.

〔3〕 直觉与经验带有强烈的主观色彩和个人偏好特征，正因如此，缺乏必要的可供制约的行为规范可能引发司法权滥用之风险。

〔4〕 参见[美]布鲁斯·阿克曼:《我们人民:宪法的变革》(修订版)，孙文恺译，法律出版社2009年版，第30-34页。

2.主体参与的选择视角与行为博弈

个案纠纷解决在形式主义和事实主义之间采取何种形式，坚持何种导向，追求何种效果，需要探寻不可侵犯的原则与现实的必要性之间一种适当的平衡。[1]应当注意到，形式主义和事实主义的影响是多向性的，那种仅仅将形式主义或事实主义认定为司法者“专利”的观点显然是错误的。在调解与判决的适用上，存在强制与合意平衡、形式理性与实质理性结合、主体之间合作与对抗等多重问题。对各方主体而言，选择调解或判决首先受到司法功利性的影响。

在两造这里，追求“胜诉”成为核心动因，对形式主义和事实主义行为理论是否理解并不是至关重要的，更重要的是能够通过朴素的行为观指导两造的行为产生实质上“利己”的效果，这种利己效果可能包括节省诉讼成本、降低诉讼风险、产生行为便利、利于关系修复等。在法院这里，两造谁胜诉并不是法院关注的事，法院的功利性更多地聚焦于案件能否有效化解（当事人不上诉、案件不抗诉、当事人不信访等），会否产生不当的社会影响，能否产生类案裁判的指导意义。因此，对于某些类型的案件，法院会有意地形成行为惯例或范式。例如，在婚姻家庭纠纷中，法院一般当然地认为调解相较判决具有更佳的选择优势；而在知识产权类或劳动争议类纠纷领域如果涉及强制性规定的内容，依据形式主义思维径行判决可能产生更为积极有效的法律后果。

当然，在司法功利性之外，形式主义和事实主义裁判思维对诉讼主体的影响的另一核心要素在于结果的可接受性。无论对于两造还是法院而言，形式主义或事实主义选择思维都需要从主观性与客观性统一、特定性与普遍性兼具、合法性与合理性兼顾等层面分析结果的可接受性，实现诉讼效果与程序目标的一致性，同时尽量满足正义标准的需求。在形式主义和事

---

〔1〕 参见黄宗智：《中国民事判决的过去和现在》，载爱思想网2012年6月19日，http://www.aisixiang.com/data/13549.html。

实主义的选择视角下，诉讼主体的行为博弈主要围绕以下三组关系展开。

其一，主动探寻和消极中立的诉讼角色观。在纠纷解决中尽管法院起到主导作用，但这种主导仅仅是对程序进程的推动，而非对实体问题的过度介入。司法的中立性决定了不管是从形式主义还是事实主义出发，法院对于诉讼的介入均不得超越两造意思自治的范围。只有在法院应当依职权查明事实的前提下，人民法院才会依职权进行证据查明，积极主动探寻事实，民事诉讼仍然应当以“谁主张，谁举证”为基本的行为规则。对两造而言，消极行为与主动发现事实的诉讼角色观直接影响诉讼结果，积极主动参与诉讼、强化诉讼合作所能够取得的纠纷化解效果较消极参与更加具有可预期性。

其二，程序正义和实质正义的司法价值追求。一个正义的社会体系确定了一个范围，必须在这一范围内确定他们的目标，还提供了一个权利、机会和满足手段的结构，可以在这一结构中利用所提供的东西来公平地追求他们的目标。〔1〕从形式主义出发的思维，强调形式正义的要求是第一位的，程序正义为“法的空间”提供合法性证成，如果程序正义都满足不了，正义就无从谈起。在事实主义思维观下，司法裁判的最终目标是作出适合具体个案情境，体现个案需求、正义的判决，即一个“好”的裁判结果。为此，在裁判过程中必须采取融合“规范”与“现实”的双重立场，且对法规范的解释以现实民意的认知与需求为前提。准确把握和判断社会民意，社会科学研究的资源和成果便被期待为担当起帮助法官探索社会现实之所在，并借此评估判决的社会效应。〔2〕在中国，无论是程序正义还是实质正义的司法价值追求，在两造和法院之间的冲突都是相对缓和的，内因在于

〔1〕 参见［美］约翰·罗尔斯：《正义论》，何怀宏、何包港、廖申白译，中国社会科学出版社2009年版，第25页。

〔2〕 参见谢小瑶：《司法裁判中的民主追求——对美国现实主义法学的另一种解读》，载《南京大学学报（哲学·人文科学·社会科学）》2014年第3期。

两造和法院对事实主义的思维具有天然的倾向性，由此导致在实质正义取向上亦具有内在一致性。

其三，纠纷化解效果导向和诉讼主体目的导向。诉讼目的和纠纷化解效果具有直接的因果关联。不能完全偏向法律形式主义而机械地适用法律，置司法的社会效果若罔闻，也不能过度追求法律现实主义以致把法律规则乃至原则抛弃。没有权衡社会利益的考虑，形式主义将会使司法变成漠视实质正义的机器；而没有形式主义中严格依法要求的约束，现实主义将会把司法带向恣意擅断的悬崖。〔1〕尽管两造行为的目的导向与法院的效果导向之间存在不可避免的冲突，法院亦应当在形式主义或事实主义裁判思维框架内尽量引导两造的诉讼目的合理化、合法化，满足两造的合理预期，确保法律效果和社会效果之间的张力通过科学的裁判思维进行缓和，实现二者最大程度上的统一。

3.基于形式主义和事实主义的选择共识

形式主义和事实主义思维下，调解与判决选择共识的达成有赖于两造之间及其与法院的合作，而合作的前提与基础则在于建立科学有效的信息共享机制以及收益预期评价机制。信息充分是实现纠纷解决的基本保障。在信息充分的条件下，无论是两造还是法院对于诉争的解决都可以推断为“理性人”标准，此种情况下达成的调解或判决的方案可接受性相对较高。司法实践中的问题在于，两造囿于证据收集能力等原因导致无法实现信息充分获知、信息不对称，形成决策误导或偏差。“司法过程的展开实际上是一种均衡化的主体交往”〔2〕，诉讼主体应当通过促进共识，提升纠纷化解的现实效果。就信息充分性而言，两造仍然负有最主要的义务，通过充分举证予以实现。人民法院在适当情况下应当通过案件释明、依职权取证等方

〔1〕 参见胡铭、王震：《法官裁判思维中的法律形式主义与法律现实主义》，载《浙江学刊》2015年第4期。

〔2〕 廖奕：《过程与均衡——司法本质的中国语境》，载《法学评论》2009年第1期。

式对欠缺信息进行合法补强，促进两造在纠纷解决中的真意表达与善意协作，形成解纷共识。收益预期评价机制主要由法院进行主导，两造进行自主性判断。收益预期评价机制建立在信息共享机制的基础之上，只有对诉讼信息进行全面充分掌握，才能有助于作出科学有效的诉讼预期，选择调解与判决中的更优方案进行解纷。对法院（法官）而言，主要预期在于诉讼效果；对两造而言，诉讼预期主要在于诉讼成本与收益。应当通过积极促进信息共享实现信息对称，促进主体决策的理性化与科学化。

例如，在一起合同纠纷中，如果依据事实主义裁判立场双方采取诉讼调解的方式解纷，违约方可能承担10万元的违约后果；采取严格形式主义立场适用判决解纷，违约方可能承担12万元的违约后果。此时，在两造之间将形成诉讼成本和收益比较预期，并基于比较预期作出行为选择。如果该起合同纠纷同时满足诉讼结果实质可接受性的正义差别要素标准，法院同样可以基于效果要素考虑径行判决。

（四）意思自治与司法职权：两种价值取向张力

纠纷解决中，当事人的意思自治和法院（法官）的司法职权构成内在的一组矛盾，据以形成当事人主义和法官职权主义的价值取向。前者意味着应当坚持自愿合法原则，充分保障当事人的真实意思表示；后者则要求应当严格按照司法职权，恪守程序规范对诉讼活动的要求，主导诉讼进程的有序推进。应当从意思自治和司法职权所代表的不同价值取向的司法张力分析入手，对调判关系进行深刻检视。

1.重视私权还是重视公共权？

现代意义上的司法权系人民法院依法独立行使的公共权〔1〕，包括政治

---

〔1〕 公共权力不等于公权。前者强调的是公民的共同权力，为全体公民共同所有。公权则是指以维护公共利益为目的，政府机构及其责任人在实施行政行为的过程中所具有的强制力量，集中表现为地方政府在维护公共秩序、提供公共产品和公共服务、促进社会协调发展的过程中所依托的强制力。参见徐铜柱：《社会治理中公权与私权的冲突及调适》，载《社会主义研究》2014年第2期。

属性、法律属性和社会属性三个层次。其中政治属性是司法权的政治本质，是司法权属性的最高体现；法律属性是司法权的理性本质，是其固有属性；社会属性是司法权的社会本质，是其自身得以存续的价值归宿。〔1〕私权则是由私法规范或者私法性规范确认和保护的私法主体按照意思自治原则而享有和实现的特定私人利益关系。〔2〕纠纷解决中的调解与判决实际上代表实现私权保护与实现公共权的双重功能与价值。特别是诉讼调解，实际上系将属于私权的内容纳入司法权的范围，实现司法权内容的扩张。民事诉讼纠纷解决的过程实质上系私权与司法权互动参与的动态过程，诉讼过程中纠纷解决如何实现私权保护与司法权价值，是调解与判决在司法适用中的基本价值衡量。最基本的尺度应在于司法权的实现及行使不得损害私权，即使诉讼调解具有司法权的内容属性特点，原则上亦不得突破私权边界。

2.注重合意还是注重强制？

意思自治是私权的核心属性，亦构成私权的基本边界。诉讼调解的本质是当事人通过程序性权利的行使最终实现对实体权利的处分，调解制度构造的中心应在当事人之间定位，法官的职权探知或干预应总体表现为谦抑的品性。〔3〕因此，民事纠纷之解决应当坚持以尊重当事人合意作为基础，在此基础上通过司法权行使保障强制效果。具体而言，就是“不过度介入当事人和解合意，同时法官也要利用自身经验及对案件的判断了解，及时作出解释说明，适时引导当事人理性选择合适的方式解决纠纷；强调调解但不强迫合意，严守判决的辩论主义和和解的当事人合意原则要求”〔4〕。

司法实践中，根据合意解决纠纷主要有两种形态：一是纠纷的当事人

〔1〕 参见施新洲：《司法权的属性及其社会治理功能》，载《法律适用》2014年第1期。

〔2〕 参见麻锐、李建华：《私权概念的私法逻辑》，载《河南社会科学》2014年第9期。

〔3〕 参见李华武、刘彦：《反思与重构：民事诉讼调解规范论》，载《湖北社会科学》2017年第5期。

〔4〕 李方民：《调判关系的司法定位及其完善》，载《人民司法·应用》2008年第7期。

通过“讨价还价”自主形成合意；二是在第三人的主持并“诱导”下形成合意。尽管两种形态的本质是一致的，但其却存在过程上的差异，而且在与其他纠纷解决方式并用时会出现方向性的背离。[1]在当事人自主合意的过程中，实际上存在通过谈判性沟通实现关系缓和之目的，通过对抗性沟通加剧关系紧张之后果，以及通过借助律师等外力的参与促进合意达成之过程。而在第三方主持，特别是法院（法官）主持的场合，则暗含当事人寻求权利保护的关系逻辑、示弱逻辑以及趋众逻辑等基本行为逻辑。[2]基本的共识在于，不管诉讼过程中调解合意的形成系当事人自主协商实现还是法院主持实现，只要合意内容不违反当事人意愿以及法律、行政法规的效力性强制性规定，人民法院就必须尊重这种合意效力，以诉讼调解的方式结案，并赋予诉讼调解以司法上的强制执行力。

3.调判一体化司法适用价值平衡

实现内外场力平衡是调判一体化司法适用的基本问题。人民法院在审理案件时，究竟选择调解还是判决，其判断标准必须立足于有效化解矛盾纠纷，促进社会和谐，定分止争，实现法律效果与社会效果的有机统一。[3]但诉讼调解毕竟有别于诉讼外调解，诉讼调解的规范性要求和司法监督是必要的，非规范化的诉讼调解将难以消除两造的疑虑，同时增加对其抵制和反对的力量。因此，应限缩法院调解的范围，规范法院调解活动，同时加强检察机关对法院调解活动的监督。限制和规范法院调解应该成为今后法院调解政策转型的基本理念。[4]首先，适度干预与介入机制主要是对法院（法官）的要求，但这种介入与干预必须是必要的，且应当以消极

---

〔1〕 参见唐力：《在“强制”与“合意”之间：我国诉讼调解制度的困境与出路》，载《现代法学》2012年第3期。

〔2〕 就两造而言，寻求权利保护的关系逻辑、示弱逻辑以及趋众逻辑等主要暗含着人情社会、寻求社会认同以及权力依赖等影响，亦不失为一种诉讼技巧与方法。详见本书第三章有关内容。

〔3〕 参见肖建国：《理性看待调解优先、调判结合》，载《郑州大学学报（哲学社会科学版）》2011年第6期。

〔4〕 参见王德新：《中国调解主导型司法政策的检讨与转型》，载《河南社会科学》2013年第12期。

介入干预为基本原则，只有在显失公平或有悖私法目的的前提下，人民法院才能依职权适度介入，通常情况下法院（法官）不应当主动介入当事人合意的过程之中，否则就破坏了司法权的中立以及当事人合意的自主性。其次，在调判一体化的视角下，法官处理纠纷时应当尊重法律的形式理性，全面考虑案件涉及的法律问题与法律之外的因素，真正地、实质性解决问题，实现纠纷处理的法律效果与社会效果的统一，从而不断提升司法治理能力与司法公信力。最后，必须以正义评判标准进行价值权衡。就诉讼调解和判决的结果可接受性而言，必须建立在合法性的基础之上，同时亦应当满足正义标准的共性要素和差别要素〔1〕的基本要求。

三、和而不同：调判一体化的行为特质

调解与判决在司法功能视角下的高度契合性构成中国法院调判一体化司法功能的基础。纠纷解决不仅是对权利和利益冲突的管理，其本身也是一种重要的社会治理方式。〔2〕中国法院调判一体化的模式以高度重视纠纷解决这一司法基础功能为重大特色，并以民事诉讼司法权运行的一系列具体观念与制度重构来体现其高度重视司法基础功能的思想定位，这在当代中国尤其具有现实意义。〔3〕当下中国民事诉讼调判一体化的调解已经进行结构性重塑，按照现代法治的标准与内容（主要是程序意识、尊重权利、主体平等、以法为据等）对传承自传统农业社会的调解进行结构性的彻底

〔1〕 根据本书关于正义标准的二重判断标准，正义标准的共性要素主要包括事实推定符合经验法则、裁判理由符合伦理认知，结果符合公序良俗、社会主义核心价值观、解决纠纷维护秩序等；正义标准的差别要素即个案调判结果达到特定正义目的，保障个体权益、满足特定解纷规则等。

〔2〕 参见江保国、赵蕾：《粤港澳大湾区纠纷解决机制的设计理念与实施策略》，载《理论月刊》2019年第4期。

〔3〕 据统计，2020年全国地方各级人民法院受案总量已经突破3084万件，因此，无论是从法学理论探讨的角度，还是从最紧迫的司法实务要求考虑，纠纷解决与纠纷治理问题始终是人民法院工作的基础，如不重视纠纷解决这个最基础的司法功能，任何关于司法功能的研究讨论都没有意义。

改造，在重视与发扬调解固有的倡导互谅、促成共识、维护和谐等传统价值的同时，对调解的程序、主体、原则、方法等方面进行法治化的完善改造，使调解与现代法律制度与法治文化有机融合。正因如此，调判一体化鲜明地呈现"和而不同"的司法特点。

（一）致中达和：基于中庸文化的可变通性

中庸文化是中国传统文化的主基调。"中庸"一词最早出自《论语·雍也》，"中者，不偏不倚、无过不及之名。庸，平常也"。"不偏之谓中；不易之谓庸。中者，天下之正道；庸者，天下之定理。"从法律视角看，中庸之道是一种寻求利益平衡的智慧，也是一种追求社会和谐的方法。中庸之道可适用于各个领域，若将其适用于立法与司法领域，则是一种寻求立法与司法平衡并进而实现社会和谐的方法。[1]中庸一般具有德性意义，但在司法的运用中，更多体现为一种脱离德行和品格要求的方法论或思维方式。即在坚持原则的前提下，不偏不倚，无过无不及，保持平衡与灵活。进行权衡与利益衡量，从而达到法律决断与道德期待的统一。中庸之于司法，亦是一种秩序构建，一种为司法参与者与"旁观者"认同的秩序。[2]

1.调判适用的"中庸之道"

中国司法文化中的中庸特性决定了调判一体化民事诉讼所追求的是一种"致中达和"的司法目标与效果，纠纷的解决思路不是"非黑即白型"的，而是"效果导向型"的。在纠纷解决中，中庸思想与传统法的和合使法律成了道德冲突的协调者，法律规范之所以为广大民众所遵守，更主要的是这些法律规范本身合乎道德原则，并且民众相信它的正确性、合理性以

---

〔1〕 参见崔永东：《从"恢复性司法"看中国法文化传统的现代意义》，载《北方法学》2009年第6期。

〔2〕 参见李谦盛：《论传统中庸文化的现代司法运用——基于专业的法律决断与民众的道德期待》，载《甘肃理论学刊》2014年第5期。

及正义性，即法律有内在的道德价值。[1]因此，调解与判决很大程度上并不具有绝对的隔断性与排他性，在选择适用上能够保持极大的灵活性与兼容性，并且能够根据两造诉讼请求或证据事实的变化，随时提供全新的解决思路或者替代方案，从而增加司法的变通性与韧性特质。

中庸司法观的影响显然不仅及于作为司法者的法院（法官），同样也潜移默化地影响两造。对普通民众而言，传统文化对他们的影响在很多情况下比法律对他们的影响大得多。在司法正义中，法官如果能够导入中庸文化思想的精髓，并使中庸文化思想通俗化，使法律正义能够与传统文化思想的正义对接，以增强司法裁决的合理性与公信力，真正实现司法的正义。[2]尽管在很多场合，司法中庸主义面临这样的指摘或批评，即从法律形式主义的立场来看，典型的中国法思维模式，无论过去还是现在，都似乎是朦胧不清和逻辑上矛盾的——它是工具主义的、实质主义的、非理性的或韦伯所称的"经验主义的"。损害权利的行为有可能，而且事实上常常以实际考虑为借口而被容忍。[3]这种观点认为，调判适用采用"和稀泥"的"中庸之道"实质上损害了法律的"确定性"，打破了法律秩序体系，不利于实现规则治理。然而，这种批判却可能忽略了这样一种事实，由于法律所处理的社会关系的复杂性，任何法律制度都不可能只具有某种单一的社会功能，而是必须将许多不同的功能加以统合，并在解决某一个具体问题时，能够提供与问题的特殊性需要相适宜的功能组合。[4]正因如此，在最终法律依据的打造风格上，普通法系和大陆法系也就显示出和而不同：前者每种法律规则都具有相对独立性；而后者则倾向于整个法律体系的和

〔1〕 参见汪荣：《儒家中庸思想与我国传统法文化的和合》，载《求索》2007年第11期。

〔2〕 参见衣仁翠：《中庸文化思想与司法正义研究》，载《梧州学院学报》2013年第5期。

〔3〕 参见黄宗智：《中国民事判决的过去和现在》，载爱思想网2012年6月19日，http://www.aisixiang.com/data/13549.html。

〔4〕 参见周少华：《法律之道：在确定性与灵活性之间》，载《法律科学（西北政法大学学报）》2011年第4期。

谐统一，各法律规则间强调有机相连。[1]可以看到，在中国司法的场域中，调判适用的“中庸之道”采用的实用主义立场，在充分尊重司法差异性的基础上，能够兼顾多元认同的司法特征，从而很大程度上不仅能够增加诉讼主体的司法认同感与诉讼结果的可接受性，而且能够最终促进实现形式正义与实质正义的结果，从而得到广泛认同。

2.中间地带：“调解式判决”与“判决性调解”

调解与判决不同，后者作为“自上而下的正义”，属于刚性司法，必须并且只能接受法律规则的指引；而前者作为“自下而上的正义”，属于柔性司法，当事人可以自由选择他们希望的纠纷解决标准，而不受法律标准的严格限制。即使在“裁判式调解”的场合，我们依然可以从“裁判利益让渡型调解”和“裁判争议缩减型调解”中，发现法律规则对不同案件调解的指引度差异。婚姻家庭继承案件往往涉及情感伦理的约束，相邻关系案件会考虑双方的和谐关系，人身损害赔偿案件鼓励对弱者的救济关怀，等等。[2]民事诉讼调判一体化模式的司法结果主要包括两种样态[3]：调解结案和判决结案。就司法结果的实质意义而言，则包括四种形态：(1)实质性调解；(2)判决性调解；(3)实质性判决；(4)调解式判决。概念学意义上的实质性调解或实质性判决系指形式与实质相一致的调解或判决，如法院根据当事人请求对调解协议进行司法确认的司法调解属于实质性调解；法院根据法律法规对不具有调解可能(可行)的案件作出司法判决属于实质性判决。尽管调解与判决在是否区分“是非黑白”的核心命题上存在关键性差异，但判决和调解之间有一个很大的中间区域，两者在其中不同程度

---

〔1〕 参见[比]R.C.范·卡内冈：《法官、立法者与法学教授——欧洲法律史篇》，薛张敏敏译，北京大学出版社2006年版，第42页。

〔2〕 参见陆晓燕：《“裁判式调解”现象透视——兼议“事清责明”在诉讼调解中的多元化定位》，载《法学家》2019年第1期。

〔3〕 司法实践中，撤诉、驳回诉讼请求、驳回起诉等同样是诉讼结果样态，但基于本书研究的关联性，对这些情形不作具体讨论。

地相互重叠着，可以将这个过渡区域划分为两个主要的范畴，即“调解式判决”和“判决性调解”。按照美国学者黄宗智的观点，“调解式判决”对应那些虽然具有调解的形式但实质是判决的案件。如果最终的和解协议是违背其意愿强加给一方当事人的，即一方“败”而另一方“胜”，那么这个案件就显然不是真正意义上的调解案。许多案件尽管包含一些判决性的因素，但仍然属于调解范畴，因此称为“判决性调解”。[1]“调解式判决”和“判决性调解”从两个层面反映了调解与判决司法适用上可能存在的灰度渐变空间。

司法实践中，鉴于一体化结构模式容易造成法官在调解或判决选择适用上具有较大的随意性与压制性，由此会产生有违两造意愿的司法结果，进而造成调判适用冲突。调判适用冲突表征归纳起来主要包括两个方面：一是调解异化问题。调解异化的具体表征包括以调代判、虚假调解、调解损害当事人利益等。二是判决异化问题，表现为“零判决”“以判压调”等。调解异化和判决异化所形成的“调解式判决”和“判决性调解”均是以强制改变两造一方或双方的意愿而形成的。如在司法实践中，法官通常以案件结果的“胜负”分别对两造进行心理“压制”，促成两造形成调解，或者是对于特定类型的案件（如离婚类案件）强行判决而忽略调解之可能。前者因法官以其强制扼杀当事人意愿，形成的“调解”显然是不具有自动履行可能的；后者因案件特殊性，进行调解更有利于钝化矛盾、重塑亲情等社会关系，径行判决亦属法官擅断（任性）的体现，同样违反当事人自愿，判决结果不具有可接受性。就调判一体化司法适用的结果来看，相较法官实质调解和实质判决而言，“判决性调解”与“调解式判决”毕竟属于特殊适用形态。但这种特殊形态所蕴含的“名为调解实为判决”和“名为判决实为调解”司法价值取向却必须予以高度关注。“一体化”模式下，法官所要追求或

〔1〕 参见黄宗智：《中国民事判决的过去和现在》，载爱思想网2012年6月19日，http://www.aisixiang.com/data/13549.html。

实现的最好样态应该是“形式和实质相统一”的结果样态。因司法调判适用比例失衡造成“判决性调解”与“调解式判决”，需要法官审慎而为之。

3.先行调解与先行判决的司法适用

先行调解和先行判决通常被视为我国民事诉讼调判一体化模式下最为灵活的外在表现形式。我国《民事诉讼法》第9条规定：“人民法院审理民事案件，应当根据自愿和合法的原则进行调解；调解不成的，应当及时判决。”第125条规定：“当事人起诉到人民法院的民事纠纷，适宜调解的，先行调解，但当事人拒绝调解的除外。”第156条规定：“人民法院审理案件，其中一部分事实已经清楚，可以就该部分先行判决。”上述条款被视为对先行调解和先行判决的直接规定。先行调解，无论是作为一个用语，还是作为一个原则，或者是一种程序制度，如果从历史的向度来考察，首先都是立足于诉讼调解。因此，就先行调解的含义来说，首先应当是诉讼调解意义上的先行调解。〔1〕“适宜调解的，先行调解”并非限制先行调解的范围，而是强调不能违法调解或不应在案情复杂、当事人对抗激烈之类的纠纷上徒劳进行调解。“适宜调解”包含两方面的意思：其一，案件争议的民事权利属于当事人处分权的覆盖范围，涉及公益的人身纠纷以及非讼案件则不得适用调解。其二，纠纷当事人有调解的意愿，存在调解成功的可能性。〔2〕在民事诉讼程序中，调解优先精神贯穿于各审级与诉讼阶段的过程始终。在具体的程序设计上，相较于审判程序的详细具体，我国《民事诉讼法》对于调解程序规定得过于笼统、原则，调解程序实际上有很强的审判依附性，调判关系明显呈现“程序性失衡”的表征，《民事诉讼法》关于调解的规定仅是零散的、辅助和补充性的。〔3〕先行判决，必须以在审案件

---

〔1〕 参见许少波：《先行调解的三重含义》，载《海峡法学》2013年第1期。

〔2〕 参见李德恩：《先行调解制度重述：时间限定与适用扩张》，载《法学论坛》2015年第2期。

〔3〕 说其零散，是因为现行《民事诉讼法》共306条，与调解有关的条文有16条左右，只约占总条文数的1/20；说其辅助和补充，是因为立法中无单独的调解程序，调解的有关规定散见于立案受理、庭审、宣判等程序之中，是这些审判程序的特殊化。

部分事实已经查清作为前提，体现出对民事纠纷高效、便捷性司法处理的客观需求。

例如，在吴某、张某某诉江苏沿江高速公路公司噪声污染纠纷适用先行判决一案中，人民法院认为，在环境污染案件中，为实现对受害人的及时救济以及对环境损害的及时止损，在侵权事实已经查清，但损害大小有待进一步调查认定的情况下，人民法院可以适用《民事诉讼法》上述关于“先行判决”的规定，判决行为人停止侵权，待具体损失确定后再对侵权赔偿责任承担问题进行判决。〔1〕

总体来看，中国民事诉讼调判一体化对当事人来说，就有一个选择与衡量的问题，既包括实体处理上的考虑，也包括诉讼经济与效率上的考虑，这是中国法院民事诉讼最为鲜明的特点，即调解与判决的相互衔接。这给当事人和法官都提供了一个灵活选择的机会与空间。

（二）和而不同：融合正义标准的可预见性

公平正义是司法的永恒追求。中国民事诉讼调判一体化将调解和判决统一于民事诉讼结构框架之内，不仅在形式外观上满足调判之“合”，而且在实质内容上实现了正义之“和”，契合形式正义和实质正义的价值追求，对提升诉讼结果的实质可接受性具有重要的现实意义和实践指引价值。

1.“和”“合”之辨：从外在到内里

调判一体化下的调判关系包含由外而内的双重形态，这种双重形态既表现为外在之“合”，亦表现为内在之“和”，兼具中庸主义司法文化观以及多元包容开放性司法文化观的内涵，体现出中国司法治理的行为技巧。外观层面的调判关系系调解与判决置于民事诉讼调判一体化模式下的结

---

〔1〕 参见江苏省高级人民法院编：《江苏省高级人民法院公报》（2016年第3辑：总第45辑），法律出版社2016年版，第57-62页。

构性安排，这决定了不仅是判决，调解也是中国法院行使审判权的必要方式，调解权实为审判权之一部分。[1]据此，诉讼调解具有了作为审判权的正当性与合法性基础。这意味着法院（法官）对于纠纷的解决不管是采取判决形式还是调解形式，抑或“调解+判决”的形式均是可取的。在调判一体化模式下，调解与判决不仅在理论上，而且在实践中就可以形成并行不悖的“合作关系”，这种合作的动机在于以最小的诉讼投入、最大的效益产出，实现纠纷化解、权利保护等基本诉讼目的。

尽管调解与判决在外观上存在“合而不同”的差异，但这种差异更多的是由调解与判决自身的属性特质所决定的。调解与判决在纠纷解决这一最基本的司法功能方面始终保持了一致，并不存在排斥判决、推崇调解的态度差异。以调解的司法功能为例，无论调解在我国民事诉讼司法体系中的定位或政策导向如何变迁，调解所具有的平息纠纷、解决矛盾的基本功能始终保持着高度一致。[2]调解与判决在司法功能视角下的高度契合性，正是明确和构建中国法院调判一体化模式具体内容的司法功能基础。司法实践中，法院（法官）一般针对不同的案件“能调则调、当判则判”，实现调判结合，从而收到较好的纠纷解决效果。

内在层面的调判关系集中表现出“和而不同”的基本属性。“和而不同”，首先承认“不同”，在“不同”的基础上形成的“和”（和谐、和合），才能使事物得到发展。如果一味追求“同”，忽视或不尊重“不同”，不仅不能使事物得到发展，反而会使事物衰败。也就是说，“和”（和睦相处、共同发展）是目的，但“和”的前提是“不同”，是多样性的存在；没有“不同”，没有多样性，就无所谓“和”。“和”不是“同”，因为“同”泯灭了事物个性，

〔1〕 参见常怡主编：《民事诉讼法学》，中国法制出版社2008年版，第325页；毕玉谦：《对我国民事诉讼中审判与调解同质化现象的反思与检讨》，载《法律适用》2019年第23期。

〔2〕 无论是革命根据地时期的“马锡五审判方式”，还是中华人民共和国成立后各历史时期的“能调则调、当判则判”“调解优先”“多元调解”等，虽然调解的定位有差异，但是其平息纠纷、化解矛盾的基本司法功能始终保持一致。

是不可能达到“和”的境界的。[1]调判一体化模式下调解与判决的“和而不同”，从司法功能的角度，最直接的目的就是纠正现行《民事诉讼法》的“功能性缺陷”，从制度改良与制度创新两方面入手，以现行《民事诉讼法》为基础构建一种调判一体、审前与庭审并重、调解更加规则化的纠纷解决模式。而从中庸理性的角度来看，不一定追逐了最大的利益就是一种最好的选择，也不一定只有通过完美地说服对方就达到了最好的效果。体现在纠纷解决中，一个好的解决方式一定不是某一方的“全胜”，也不见得是双方通过论辩来越辩越明，而是要考虑到每一个决策对对方意味着什么，对整体的关系意味着什么，以及对未来意味着什么。通过这种考虑，对追求个体利益最大化的工具理性进行节制。[2]因此，一体化模式下调解与判决的内在之和，既是司法功能与价值的融合，也是司法价值的升华与超越。

2.正义目标之实现：从程序到实质

司法的基本含义为正确地适用法律，通过法院的审判来实施法律，并且和公平、正义相关联。[3]调判一体化的司法适用融合了程序正义和实质正义的双重标准，从而能够增加诉讼结果的可预见性。就程序正义而言，程序目标是调判一体化运行应当达到的理想结果。程序正义既是发现真实的手段，也是判决正当化的源泉。[4]调判一体化促进程序正义实现，首先表现为这种程序安排与设计充分保障了两造在纠纷解决中的参与权与选择权，增加了纠纷解决的沟通理性，保障了两造均有机会平等地表达自己在纠纷解决中的态度、立场和诉求。这种参与是一种积极有效的参与，是能够通过自己的参与来表达自己的观点，并有影响最终结果的可能

〔1〕 参见虞崇胜：《“和而不同”：中华民族精神中的政治文明精髓》，载《唯实》2004年第1期。

〔2〕 参见邬欣言：《中庸理性与现代性困境：民间纠纷解决场域中实践逻辑的传统与转型》，载《理论与改革》2017年第2期。

〔3〕 参见［英］伊丽莎白·A.马丁：《牛津法律词典》，蒋一平等译，上海翻译出版公司1991年版，第275页。Hornby, Gatenby and Wakefield, *The Advanced Learner's Dictionary for Current English*, 2nd edition, Oxford University Press, 1963, p.533.

〔4〕 参见段文波：《程序保障第三波的理论解析与制度安排》，载《法制与社会发展》2015年第2期。

性。[1]在程序正义的实现上，调判一体化还意味着通过充分的举证质证、司法公开等促进信息共享。例如，强调公开审判、规范审理过程可以理解为是在受到其他条件制约下，从程序方面来改善审判正当性的努力。[2]通过审级制度和审判监督的程序保障确保诉讼行为可以获得救济，从而确保两造在诉讼纠纷的解决中能够相信“看得见的正义”。

就实质正义而言，司法的过程是一个建立在理性基础之上但又超越理性的感性实践过程，是法官运用自己的智慧对互相冲突的各种利益、价值进行评价、取舍的过程。民事诉讼调判一体化所赖以支撑的结果可接受性不仅要求具有合法性的形式外观标准，还应当同时满足实质正义之标准。这一标准的共性要素主要包括诉讼结果需要满足事实推定符合经验法则，裁判理由符合伦理认知，结果符合公序良俗、社会主义核心价值观、解决纠纷和维护秩序等司法价值，甚或在个案中满足差别要素的正义目的，比如保障个体权益、培树解纷规则等。在民事诉讼调判一体化过程中，需要综合司法利益衡平，基于利益衡量方法的有限适用性，坚持克制主义原则；基于衡量的主观性和实质裁判性，坚持程序合法性原则与实质合理性原则；基于衡量的个案性与普适性，坚持整体利益最大化与损失最小化原则；基于衡量的论证性，坚持合法性原则和说理公开原则。[3]

3.运行逻辑之表达：从求同到存异

纠纷解决功能是司法的原初功能和基础功能，是司法作为一种客观存在所必需的不可替代性和功能正当性。除基础性功能外，中国司法还兼具参与社会治理、维护社会秩序和公共政策等延伸性职能。就调判一体化的功能目的而言，调解与判决在司法功能视角下的高度契合性，正是明

---

〔1〕参见郭春镇：《感知的程序正义——主观程序正义及其建构》，载《法制与社会发展》2017年第2期。

〔2〕参见王亚新：《论民事、经济审判方式的改革》，载《中国社会科学》1994年第1期。

〔3〕参见房广亮：《利益衡量方法的司法适用思考——基于274份裁判文书的考察》，载《理论探索》2016年第3期。

确和构建中国法院调判一体化模式具体内容的司法功能基础。在调判功能契合与延伸的背景下，调判功能演进必然以具体功能的完善与再定位作为基本方向，纠纷解决不仅是对权利和利益冲突的管理，其本身也是一种重要的社会治理方式。调判一体化同时强调调判适用上允许“存异”。中国法院民事诉讼调判一体化并非简单地将调解与判决均作为司法裁判手段，其中涉及调判适用原则方法、适用时机、调判转换、调判平衡等多重问题。调判结合的司法逻辑要求人民法院在处理具体案件时，应当根据案件的实际情况，灵活运用调解和裁判的方式和手段，能调解的及时调解，不能调解的和无须调解的要及时裁判。〔1〕换言之，选择调解模式还是判决模式，或者介于二者之间的混合模式，取决于法庭本身对每个案件的事实的定性。〔2〕

在司法的具体适用上，调解和判决还遵循不同的适用规则，鉴于不同类型的案件对不同的纠纷解决形式有不同的要求，或者说，不同的纠纷解决形式对不同案件有不同的适应性，〔3〕司法过程中不仅需要考虑作为正义标准的共性要素，还应当考虑差别性要素，如果某类司法案件牵涉社会公共利益、国家公共政策或有助于弘扬社会主义核心价值观或体现国家政策导向，对于此类内容，原则上应当适用司法判决。这就要求法官在司法过程中应当实现调解与判决之间的衡平互济，确保实现司法功能价值的最大化。调解或判决适用差异化的另一主要原因还在于满足不同主体的诉讼需求，并且司法过程系由法官个体实现，不同的司法主体具有不同的司法审判风格，特别是在司法调解和司法判决的选择适用上具有个体化优势与

〔1〕 参见徐昕:《“调判结合”的困境——以民事审判结构理论为分析框架》，载《开放时代》2009年第6期。

〔2〕 参见黄宗智:《中国法庭调解的过去和现在》，载爱思想网2008年9月19日，http://www.aisixiang.com/data/13556.html。

〔3〕 参见黄建武:《中国调解功能的演变及制度创新启示——基于1988年至2010年统计材料的分析》，载《北方法学》2012年第5期。

差异，这些差异性只要不违反法律或行政法规的规定，同样是应当允许并且得到尊重的。

（三）公私合璧：基于协同式司法的可接受性

民事诉讼纠纷解决有赖于诉讼参与各方力量的共同推动，无论是对两造、法官或第三方主体而言，尽管无可避免地存在冲突与对抗，但合作仍然构成纠纷解决的主基调。这意味着在民事诉讼纠纷解决的过程中，各方主体均负有不同程度的诉讼义务，通过强化主体协同与合作，极大地提高诉讼结果的可接受性，在效果层面实现司法目标。

1.公私协同的司法蕴含

协同式司法的实质是社会治理模式的法治化转型，其强调法律供给侧的民主参与和司法反思，民主参与强调的是公众利益诉求，司法反思强调的是司法如何实现其社会功能。[1]通过发挥协同式司法模式的功能，中国民事诉讼调判一体化在强调法院主导民事诉讼的同时，也重视多元主体协商合作、共同参与纠纷解决，使司法治理既能充分发挥稳定社会的功能，又可以有效促进社会治理模式的法治化转型，提升社会治理的整体法治水平，为共建共治共享的社会治理格局提供扎实的法治保障。就民事纠纷而言，即使是通过公权力救济的人民法院审判解决，当事人对自身权利的依法处置也应当得到尊重。诉讼调解，无非在公权力解决纠纷的程序中导入当事人“自治”的纠纷解决模式；同时，在诉讼中置入调解的目的在于重塑当事人之间的信任关系，以治愈双方因纠纷而导致彼此破裂的关系。[2]民事诉讼调判一体化适用中“公私协同”的司法蕴含主要包括三个层面。

---

〔1〕 参见张文龙：《中国式邻避困局的解决之道：基于法律供给侧视角》，载《法律科学（西北政法大学学报）》2017年第2期。

〔2〕 参见唐力：《诉讼调解合意诱导机制研究》，载《法商研究》2016年第4期。

其一，注重主体互动的双向性与主动性。协同主义强调当事人与法院共同发挥作用，协同发现案件事实，体现在制度层面，即通过强化法院的释明义务和当事人的诉讼促进义务来实现协同诉讼的理想。〔1〕这意味着在纠纷解决的框架结构内，任何一方诉讼参与主体职能的发挥都是相互作用的，法院（法官）的行为将对两造产生直接影响，两造的诉讼行为亦将对法院（法官）产生反作用。法院（法官）参与的主动性主要表现为法院（法官）在诉讼中起到主导性作用，法院（法官）需要通过行使释明权对诉讼进程进行有效干预或引导，两造则负有真实和完整的陈述义务，以积极行使诉讼促进义务，法院（法官）和两造的共同协同促进民事诉讼进程有效推进和纠纷解决。

其二，注重协同方式的充分性与多样性。在作为公共权的司法权和私权所产生的合作与对抗问题中，两造与法院（法官）、两造之间将产生强制与合意的平衡，围绕两造与法院（法官）之间亦将形成等腰三角形的关系样态。就两造而言，协同方式可以通过充分的谈判与协商实现。但协同治理的决策方式不是命令式的，而是协商式的，协商意味着治理过程应该"提供公开对话，获取信息，尊重、了解并重新界定问题的空间以及朝向共识的行动"〔2〕。

其三，注重协同效果的积极性与有效性。协同式司法以积极的诉讼效果作为基本导向，其基本行为逻辑在于通过开展主体协同，整体上提升诉讼解决的复合效果。首先，通过"协同"的方式，最大程度上增加各方主体合作的可能性基础与范围，提供纠纷解决的不同方案与选择，促进实现"能调则调、当判则判"。其次，通过"协同"的方式能够最大程度上实现

〔1〕 参见熊跃敏、张伟：《民事诉讼中的协同主义：理念及其制度构建》，载《法治研究》2012年第1期。

〔2〕 Lyn Carson & Janette Hartz-Karp, *Adapting and Combing Deliberative Designs: Juries, Polls, and Forums*, in J. Gastil & P. Levine, The Deliberative Democracy Handbook: Strategies for Effective Civic Engagement in the 21st Century, Jossey-Bass, 2005, p. 120-138.

两造关系以及社会关系的“修复与缓和”，符合“定分止争、案结事了”的诉讼目标以及当事人的心理预期。最后，司法协同的过程能够实现诉讼信息共享，特别是有助于实现案件事实查明的公开性与透明度，有利于诉讼参与人综合全面对诉讼风险进行评估与预期，从而减少诉讼风险，同时在个案中实现规则塑造的特殊价值。

2.可接受性的检视视角

可接受性系民事诉讼参与主体对纠纷解决程序、效果等进行综合评价与判断的基本标准，从可接受的对象和内容来看，需要综合统筹程序、效果等各方面因素考察，并通过诉讼参与主体行为的外化进行反馈或评价。

统筹过程参与的可接受和诉讼结果的可接受。任何一种法律过程都是程序和实体的结合。纠纷解决的过程是两造意思表达、转化、博弈以及合作的过程。诉讼程序是按照“非黑即白”的原理来设计的，因实体利益发生纠纷而诉至法院的双方当事人为谋取利己的审判结果，必定会有许多行为选择，这即是诉讼中的博弈情形。[1]而在何种条件下采取何种纠纷解决方式，有赖于诉讼参与主体特别是两造形成合意，这种合意达成系在动态诉讼推进过程中对纠纷解决方案的优化。从根本意义上讲，诉讼解纷可接受性的根本指标在于诉讼结果的可接受性，但程序意义上的可接受性构成结果可接受性的前提与基础。程序意义上的可接受性意味着必须提供主体参与的均等机会，在诉讼场域之内，让各方主体充分表达意思，自由选择解纷方案。基于法庭（法官）强制或其他违背两造真实意思表示形成的“程序方案”，无法满足程序层面的要求，更无从谈及诉讼结果的可接受性。

兼具形式可接受和实质可接受。在纠纷解决中，形式可接受性和实质可接受性如车之两轮、鸟之双翼，缺一不可。中国传统司法文化高度强调

---

〔1〕 参见唐力：《诉讼调解合意诱导机制研究》，载《法商研究》2016年第4期。

实质正义或曰实质合理性，但往往忽视了形式正义或曰形式合理性对实质正义的前提意义，从纠纷解决的实际效果来看，显然是不足的。从可接受性的不同分析视角来看，形式可接受性构成调解或判决可接受性的“外化”标准，实质可接受性则构成可接受性的“内在”标准。形式可接受意味着，诉讼参与主体对诉讼结果不持否定性评价（上诉、申请再审或启动审判监督），实质可接受性则意味着解纷结果不仅符合合法性的基本阈值底线，同时还能够体现正义价值的标准。民事诉讼调判一体化要求在纠纷解决中“公私合璧”，不仅强调提升解纷方案的形式可接受性，同时兼顾实质可接受性，正是追求最佳诉讼效果的体现。

追求主观评价的可接受和客观结果的可接受。客观层面的可接受性反映出诉讼结果本身的自然属性，即作为解纷方式的调解或判决在实际中发挥出的作用或价值。主观层面的可接受性从受众本位出发，强调的是诉讼参与主体或第三方主体对客观诉讼结果的主观性评价。二者的基本区别在于，前者系对诉讼结果客观状态的描述，后者则是对诉讼结果主观意愿的表达。调判一体化诉讼模式下，诉讼结果可接受性的理想状态应该是主观评价可接受性和客观结果可接受性保持高度一致性。实然状态中，如果主观评价的可接受性和客观结果的可接受性相悖，则意味着存在两种可能：其一，诉讼结果本身确实违反可接受性的应然标准（如违法、不符合正义标准等）；其二，诉讼结果不存在问题，主客观相悖之因在于主观评价之偏颇。从提高诉讼结果可接受性的整体效能来看，应当通过发挥辩论主义、证据交换、统一法律适用等最大程度上实现诉讼结果的客观可接受性，并以此为基础，促进对主观评价层面诉讼结果可接受性的提升。

3.协同式司法有效介入的实现路径

提升司法协同效果是保障诉讼结果可接受性的重要路径，实现协同式司法的有效介入，应当注重从效果影响要素切入分析，侧重解决影响效果发挥中的具体问题，提高各方主体对诉讼结果的可接受度，提升纠纷解决的实效。

切实强化协同参与的有效保障。“司法过程的展开实际上是一种均衡化的主体交往。”[1]协同式司法的核心目标在于增进合作，减少对抗，应当重点围绕诉讼参与人的主体关系展开，切实保障两造诉讼地位的平等性和诉讼参与的充分性，以此促进诉讼能力的对等性。在民事诉讼中，两造的诉讼能力在实然状态一般具有客观不均衡性，在不打破民事诉讼中立性原则的前提下，应当着力削减这种不均衡性可能造成诉讼结果的可接受性偏差。为此，在诉讼程序的运作上，必须充分保障两造以及法院（法官）参与诉讼纠纷解决程序规则建构的制度性机制。作为分配当事人与法院在民事诉讼中的权能与责任的理论模式，协同主义并非仅仅停留在当事人与法院协同诉讼这一表面含义上，而是要通过制度构建使之落实并具有可操作性。[2]为此，构建完善的庭审程序规则、权利救济规则、审判监督规则、社会监督规则就成为提升协同效果的必要内容，并以此为基础，完成两方面的核心内容：一方面，确定法官积极性的“度”，也就是法官在诉讼中审判权行使的范围，使审判权的行使可以确保诉讼主体权利和自由的平等实现。另一方面，明确当事人在诉讼中的权利和义务，[3]确保当事人全面行使自己的权利，履行自己的义务。

诉讼促进义务的履行与实现。协同主义主要是从当事人、法官相互之间的作用而言的，并不是要完全抛弃传统辩论主义，它主要是为改变传统辩论主义之下法官的消极地位、克服其弊端而出现的，是在法官和当事人之间产生的一种崭新的诉讼结构。[4]在协同主义诉讼模式下，法院（法官）在诉讼主导基础上的协同义务主要表现为“释明权”的行使。法院（法官）

---

〔1〕 廖奕：《过程与均衡——司法本质的中国语境》，载《法学评论》2009年第1期。

〔2〕 参见熊跃敏、张伟：《民事诉讼中的协同主义：理念及其制度构建》，载《法治研究》2012年第1期。

〔3〕 参见田平安、刘春梅：《试论协同型民事诉讼模式的建立》，载《现代法学》2003年第1期。

〔4〕 参见肖建华：《构建协同主义的民事诉讼模式》，载《政法论坛》2006年第5期。

释明的范围主要包括对诉讼请求权的释明、事实主张的释明、举证责任分配释明、法律适用释明，等等。但法院（法官）释明权的行使必须以必要性为限，即如果不采取必要的释明将导致诉讼结果的可接受性出现失衡之风险。如果过分扩大法院（法官）的释明权限，则容易导致权力滥用之风险，有违通过释明形式促进诉讼能力对等之行为目的，破坏司法中立性原则。协同主义模式下，两造的协同义务主要表现为诉讼促进义务，而诉讼促进义务的核心则表现为真实完整的陈述义务。辩论主义的本意绝非赋予当事人在诉讼中作虚伪陈述的自由。如果不为他们设定真实义务，相反却赋予他们过多的自由（如当事人拥有拒绝提交任何文书、拒绝作证等权利），这只会意味着个人自由的滥用，而非行使个人自由。协同主义正是以此为基点为当事人设定了特别诉讼义务，以期对滥用辩论主义的行为进行“纠偏”。[1]当然，当事人的诉讼促进义务除真实完整陈述义务外，还应当依法行使诉讼权利，虚假诉讼、恶意调解行为不仅是消极形式诉讼义务的表现，还应当依法受到相应的处罚。总之，建立在公正、高效原理上的诉讼模式要求审判机关的权力必须与当事人的诉讼权利相互协调、相互配合，以充分发挥当事人和法院两方面的积极性。[2]

---

〔1〕 参见王福华：《民事诉讼协同主义：在理想和现实之间》，载《现代法学》2006年第6期。

〔2〕 参见田平安、刘春梅：《试论协同型民事诉讼模式的建立》，载《现代法学》2003年第1期。

第三章　调判一体化的运行逻辑：合作与对抗

这种新的思维乃是我们正在进入的新时代的特色，“非此即彼”让位于“亦此亦彼”，不再是主体反对客体，而是主体与客体交互作用，不再是意识反对存在，而是意识与存在同在，不再是理智反对情感，或者理性反对激情，而是整体的人在思考和感受。

——［美］哈尔德·J.伯尔曼*：《法律与宗教》

程序的本质特点既不是形式性也不是实质性，而是过程性和交涉性。唯其如此，方能应付现代社会的变动节奏，根据需要作出不同的决定。

——季卫东**：《法律程序的意义》

在第二章，笔者论证由于历史的、文化的、制度的原因，中国现代民事诉讼调判关系的一体化运行样态及其内在机理。事实、证据、法律在法律程序中纠缠往返，流连关照，调解与判决在诉讼过程中如影随形，张弛摇摆。本章需要研究的问题是调判一体化的司法运行逻辑。在调判一体化的诉讼结构中，民事纠纷是怎样解决的？对什么样的纠纷，采取什么样的

---

* 哈尔德·J.伯尔曼，美国著名法学家，代表作有《法律与宗教》等。

** 季卫东，日本京都大学法学博士，上海交通大学日本研究中心主任，中国法与社会研究院院长，兼任日本神户大学名誉教授。主要研究领域为法社会学、比较法学、亚洲宪法、审判制度、法律职业。著有《法治秩序的建构》《正义思考的轨迹》《法治构图》等。

方式加以处理，由哪些主体参加这种处理，其结果达到了什么样的解决？在运行过程中，不同参与主体的参与、沟通、互动如何实现信息不对称下的沟通与博弈。在本章，笔者将视野转向司法过程中的参与主体，转向对调判一体化的过程分析，从现实主义法学层面，剖析诉讼过程中的法官、当事人及其他参与主体及其行动制约因素，从微观的、动态的层面对主体（法官或当事人）与行动（主体的行为选择）两个方面进行过程解释，进而分析调判一体化的运行逻辑。

一、调判一体化的过程解构

两个典型案例的引入：

案例一："渔网案"〔1〕。2012年1月23日，5个孩子在废旧教室燃放鞭炮，不小心将宋某习存放的几十条渔网烧毁，宋某习起诉5个孩子的监护人赔偿其35条渔网的损失20万元。但被烧毁的渔网与建筑材料融为一体，无法查明被烧毁的渔网数量。法官发现，该渔网是一种地耙网，规格固定，每条网有380个铅坠子，每个坠子重0.5公斤，根据铅的重量可以大致推算出渔网的数量。法官在当地渔民的帮助下对火灾现场进行挖掘，并在村委会支起大火炉炙烧提取残留物中的铅，最终提取铅5800多斤。根据每条渔网中铅的重量190斤，推算出被烧毁的渔网数量为31条，与宋某习起诉的35条差距很小，考虑到挖掘和提炼可能产生的损耗，这个结果是令人信服的。据此判决被告赔偿原告31条渔网的损失。双方当事人均表示服从判决。

案例二："档案遗失案"〔2〕。苏某年原系黑龙江某国营农场职工，1989

〔1〕 宋某习诉李某斌、高某、朱某、祁某、王某财产损害赔偿纠纷案，江苏省赣榆县人民法院（2012）赣石民初字第0047号民事判决书。

〔2〕 苏某年诉东海县住房和城乡建设局劳动争议案，江苏省东海县人民法院（2012）东民初字第1354号民事裁定书、（2012）东民初字第1736号民事调解书、（2014）东民初字第0461号民事判决书、（2014）连民终字第02050号民事调解书。苏某年诉东海县住房和城乡建设局经济补偿金纠纷案，江苏省东海县人民法院（2013）连民终字第0944号民事裁定书。

年工作调动至江苏省D县建委下属某企业。苏某年报到后因无合适岗位待岗，后企业改制。苏某年在办理退休手续时发现其人事档案丢失，仅查询到1989年当地劳动局向建委出具的介绍信，内容为苏某年为4.5级全民木工。苏某年的养老金待遇只能按1989年工作核算，养老金每月降低900余元。后苏某年起诉要求住建局（原建委更名）赔偿工龄损失，一审法院判决由住建局赔偿苏某年已发生的养老金损失，以后费用另行计算。住建局提起上诉，二审法官与人社局、住建局工作人员共同前往苏某年原工作农场调查，查明苏某年1970年在农场子弟学校毕业后即在该农场工作。在法官的主持下，苏某年与住建局达成调解协议，由住建局协调人社局将苏某年的1970年至1989年的工龄待遇补齐。

两个案件均属于事实（或部分事实）真伪不清的情况。法官或判或调将纠纷成功处理，展现出中国法官解决纠纷的智慧。在案例一中，主要是法律与事实的缠结，宋某习到底被损毁多少条渔网，因现场无法还原而无法查实。法官通过提取铅块的方式，倒推计算出渔网损失数量，因处理方法得当，判决结果得到当事人的信服。案例二中，由于时过境迁，苏某年在原工作单位所有资料均已灭失，无法证明其实际工龄。二审法院与作为接收单位的住建局、作为原档案移交单位（同时也是职工养老待遇审核部门）的人社局一同前往黑龙江进行调查，共同确定苏某年实际工作时间，为人社局办理苏某年的工龄续接提供事实依据，以此为基础达成调解协议，实现了纠纷的彻底解决。

如果将纠纷或者真相隐喻为“象”，那么法官发现真实（纠纷中的客观事实）或可意会为类似“盲人摸象”的过程：从片面到整体的，从局部到系统的，甚至很多时候不能够完美地描绘“象”的全貌。而纠纷的解决过程则如“曹冲称象”，选择一种更可行的、更方便的方式发现“真相”，甚至在无法发现“真实”的情境下直接解决问题。“渔网案”中的“法官称铅”直接采取了类似“曹冲称象”式的等值比较法来发现问题；而“档案遗失案”

中，法官则是运用综合调解（协调原告、被告、原工作单位、养老待遇核算部门多方力量）的方式直接化解了纠纷，避免了判决必须回答的“档案到底是谁丢的”这一事实问题。如此动态考察审判过程中调判一体化的运行逻辑，可以发现它不是线性的，也不是演绎的，而是一个关系网络，其中存在事实与法律的缠结现象，也存在诉讼角色之间的博弈关系。研究纠纷最终的解决方式固然重要，但纠纷解决的过程亦是民事诉讼不可或缺的主题。

（一）从制度分析转向过程分析

日本著名学者棚濑孝雄在分析纠纷的解决过程时，明确提出从制度分析到过程分析的观点，认为作为制度的法仅是把视野局限于各种制度或强制命令式的规范，忽略了推动现实发展的群体效应，只注重抽象的条文规范难以把握法律运行中发生的各种复杂多样的实际状态。[1]民事诉讼调判一体化也需将焦点从作为社会规范体系的制度转向个人行动层次的过程进行分析。从法官的角度来看，“法官在纠纷解决的过程中要追寻影响或引导他得出结论的种种影响力，要掂量各种可能冲突的考虑因素——逻辑的、历史的、习惯的、道德的、法律的确定性和灵活性、法律的形式与实质等等，而不局限于一般性的程序与先例本身”[2]。

我国学者关于纠纷解决的研究则多集中于民事诉讼程序的结构性研究，视角集中在给这些社会相互作用过程以方向性并将其抽象化为种种规范、制度。如章武生、吴泽勇教授关注司法现代化，提出民事调解制度重塑的主张。[3]陈桂明教授提出诉讼程序三大价值目标即公正、效率、效益。诉讼公正乃指诉讼构成之公正，即诉讼过程的公正及诉讼结果的公正。他

---

〔1〕 参见［日］棚濑孝雄：《纠纷的解决与审判制度》，王亚新译，中国政法大学出版社2004年版，第5-6页。

〔2〕 ［美］本杰明·卡多佐：《司法过程的性质》，苏力译，商务印书馆1998年版，第4页。

〔3〕 参见章武生等：《司法现代化与民事诉讼制度的构建》，法律出版社2000年版。

认为，程序公正往往可以疏导当事人之间的紧张关系，使诉讼无判而终，出现撤诉或者调解的结果。[1]范瑜、李浩教授立足纠纷解决原理，认为纠纷不仅是个人之间的行为，也是一种社会现象，其产生与解决是一个动态的社会过程，侧重研究纠纷解决经验和操作技术。[2]学界目前尚没有从调判一体化的角度研究实体规范与程序规范体系，缺乏对诉讼参与主体个人之间的相互关系或个人行动的足够关心。

马克·范·胡克构建了沟通主义法律观，认为沟通是法律的存在形式。[3]民事诉讼结构中，诉讼角色的行动是一个沟通的过程，诉讼主体之间的沟通是一个多向多维的复杂过程。在此过程中，不同的诉讼目的、知识背景、生活环境给诉讼两造以及作为主持者的法官的沟通过程造成紧张和多变的对抗，这种紧张与对抗在稳定的法律程序中得以规制和纾解，使各方主体得以法律允许的方式开展有效的沟通。沟通主义法律观的存在使我们不再把视野局限于以客观真实为基本的、单纯关注法律条文及内在逻辑的法律内部视角，而是同时关注以沟通为核心的"规范发出者—表达—规范接受者"之间就法律文本意义展开的反复博弈过程，进而关注在这个过程所形成的法律合法性的问题。[4]

（二）分析模型：合作与对抗的理论框架

棚濑孝雄在《纠纷解决过程的理论框架》一文中建立了一个可以显示纠纷解决过程的坐标图。[5]坐标图由两条基轴组成，一条轴按纠纷是由当事人之间自由的合意还是由第三者有拘束力的决定来解决而描述，另一条

---

〔1〕 参见陈桂明：《诉讼公正与程序保障：民事诉讼程序之优化》，中国法制出版社1996年版。

〔2〕 参见范愉、李浩：《纠纷解决——理论、制度与技能》，清华大学出版社2010年版。

〔3〕 参见［比］马克·范·胡克：《法律的沟通之维》，孙国东译，法律出版社2008年版，第13页。

〔4〕 参见［比］马克·范·胡克：《法律的沟通之维》，孙国东译，法律出版社2008年版，第3-5页。

〔5〕 参见［日］棚濑孝雄：《纠纷的解决与审判制度》，王亚新译，中国政法大学出版社2004年版，第7-8页。

轴表示纠纷解决的内容是否事先为规范所规制这一区别。棚濑孝雄的分析模型主要基于纠纷的类型化分析纠纷的解决过程。对调判一体化的过程分析同样可对民事纠纷进行类型化分析，从而借助该模型进行动态分析。在笔者的研究语境中，对调判一体化的过程研究，体现为一种整体性和动态化的研究。从整体性上考察调判一体化的具体过程，首先是对参与主体的研究，如诉讼角色及其沟通互动。从法官和诉讼两造不同的视角出发，由法官的主导性决定裁判方向时，纠纷的解决过程更体现强制性，对抗性更明显，纠纷解决方式主要为判决；如当事人自由意志更影响裁判方向时，纠纷的解决过程更体现为合意性，合作性更明显，纠纷解决方式则表现为调解。主体间的相互关系也影响着调判的进程，诉讼主体选择合作与对抗的动因体现了不同的价值衡量标准，主体间倾向于形式理性时，会更追求程序上的正义，追求事清责明的判决结果，双方对抗性更为激烈；而主体倾向于实质理性时，则更关注于判决结果是否符合客观真实，事实不明的情况下，双方可能更倾向于合作，往往会达致调解。

因此，参照棚濑孝雄第一条基轴构建的意旨所在，合作与对抗分析模型纵轴的一端设置为根据纠纷的强制性解决，另一端设置为根据当事人合意的纠纷解决。横轴则依据解决纠纷的价值取向，将一端设置为遵循程序正义的形式理性；另一端为追求结果正义的实质理性。在“强制性—合意性”的坐标轴中，主要考察的是法官与当事人对案件调判的影响，纠纷解决方式在是根据法官强制解决还是根据当事人合意解决之间游走。在“形式理性—实质理性”的坐标轴上，不仅考察法官与当事人对待纠纷解决的态度，同时关注外部考核等整体环境、诉讼两造力量对比关系、法官参与调解的动机和介入方式的变化。实际审判过程会向这条轴的一端或者另一端移动，两条坐标轴相结合显示的是在四个极点之间的一种逐渐的变量关系（见图3-1）。

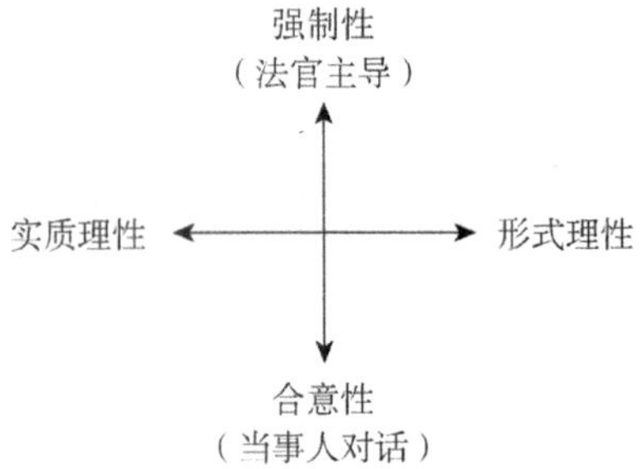

图3-1 合作与对抗分析模型

法官主导的强制性体现为司法的刚性，追求程序和法律适用的严谨性。合意性则体现为司法的柔性，通过当事人的对话达成调解协议，追求当事人自由处分。从诉讼过程上看，法官强制性占据主导地位，法官应当对当事人合意性及合意的合法性进行司法审查〔1〕，法官可以中断当事人的调解程序直接判决。而当事人可以拒绝法官的调解方案，但不能拒绝后继的审判程序。〔2〕但在当事人合作意识较高的情况下，法官对案件实体处理的干预会随之弱化。如在侵权责任纠纷中，对责任承担的比例，法官可以根据案件具体情况进行判断，确定责任比例后，具体数额计算要求绝对精确，案件判决中，不允许遗漏或超过当事人的诉求，也不允许出现法条适用和主文内容差错。〔3〕而调解结果在不违反法律规定的情况下，当事人可以灵活商定金钱给付数额、履行时间、地点等事项，甚至可以约定诉争纠纷外的权利义务。如在一起公共场所管理人责任案件中，当事人达成调

〔1〕《民事诉讼法》第99条规定，调解达成协议，必须双方自愿，不得强迫。调解协议的内容不得违反法律规定。

〔2〕 原告撤回起诉是放弃选择诉讼方式解决纠纷，且撤诉也受一定约束。《民事诉讼法》第148条规定，宣判前，原告申请撤诉的，是否准许，由人民法院裁定。人民法院裁定不准许撤诉的，原告经传票传唤，无正当理由拒不到庭的，可以缺席判决。

〔3〕 根据《民事诉讼法》第157条规定，判决书中的笔误应通过民事裁定予以补正。一般认为，补正文字笔误不能更正判决结果，判决主文内容中判决数额、计量单位及相关判项的错误，只能通过上诉或审判监督程序予以纠正。如L市中级人民法院2018年审理的二审案件中，因一审判决数额计算错误而改判的案件有12件，因法律适用错误改判的案件有26件。

解协议，侵权人某火锅店给付被侵权人4000元该店储值卡折抵赔偿款。[1]这种解决方式就体现了当事人自由合意的结果。合意的均衡点在于一方提出的要求在对方可接受的范围并尽可能接近诉讼预期。形式理性和实质理性是司法公正的两个维度，“理想的正义是形式要素和实体要素之和”[2]，形式理性关注司法过程的可接受性，实质理性关注司法结果的可接受性。在案件事实真伪不清的情况下，形式理性也可以通过法律程序预设的规则提供纠纷解决方案，比较明显的例子就是民事诉讼“谁主张，谁举证”规则，不能有效举证的当事人将承担败诉的风险。但是按照理性、逻辑和法律对权利的界定以及“谁主张，谁举证”“限期举证”“程序经过就不得反悔”等严格的程序规则作出的“非黑即白”式的判决，常常与“中国式的正义平衡感”存在明显的距离。[3]基于以纠纷解决为目标导向的实用主义策略选择，调判一体化在实质理性与形式理性之间的游走更为明显。于法官而言，遵循形式理性的最佳方案是严格按法定程序判决，但受实质理性的影响，当法律事实和客观真实存在差距时，法官会倾向利用调解缓和判决结果可能产生的不利因素。

二、协同主义视角下的强制性与合意性平衡

协同主义理论起源于德国，强调法官与当事人之间的协力合作，即探明真相、推动诉讼进程等诉讼目的的达成既不应只是依赖于当事人的诉讼对抗，也不应只是全凭法官的职权行为，而应当由法官与当事人、当事人的诉讼代理人协力合作，各自发挥主观能动性，共同肩负起收集诉讼资

〔1〕 赵某芹诉灌云县伊山镇辣庄火锅店公共场所管理人责任纠纷上诉案，江苏省连云港市中级人民法院（2019）苏07民终2136号民事调解书。

〔2〕［美］戈尔丁：《法律哲学》，齐海滨译，生活·读书·新知三联书店1987年版，第237页。

〔3〕 参见吴英姿：《“乡下锣鼓乡下敲”——中国农村基层法官在法与情理之间的沟通策略》，载《南京大学学报（哲学·人文科学·社会科学）》2005年第2期。

料、查明案件真实、推进民事诉讼程序的责任。1972年德国学者贝特曼（Beuermann）最先使用“协同原则”（Kooperationsmaxime）这一术语来概括民事诉讼制度的变革。[1]鲁道夫·瓦塞曼（Rudolf Wassermann）提出以协同主义取代辩论主义的激进观点，认为“社会法治国家中的民事诉讼之模型是以‘作业共同体’为其特征的。这种法院与当事人之间的协力既可构成一种行动倾向，亦可将其主义化为‘协同主义’”[2]。

协同主义认为，当事人应当对事实解明承担主要责任，因为当事人是关于纠纷最好的情报源，只有在当事人对解明事实负有义务的情形下，当事人对于探知案件事实才有最大的内在动力。[3]法官应当对事实解明承担辅助责任，在当事人的诉讼能力、诉讼经验明显不足或者当事人的法律观点存在模糊不清或与法不符时，法官有义务在尊重当事人意志的前提下对当事人予以援助，防止当事人因为不知情或诉讼能力不足而承担败诉的风险。从协同主义视角审视调判一体化，纠纷解决过程融合了当事人之间的合作与对抗，较好地平衡了法官裁判的强制性与当事人协商的合意性。

（一）强制性：调判一体化过程中的法官主导

在中国民事诉讼的程序架构下，解决纠纷过程中选择判决还是调解方式，法官具有最终的话语权和主动权，诉讼过程体现了较强的法官主导作用。从表面上看，似乎有违法官中立、超然的角色定位，特别是其“擅断”的特征非常明显。然而，从中国民事诉讼解纷的目的、诉讼文化中案卷主义所决定的“先入为主”等角度看，实则为“善断”而非“擅断”。

---

〔1〕 参见王福华：《民事诉讼协同主义：在理想和现实之间》，载《现代法学》2006年第11期。

〔2〕 [德]鲁道夫·瓦塞曼：《社会的民事诉讼——社会法治国家的民事诉讼理论与实务》，[日]森勇译，成文堂1990年版，第118页。转引自赵潇：《我国民事诉讼模式的新发展：协同主义诉讼模式》，载《法制与经济》2014年第3期。

〔3〕 参见唐力：《辩论主义的嬗变与协同主义的兴起》，载《现代法学》2005年第6期。

1.善断的法官——法官缘何主导民事诉讼

善断，一方面是指法官擅长查明案件真相，“既是裁判者，也是侦查员”。如前述“渔网案”中，法官主动查明案件真相。善断，同时也是一种价值追求，追求案件的客观真实以实现实质的正义。中国正义体系采用的是一种过滤式的纠纷处理——先凭（正式的或半正式的）调解来处理没有过错（和仅涉及相对轻微问题）的纠纷，既符合“息事宁人”的传统道德观念，也起到节省司法费用和负担的实用效果。〔1〕作为民事诉讼的中立裁判者，法官对调判的具体适用处于主导地位。程序上，法官可以在民事诉讼的任意环节进行调解，也可以随时放弃调解而直接判决；〔2〕实体上，除判决案件需一一回应当事人的诉求，在调解方案上，法官可以视情向当事人提供调解建议，也可以居中斡旋当事人，折中双方的调解意见。由于有司法裁判作为后盾，法官在庭审中提出的问题、表达的观点、对双方的态度，都不可避免地对当事人的诉讼策略产生影响。

中国诉讼文化的特点养成了法官“善断”的特质〔3〕，决定了法官对案件的判断不仅反映在裁判文书中，而是将其对案件的判断投影于整个诉讼活动。法官在程序的启动、终结，请求的确定，证据的收集和采信，判决的形成等方面均行使着主导性权力。法官的“善断”品格养成于法官的“预

---

〔1〕 参见黄宗智：《再论调解及中西正义体系融合之路》，载《中外法学》2021年第1期。

〔2〕《民事诉讼法》第八章作为调解专章，规定调解的条件是：根据当事人自愿的原则，在事实清楚的基础上，分清是非，进行调解。除“调解不成的，应及时判决”外，没有其他程序限制。《最高人民法院关于适用〈中华人民共和国民事诉讼法〉的解释》（以下简称《民诉法解释》）第142条规定，人民法院受理案件后，经审查，认为法律关系明确、事实清楚，在征得当事人双方同意后，可以径行调解。第二审程序中，发现一审判决存在明确问题的，仍然可以进行调解，如《民诉法解释》第324条规定，对当事人在第一审程序中已经提出的诉讼请求，原审人民法院未作审理、判决的，第二审人民法院可以根据当事人自愿的原则进行调解；调解不成的，发回重审。

〔3〕 在中国古代司法审判行政合一，判断证据、认定案情主要是靠审判官的判断。如《周礼》中讲：“以五声听狱讼，求民情：一曰辞听（观其出言，不直则烦）；二曰色听（观其颜色，不直则赧）；三曰气听（观其气息，不直则喘）；四曰耳听（观其听聆，不直则惑）；五曰目听（观其眸子视，不直则眊然）。”百姓对司法官的品质，即其论理能力和判案能力有所期待，希望“青天大老爷”能“为草民作主”，除对司法官清正廉洁的道德要求外，还希望司法官能“明察秋毫”，中国官府大堂上高挂“明镜高悬”匾额，也暗含着要求法官明断是非的行为准则。传统诉讼文化的影响也折射到中国现代诉讼过程中。

判”。受传统案卷主义的影响，中国法官习惯于在庭前阅卷，了解当事人的诉求和争议焦点，对案件纠纷解决及裁判结果进行预判。L法官认为，虽然案件在开庭审理后才能下判，但有经验的法官在开庭前，根据当事人的诉辩意见，对裁判结果就有初步的预判，这个预判的结论可能会根据开庭的举证质证情况有所调整，再影响整个案件的判决或者调解方案。所以调解工作在通知应诉的时候就可以开始，可以一直持续到开庭前一刻，因为具体的调解方案是以最终可能的裁判结果为基础。[1]

2.法官主体定位：裁决者与调停者的角色混同

中国民事诉讼中，调解与审判相互融合在一起，作为调解者的法官与作为审判者的法官角色是合一的。超然、中立的裁判者地位和调解过程中积极主动斡旋人“第三方”调解人身份相重合，可能使法官在调解过程中会有意识地利用其对案件的判决权，“压制性”地使当事人达成“合意”，形成附加了法院判断（决定）的“强制合意”。法官的调解偏好对律师、当事人的行为选择具有很大的影响力。当事人需要权衡判决和调解两种后果，在判决结果可能对其更加不利的情况下，当事人可能会作出妥协和让步。如果缺乏合意性的保障机制，仅依靠法官个人品格来保持中立是相当困难的。法官角色的混同使调解与判决的转换运用便捷方便。虽然如此，中国法官很少选择放弃调解而径行判决结案，对重大、敏感、有矛盾激化可能的案件，即使法官早已经拟好判决书，当当事人表示出愿意调解的倾向时，法官仍会选择继续调解。这体现了法官趋利避害的行为选择。除中国法院对调解的政策激励外，判决更可能引发错案风险以及与之对应的错案责任追究[2]；而调解程序相对简单，无论事实还是法律问题都有模糊处

[1] 摘自法官访谈记录。

[2] 《法官法》第41条规定，对法官的考核内容包括：审判工作实绩、职业道德、专业水平、工作能力、审判作风。重点考核审判工作实绩。第42条第2款规定，考核结果作为调整法官等级、工资以及法官奖惩、免职、降职、辞退的依据。

理的空间，引发的错案风险要小得多。[1]法官角色的混同，使个人因素或作用在民事诉讼中可能会无限放大。按照法理型司法的理想法院模型，法官对双方当事人间的利益博弈保持超然、消极的姿态，判决通常都是实体法上关于权利义务关系的设定以及双方当事人的举证等各种程序事项的完成情况，而后根据三段论的逻辑推演作出一份两分式的判决，在这个判决中一方当事人被赋予法定权利而另一方被判定败诉。[2]而事实上，实用主义的中国法官常常嵌入纠纷本身及当事人之间的博弈过程中，关注的是如何解决好纠纷，而不只是执行已有的法律规则。[3]

3.法官行为偏好：经验型法官与学院派法官的差异

审判过程需要“心与头脑”的对话，法官的个人因素不容忽视。无论采取何种审判组织体制，司法者个人的社会身份、心理素质以及与此相关的行为倾向，都将对诉讼行为产生影响。[4]无论从年龄结构还是学历结构，普遍认可存在学院派与经验型法官在调判方式选择上存在差异。[5]笔者在L市法院系统随机选取部分“60后”法官、“70后”法官和“80后”法官审判过程中的调解判决适用情况，并在此基础上进行个别访谈。以代际为区分，不同年龄结构的法官对调判态度的差异明显。受过高等教育的年轻法官偏好选择以判决方式处理案件；年长的经验型法官往往对民事调解方式

---

〔1〕 中国民事诉讼法虽规定，调解可以进入再审，但有一定的限制条件。《民事诉讼法解释》第382条规定，当事人对已经发生法律效力的调解书申请再审，应当在调解书发生法律效力后6个月内提出。

〔2〕 参见［美］马丁·夏皮罗：《法院：比较法上和政治学上的分析》，张生、李彤译，中国政法大学出版社2005年版，第1页。

〔3〕 参见苏力：《农村基层法院的纠纷解决与规则之治》，载《北大法律评论》第2卷第1辑，法律出版社1999年版。

〔4〕 参见柴发邦主编：《体制改革与完善诉讼制度》，中国人民公安大学出版社1991年版，第54页。

〔5〕 强世功、赵晓力通过对八名中国法官进行调查访谈，认为法院普遍认可存在学院派与非学院派的区别。学院派是指受过正规的法律教育的法官群体，非学院派是指法院里的部队转业干部、其他行政机关调入的干部以及从其他渠道进入的人员，可能具有非法律的本科文凭或通过电大、函大、业大获得法律专科文凭，但文化基础一般较差，短期的培训中不可能系统地掌握法律的精髓，更主要的是在社会上、单位里待了好多年，已形成了自己的世界观，无法再培养其法律的世界观。学院派法官一般倾向判决，而非学院派法官更喜欢调解。参见强世功、赵晓力：《双重结构化下的法律解释——对8名中国法官的调查》，载梁治平编：《法律解释问题》，法律出版社1998年版。实践中，一般认为非学院派法官属于经验型法官。

更为偏爱。

“60后”法官群体是传统意义上的“经验型法官”〔1〕，这一法官群体普遍对调解工作非常重视。他们会主动、积极参与调解，有的案件可能反复多次沟通协商，会主动帮助当事人议定调解方案，也会积极协调相关组织一起参与调解。姜霜菊法官退休前是L市G区法院优秀法官，所在法院专门设有姜霜菊调解工作室。在她看来，“调解没有坏处。双方当事人满意，对法官也满意，当事人也不用上诉，减少诉讼，减少执行。但前提是法官必须有一颗善良的心，必须是公平公正的。要带一点点歪心，调解的案件就有不平了，案件有不平，执行的时候就有后患”。姜法官谈到她处理的一起家事案件：

> 女方离家多年，家里三个孩子都扔给奶奶。大儿子聚众斗殴被取保候审。家里穷得连个凳子也没有，没碗没碟的。我到他家去的时候他还在睡觉，都10点多了，满地酒瓶子。埋怨法院说是对方有过错，跟人家跑了孩子也不管。我到他家也没找到凳子，院里有个破三轮，我就坐在三轮车上，开始骂他。我说：你还是个男人吗？你们家这样子都怪你。你儿子犯罪就是你在犯罪，你大儿子犯罪了，你还打算让你双胞胎孩子也犯罪吗？给我骂得他哭得哟，眼泪哗哗的。说法官说得

〔1〕 在“文化大革命”时期，砸烂“公检法”，全国各地人民法院不复存在，取而代之的是“军管会”，由其代行司法审判职权。党的十一届三中全会之后，实行拨乱反正。自1979年起，各地陆续恢复建立人民法院，为解决司法人员极度不足的矛盾，法院系统进行了两次较大规模的招收法院工作人员。1982年，全国法院实有编制人数13.7万人，经中央批准，到1985年编制控制到18万人。1984年增编4.2万人，1985年，各级法院公开招录36,934人，其中从城镇高中毕业生录用18,468人，从在职职工和城镇复员军人中录用11,082人，剩余7384个指标用于接收大专毕业生、研究生和选调干部。1987年，增编5.5万人，1988年开始增编进补工作，至1988年年底已进3万余人。经过两次增编，到1988年，全国法院队伍总人数已达214,930人，是1979年的2.26倍。当时法院干部学历要求是高中文凭，高学历人才紧缺。最高人民法院《关于1985年地方各级人民法院招录干部的通知》明确规定，在电视大学、夜大、函授大学、职工大学、职工业余大学毕业或自学考试合格取得大专文凭的，可以免试，优先录用。1995年2月28日，第八届全国人大常委会第十二次会议通过了《法官法》，从此拉开了当代中国法官职业化建设的序幕。

对，都是我的错，你说什么我都听，我离婚，但是小孩得给我，我也不要抚养费。我说，你想要孩子证明你还有得救，但抚养费她得出。后来调解让女方一次性给了5万元抚养费。双方都很满意。

姜霜菊法官在这起家事案件处理中并没有严格遵循法官理性克制的中立立场，她会跑到当事人家里去办案，会用“痛骂”的方式“把当事人骂哭了”，但正是这种融入式的纠纷解决方式正面定义了传统文化下的“优秀法官”。司法过程中，法官温暖的人性因素影响着纠纷的处理过程和结果的可接受性。

首先，法官具有自然人的属性。孟子所言：“人皆有不忍人之心……无恻隐之心，非人也；无羞恶之心，非人也；无辞让之心，非人也；无是非之心，非人也。”〔1〕法官的人性更容易激起人的同理心，更能切实地体贴案件各方的现实疾苦，缓解法律的僵化和机械，以人的关怀作出合乎人心和人性的处理。比较冰冷冷地走完诉讼程序的法官，这样的自然本性对法官判案是积极的。其次，法官具有社会人的属性。法官同样生活在特定时空的社会共同体之中，特定的社会文化氛围自然对法官提出相应的角色期待。一方面，传统的文化观念、伦理价值积淀为法官的价值观和个性心理；另一方面，法官的审判过程及其结果也需要接受各种价值观念的评判。姜霜菊法官对当事人的跳脚痛骂，正如一名老法官在审理一起赡养案件时，挽起袖子要揍那个“不养老”的不孝之子一样，行为本身符合中华民族“勤劳持家敬老爱幼”的社会主流价值观念和伦理规范，自然能获得社会公众的普遍赞同。〔2〕最后，法官具有法律人的属性。维护正义、解决纠纷仍然要求法官以职业者的身份出现。姜霜菊法官与乡土社会中“老娘舅”式调停不同的是，

〔1〕《孟子·公孙丑上》。

〔2〕参见本书第二章相关内容。这时法官的身份即是法律职业共同体的一员，同时也体现了社会人的属性，根据社会主流价值，结合法律相关规定，更容易使纠纷得以有效化解。

她并不简单以打动当事人来调解，同时兼顾法律的运行。当事人表示不要求妻子出抚养费，她认为“那不行，抚养费得出”。自然人、社会人与法律人的三个属性统一于中国法官身上，在调判方式的选择上更容易跳出法律条文的束缚，更为灵活地根据不同的场景选择理想的策略。由于调解本身的重协商、讲情理、促说和等区别于审判的独特性质，导致前两种属性主要在中国法官的诉讼调解工作中得以展现（如“把他骂哭了”“把他骂醒了”“看我揍你个不孝子”等），而第三种“法律人”属性则作为法官的职业能力与职业素养的原则底线，贯穿于调判一体化的全过程。

值得注意的是，法官身上“自然人”“社会人”“法律人”三种属性并存的现象，并非中国法官所独有。以美国为例，有长期研究诉讼和解问题的美国学者通过实证调研也发现，法官在促进诉讼和解时也不再单纯强调法律问题，而是不同程度地运用了类似中国法官“自然人”“社会人”的一些方法，如更多地关注当事人深层次的需求、目的、忧惧与感受（underlying needs, goals, fears and feelings），更多地关注纠纷中涉及“人性”的一面（the human aspects of the dispute），这无疑有助于双方当事人实现诉讼和解；同时，许多美国法官在推动诉讼和解时也并未忘记自己身为“法律人”的属性，如通过向双方说明可能出现的庭审结果（express opinions about the likely outcome at trial）等方式，促使当事人冷静思考各自立场并实现和解，这正是拥有较高诉讼和解率的美国法官常用的工作方法。[1]可见，中美两国法官在推动民事纠纷和平化解方面存在相通之处，这也是中国的法院调解与美国的诉讼和解对各自国家民事司法制度所产生的必然影响。

“70后”法官群体差不多在经验型和学院派法官之间处于承上启下的地位。从笔者访谈内容看，“70后”法官群体对调判关系的基本态度是：主

---

〔1〕 See Peter Robinson, *Settlement Conference Judge—Legal Lion or Problem Solving Lamb: An Empirical Documentation of Judicial Settlement Conference Practices and Techniques*, 33 American Journal of Trial Advocacy 113(2009).

动调解但表现并不积极主动；主持调解但很少主导调解方案；虽赞同全程调解但更多表现为过程性调解。L法官是市中级人民法院的员额法官，他认为，普通侵权、合同、邻里纠纷要以和为贵，但对需要确认规则的案件，不宜调解处理。在做调解工作时，要多注意方式方法，针对具体的案件要制定因地制宜的方案，一定要避免当事人对法官产生误解。如果方案有问题，还有可能造成当事人对法官的误解，在制定调解方案时需要做好自我保护。年轻法官也要逐步提高调解的技能，通过大量的案件练手，调解的案件多了就必然能掌握属于自己的一套经验。〔1〕

撤诉作为《民事诉讼法》规定的独立于判决与调解之外的一种结案方式，笔者访谈中发现，民事诉讼中的“撤诉”并非单纯的当事人放弃诉讼，在诉讼过程中同样存在很多调解工作。〔2〕对法官而言，如果没有调解率的内部考核，那么无论是调解还是经调解后撤诉，案件的解纷效果是一致的。特别在第二审程序中，经调解后撤诉可能解纷效果更佳。民事调解需要出具调解书，也有提起再审的风险，而二审撤诉后一审判决自然生效。第二审程序中撤回起诉的，当事人即失去对该项纠纷再次起诉的权利，使纠纷回归到最初无讼的状态。〔3〕

在中国中级、基层人民法院，“80后”员额法官目前属于办案的主力

〔1〕 摘自法官访谈记录。

〔2〕 据笔者分析，民事诉讼中的撤诉大体分为三种情况：一是程序性撤诉，如因被告主体错误、受诉法院无管辖权等原因，案件可能被法院裁定驳回或不予受理的，当事人撤诉的目的多是发起一个新的符合程序要求的诉讼；二是技术性撤诉，如原告证据不足、超过起诉期限、胜诉条件尚不具备等，案件可能被法院判决驳回诉讼请求，当事人撤诉多是为了避免败诉造成的“面子”损失和经济损失（根据《民事诉讼法》规定，撤诉案件诉讼费可减半收取），这类案件原告方也有可能在完善证据后再次提起诉讼；三是实质性撤诉，如双方当事人达成和解或调解，原告诉讼目的实现等，这类案件纠纷已经实质解决，这类经法院调解的撤诉与调解异曲同工，同样嵌入调解一体化过程中。

〔3〕《民诉法解释》第336条规定，在第二审程序中，原审原告申请撤回起诉，经其他当事人同意，且不损害国家利益、社会公共利益、他人合法权益的，人民法院可以准许。准许撤诉的，应当一并裁定撤销一审裁判。原审原告在第二审程序中撤回起诉后重复起诉的，人民法院不予受理。第337条规定，当事人在第二审程序中达成和解协议的，人民法院可以根据当事人的请求，对双方达成的和解协议进行审查并制作调解书送达当事人；因和解而申请撤诉，经审查符合撤诉条件的，人民法院应予准许。

军。他们进入法院要通过司法考试[1]、公务员考试[2]，还要通过员额法官入额考试。[3]在如何处理判决与调解的关系方面，这一群体的分歧明显大于“60后”和“70后”法官群体。笔者访谈中发现，“80后”法官更追求办理疑难案件中通过主持对抗性的庭审弘扬司法权威，通过周密的程序和证据规则体现法律技术和程序公正，更为偏好判决方式而相对忽视调解。Z法官是L市中级人民法院的一名民事法官，她表示，除非当事人主动向法官要求调解，或者是不好判的案件，她一般不会主动建议当事人调解，只是在庭审过程中程序性地询问一下双方当事人的意见。Z法官认为，案件经过一审，该做的调解工作都做了，当事人如果真乐意调解，不太可能走到二审甚至再审。即使调解，往往都是比较厚道的一方当事人让步更多，显然不公平。[4]Z法官的观点代表了中国法院部分年轻法官对调判的态度，相对社会阅历和审判经验更丰富的资深法官而言，“80后”员额法官更追求通过判决来实现规则之治，对民事调解的认可度不够高。如Z法官认为，“当事人到法院不就是要个说法的吗？学了这么多年法律，判决倡导规则之治是应有之义，而调解达不到这一目的”[5]。从调解技能方面看，年轻法

〔1〕 1986年，中国确立律师资格考试制度，1995年，《法官法》《检察官法》颁布实施，法院和检察院系统分别建立了初任法官、初任检察官考试制度。2001年6月，第九届全国人大常委会第二十二次会议通过了《法官法》《检察官法》修正案，两法修正案明确规定，国家对初任法官、检察官和取得律师资格实行统一的司法考试制度。集律师资格、初任法官和初任检察官三项考试于一身的国家司法考试制度正式确立。2017年，第十二届全国人大常委会第二十九次会议通过《关于修改〈中华人民共和国法官法〉等八部法律的决定》，明确了法律职业人员考试的范围，于2018年开始实施国家统一法律职业资格考试制度。2018年4月，司法部发布《国家统一法律职业资格考试实施办法》，存在16年的司法考试正式被法律职业资格考试取代。

〔2〕 1993年，《国家公务员暂行条例》颁布，原国家人事部于次年下发《国家公务员录用暂行规定》，要求录用国家公务员，贯彻公开、平等、竞争、择优的原则，采取考试与考核相结合的方式进行。公务员考录制度正式建立。2005年，《公务员法》颁布，明确规定录用担任主体科员以下及其他相关职务层次的非领导职务公务员，采取公开考试、严格考察、平等竞争、择优录取的办法。公务员考试分为中央和地方两种形式。

〔3〕 最高人民法院《人民法院第四个五年改革纲要（2014—2018）》提出建立法官员额制度。各级法院相继开展员额制改革，推进法官统一选择、统一考核、统一任命。

〔4〕 摘自法官访谈记录。

〔5〕 摘自法官访谈记录。

官的审判经验欠缺在一定程度上影响了调解成功率，相比判决从法条中寻找答案，调解工作要求法官的社会阅历、对乡土民情的了解、对当事人心理认知以及语言表达等综合能力，这些能力的养成都需要时间去积淀。年轻法官出校门直接进法院门，相比二十世纪六七十年代出生的法官（特别是招干进入的一批法官，曾经在其他岗位上工作过）缺乏工作经验。对他们来说，调解一个案件显然比相对容易的判决，既费时也费力，如果调解不成，还会遭到当事人诟病。从功利主义出发，他们调解积极性不高，也在情理之中。

综上所述，应当说，“60后”、“70后”和“80后”法官，在调判方式选择上的不同表现，总体而言，与其所处的大的时代背景有关。时代背景决定了其不同人生经历和受教育背景，从而直接影响了他们的调判选择。“60后”成年后，正处于1977年高考刚恢复的时期，录取率十分低，未能进入高等学校学习的青年，其中一部分通过当时的招干考试进入公务员队伍，其中一部分进入刚恢复不久的人民法院。他们中的大多数人有过短暂的工厂或农村的工作经历，具有一定的社会经验，此后通过在职学习掌握一定的法律专业知识。因此，这批法官有一定的社会阅历，但系统的法律专业训练不够，他们更加注重调解，利用其熟悉社情民意的优势，促成两造达成和解，这在客观上也回避了其法律思维、法律专业知识不足的缺陷。“70后”“80后”则逐渐有更多的机会接受系统的法学教育，特别是“80后”，多数从大学门出来后，直接进入人民法院，与“60后”相比，年轻、学历较高，但社会经验稍有欠缺，办案中则更多地依法律思维进行判决，相应地，也避免了社会经验不足所带来的调解“短板”。

4.集体决策影响：承办人主义对调判关系的影响

中国的审判体制是法院审判而非法官审判，独任审判员、合议庭、审判委员会等均属审判组织形式。除基层法院适用简易程序审理的案件外，判决需经过合议庭合议，合议庭意见不一致或者有重大分歧的还要提交法官会议甚至审判委员会讨论。[1]法院集体决策过程中，对于重大、敏感的案件，站在更高的层面考虑案件的社会效果、利益衡平等因素，认为存在社会稳定等方面风险的，可能会要求主审法官继续做调解工作。而调解程序相对单一，一般由主审法官一人主持，在决定是否调解时主审法官（承办人）的作用更明显，合议庭对调解方案一般不会实质把关。有些案件为避免当事人反悔，主审法官主持达成调解协议后，会直接签发调解书，事后再找合议庭成员补签合议笔录。调解程序由主审法官主导，调解过程中，主审法官的态度会给当事人形成一种无形的压力。

应当指出的是，承办人主义的存在虽然会使法官个人的意见因科层制的影响而作出改变，似乎有违独立审判原则，然而这种情况更多的是因为人民法院作为司法机关之一，从有利于特定案件更为有效的化解而作出的选择，这时的调解工作，更多地体现出强制性。对此，应予一分为二的分析。如果为了使案件争议以妥帖的方式解决所作的调解，则符合实用主义的价值取向；反之，如果是因为有案外因素（如外界对案件的不当干预等），则是违背司法中立和司法公正的，应采取措施加以遏制。[2]再者，承办人主义在中国的民事诉讼中也只是极少数情况。一审民事案件适用简易程序（法官独任审判）占大多数[3]，这时的承办人即为独任法官，需要避

〔1〕《民事诉讼法》第45条规定，合议庭评议案件，实行少数服从多数的原则。最高人民法院《关于进一步加强合议庭职责的若干规定》第7条规定，除提交审判委员会讨论的案件外，合议庭对评议意见一致或者形成多数意见的案件，依法作出判决或者裁定。对于重大、疑难、复杂或者新类型的案件，合议庭在事实认定或法律适用上有重大分歧的案件，合议庭意见与本院或上级法院以往同类型案件的裁判有可能不一致的案件，当事人反映强烈的群体性纠纷案件等，可以由审判长提请院长或者庭长决定组织相关审判人员共同讨论。

〔2〕2015年3月，中共中央办公厅、国务院办公厅印发《领导干部干预司法活动、插手具体案件处理的记录、通报和责任追究规定》，中央政法委印发《司法机关内部人员过问案件的记录和责任追究规定》。2015年9月，最高人民法院、最高人民检察院、公安部、国家安全部、司法部印发《关于进一步规范司法人员与当事人、律师、特殊关系人、中介组织接触交往行为的若干规定》，上述统称为“三个规定”，为司法机关依法独立公正行使职权、司法人员依法正确履行职责提供制度保障。

〔3〕《民事诉讼法》第160条规定，基层人民法院和它派出的法庭审理事实清楚、权利义务关系明确、争议不大的简单民事案件，可以适用简易程序。其他案件，当事人双方也可以约定适用简易程序。

免的是法官的“擅断”，即不该调解的案件却出于种种理由强行调解，比如因案情复杂，法官对事实认定、法律适用等把握不准，这也是一种现实主义；也可能是因人情、关系等的影响，强制调解而使一方利益受损。解决的路径应是赋予当事人充分的程序选择权，从程序设计上抑制法官的任性。

L市G区法院下辖的H法庭是一个沿海的基层人民法庭，诉讼当事人以当地渔民和农民为主体。H法庭针对基层民间纠纷的特点，推行案件类型化审理的“梯形分案法”，将案由相似的案件放在同一时间段进行开庭审理。如H法庭审理的一起变更抚养关系案。双方当事人离婚后，儿子跟随女方生活，后女方打算再婚，男方认为儿子跟随母亲生活对成长不利，起诉要求变更抚养关系。H法庭把该案庭审时间安排在另一起离婚案件之后。双方当事人提前到庭，在旁听区旁听了前一案件的审理。法官对离婚案件的婚姻关系、子女抚养关系主持调解并顺利达成协议。后一案件的双方都认为法官处理案件公道，在法庭主持下就子女抚养问题顺利达成协议。

可见，法官庭审中的言行对当事人纠纷解决方案的选择有明显的引导作用。法官庭审中对当事人的态度（或严厉或温和）、对证据的审查（或细致或粗放）、对事实的判定（当庭认证与否）、法律适用情况（当庭判决案件中更为明显），都可能影响当事人的行为选择。如果法官庭审态度不够客观中立，当事人也不免对他能否公正审判产生疑惑，由此可能产生对法官的不信任，从而很难认同法官提出的调解方案。

（二）合意性：调判一体化过程中当事人的对抗与对话

“书面上的制度可以单方用文字规定，但运行中的司法制度却一定是审判者和诉讼人共同构成的。”[1]从双方纠纷产生到最终的裁判落地以及

---

〔1〕 苏力：《司法制度的合成理论》，载《清华法学》2007年第1期。

执行到位，自始至终缠绕着双方在程序和实体上的对抗，甚至当事人也会利用程序来加强对抗关系。如有的当事人无正当理由利用管辖权异议、回避、鉴定等程序给对方制造障碍，以达到延长纠纷解决周期的目的。〔1〕

在对抗过程中同时交织着双方的合作关系，双方在法官的指挥下合作完成诉讼活动。在法官主导的民事诉讼模式中，当事人对纠纷解决方式的影响主要通过合意实现。对已起诉到法院的民事纠纷主体而言，为在解决纠纷过程中获得有利地位争取法官的支持，在诉讼过程中合意的形成是不断缠结而多变的。主要表现为纠纷解决过程中的趋同心理、趋利心理和反复博弈。

1.趋同心理：熟人社会的纠纷合意解决

纠纷解决的成功与否在很大程度上取决于双方当事人之间的关系。“最好的争议解决办法不是正确地评价谁是谁非，而是使双方都能满意且乐于恢复他们以往的社会关系。”〔2〕中国乡土社会中人员流动性相对不足，形成一个相对封闭的熟人社会，人与人之间相互依赖的关系是多方面的，互相交往中情感羁束较多，贯穿情感伦理风俗等因素的调解更容易被接受。法官在处理此类纠纷时，往往也会引导当事人“要向前看，不要伤感情”，以此为基础设计出双方均能接受的方案。婚姻、继承、民间借贷、邻里矛盾等案件类型都是熟人社会案件的代表。

在李某里与庄某同租赁合同纠纷上诉案〔3〕中，李某里与庄某同系亲戚关系，2017年，庄某同欠李某里8万元，约定每年支付1万元现金，有逾期需一次付清余款并支付违约金1万元。李某里避而不见庄某同，导致庄某同

〔1〕 以L市中级人民法院为例，2020年该院民事案件申请诉讼费用缓减免案件108件，经法院审查，同意缓交或免交诉讼费用的仅11件。提出管辖权异议申请的234件，其中支持当事人异议请求的不足10%。利用鉴定程序申请权拖延诉讼的现象在司法实践中也并不罕见，2020年L市法院涉及人身、财产保险的案件中，启动二次鉴定程序的案件占该类型鉴定案件的66%。

〔2〕 ［美］马丁·夏皮罗：《法院：比较法上和政治学上的分析》，张生、李彤译，中国政法大学出版社2005年版，第222页。

〔3〕 江苏省连云港市中级人民法院民事调解书，（2019）苏07民终104号。

逾期4天还款。李某里起诉要求庄某同一次付清剩余欠款7万元并支付违约金。一审法院认为，现金交付需双方当面配合方能完成。因原告不配合导致被告及时履行债务发生困难，不构成违约，判决驳回李某里的诉讼请求。二审期间，经法官主持调解，双方达成调解协议：所欠7万元款项分三年付清。

在该案中，双方存在亲属关系，在双方关系融洽时，李某里同意欠款“每年支付一万元”，在合同关系中让步较多。双方关系出现裂痕时，这种较长时间的“延期给付”约定不仅给他生活带来不便，也引发了情感上的不满。李某里故意制造对方违约的机会来解决原来的合同纠纷，使自己在道德评价上处于优势。起诉到法院后，李某里拒绝接受调解，希望通过法院的判决占领道德高地——“是对方先违约的”——我起诉要钱合情合理。一审法院查清案情后，没有认同他的主张，认定系李某里自身原因给对方还款制造障碍，在此情况下对方的短暂逾期并不构成违约。一审判决对事实的判定也影响二审期间诉讼两造对待调解的态度。败诉方的李某里二审同意调解，而一审时调解态度积极的庄某同，反过来不愿意调解。

庭审记录：

法官：双方是否同意调解？

李某里：同意调解。

庄某同：不同意调解。

法官：考虑到你们之间的亲情关系，以及还款的合理性，建议双方调解为妥。目前，庄某同仍然欠7万元，7万元每年还款1万元数额的确不高。目前经济条件尚可的情况下，我建议一下，7万元3年还清了结。双方能否接受？

庄某同：我尊重法官意见。

李某里：同意此意见。

该案例中的调解虽然表面上似乎“合意”不足，有法官压制当事人自愿之嫌。但诉讼中的“当事人意志”本身就是善变的，这种经过法官劝导而达成的“合意”，并不违反当事人的自由意志。庄某同对调解的态度消极，但这种“不调解”的主张是动摇的、不稳定的。在法官主动介入的情况下，提出“考虑到亲情，考虑到合理性、考虑到实际能力”，庄某同顺水推舟地表示“尊重法官的意见”。二审法官主动提出调解方案，将还款期限予以缩短，既考虑到双方的亲情关系，也照顾原告一方的实际利益，由于调解方案合理，对双方态度的缓和还是起到良好的作用，当事人对调解方案的接受度相对较高。正是基于当事人在诉讼程序中的态度“多变”，实现民事程序强制与合意之间的平衡则尤为重要。

2.趋利心理：陌生人社会的当事人利益对抗

社会转型期，熟人社会向陌生人社会转型，涉利益型纠纷中尤为明显。在理性选择（rational choice）的理论框架下，每个人都是主要考虑自身利益最大化的利己主义者，以营利为目的的经济活动尤其如此。每一项市场交易行为都是当事人双方在作出成本利益分析之后决定对自己有利可图的自愿行为。除非发生错觉或者信息严重失实，契约的履行同时实现了双方的利益最大化。维护合法权益是当事人提起诉讼的主要目的。

在陈某与刘某买卖合同纠纷案中，刘某从陈某处购买水管等水暖器材。经双方结算，刘某尚欠货款53,769元，承诺在60日内归还，延迟一天按10%计算利息。后刘某逃避履行剩余债务，陈某多次催要未果，遂向法院提起诉讼。刘某辩称案件已超过诉讼时效，拒绝调解。一审法院兼顾合同约定及履行情况、当事人过错程度以及逾期利益等综合因素，支持了陈某要求刘某按年利率24%支付逾期付款利息的诉讼请求。二审期间，经过调解，双方同意以一次性支付10万元了结案件。调解协议达成后，刘某在规定期限内履行了义务。

该起案件中，双方经过反复协商达成调解协议。调解过程表现为反复讨价还价的“拉锯式”的纠缠过程。刘某愿意按照一审判决数额履行，但不支付利息。陈某拒绝，认为自己追债都追了10年，现在的5万元和当时的5万元根本不可比，一审判决的利息损失也偏低了。陈某主张：15万元；刘某：5万元；陈某：可以让步到13万元；刘某：最多给7万元。最终法官给出一个折中的方案，一次性给付10万元，双方均予以接受。就陈某而言，二审调解数额虽低于一审判决（本金加利息超过15万元），但其是外地人，原来工程结束后已回原籍，对一审判决能否及时执行存有疑惑，对方一次性支付10万元，已经达到诉讼目的了。毕竟“如果起诉前最后一次我打电话找他，他给个本金我也就乐意了”。对刘某而言，客观上的确存在逃债嫌疑，但是“原来承包的工程也没赚到钱，还有人欠我的钱也找不到了”，而且在一审程序中也有对法律的误解，认为“他没早点起诉，超过诉讼时效，我可以不还钱”。一审判决败诉后，经过反复权衡，同意一次性支付10万元并迅速付清。这类案件中，双方讨价还价时，诉讼成本支出、后续执行成本、执行不能的后果等都是综合考虑的因素。由于让步方多为主张权利的原告一方，如果法官引导不当，很可能造成强制调解的后果。因此，法官往往在该类权利让步型的案件调解时，建议双方在调解协议中增加违约限制条款，避免当事人通过调解拖延履行对其不利的后果。

3.反复博弈：以有限理性为指引的闭合博弈

民事诉讼是一个闭合博弈的过程，在此博弈过程中，由于双方信息量的不对称，当事人的心理存在反复过程，即使接受对方或法院提出的调解方案，但对方案的接纳不停处于心理反复过程中。诉讼的初期，两造对诉讼结果的期待值都可能远高于最终合意成果。随着诉讼的推进，双方拥有的信息量和对判决结果的预判会不断调整双方初始“期望值”，如果双方心目中的理想结果逐步接近，最终可能使纠纷得以合意解决。在李某里与庄某同欠款纠纷案中，双方就还款数额的多轮谈判体现了诉讼两造在纠纷过程中呈现反复博弈的样态。在陈某与刘某买卖合同案中，双方当事人就还款数额也是进行了多轮谈判方达成协议。

民事诉讼中，当事人反复博弈情况非常普遍。以二审程序为例，一般情况下，民事案件一审过程中基本上都经历过调解程序，调解不成才作出判决。但上诉至二审后，多数案件仍有较大的调解空间，有的当事人甚至上诉的目的就是希望得到一次调解的机会。从全国法院民事二审统计数据看，2000年至2017年，全国法院民事诉讼案件调解率在10%上下浮动，排除相当比例属于不可调解的案件类型（如驳回起诉、管辖权异议等），二审结案中调解的比重在10%~29%。[1]一审“调解不成”的案件，二审程序中仍具有调解可能，说明双方博弈不仅仅体现在一审中，二审中同样基于一审判决结果，权衡各自的利益，展开新一轮博弈，直至达成调解协议。

（三）调判一体化过程中强制与合意的平衡

以处分权为基础的诉讼调解，达成合意的原动力来自当事人基于自身利益评估而实施的行为选择。法官对判决结果的预判在一定程度上影响其对调解方案的选择或者确认，导致诉讼调解方案带有一定的强制性，调解功能可能被异化。实现强制与合意的平衡，保障当事人在诉讼中享有对程序利益以及实体利益的处分权，对于纠纷的有效化解具有重要意义。

1.关系厘定：等腰三角形结构中的法官与当事人

在审判过程中，法官是裁判者，法官与诉讼两造形成一种等腰三角形关系。法官在诉讼结构中处于主导地位，三角形顶端是法官。三角形顶端之下底端两侧分别是原告、被告，该诉讼两造地位平等，相互存在对抗的关系。法官与双方当事人的沟通与交流，体现为以强制力为主导的有效干预，双方当事人通过辩论方式进行对抗。

2.法官—当事人：有效干预

考察法官与当事人的关系时，中国法官在过程控制上与当事人呈现强

〔1〕 资料来源：《中国法律年鉴》2000—2017年。

制干预之情态，而这种干预很大程度上直接作用于并影响当事人诉讼策略的选择。

释明主义的有限干预。释明权是法官在履行审判职权时，基于裁决者程序居中性与诉讼主体能力缺陷的冲突，在不损害居中超然性前提下，由法官向当事人进行适当发问、提醒、告知或予以明确、补充、修正的一种权力与职责。[1]法官释明帮助当事人明确其诉讼请求和法律基础，通过对关键环节的有效释明，使当事人在诉讼中的陈述、主张、证明与法官对诉讼进程的控制实现有机统一。在陈某与刘某健康权纠纷中，上诉人（一审被告）在二审庭审时的举证证据与一审相同。

庭审记录：

上诉人：举证邓某某的书面证人证言，证明上诉人根本没有打被上诉人。

法官：该证据一审已提交过，不属于民事诉讼新证据范围。

被上诉人：证言是假的，邓某某是打完架后才到的，根本没看到。

上诉人：这份证据可以证明我没有打他。

法官：这个观点你一审已经陈述过了。已经向你释明过了，这个不属于二审的新证据。有没有新证据提交？

上诉人：没有了。

释明制度可以有效调整主张举证的当事人责任与法院自由心证的矛盾。法官以案件事实争点为核心，通过释明引导当事人围绕有争议的要件事实举证质证，提高证明的发现程度和证明效率。法官释明带有明显的“合作性”特征，通过释明引导双方当事人共同推进案件进程。该案例

〔1〕 参见毕玉谦、谭秋桂、杨路：《民事诉讼研究及立法论证》，人民法院出版社2006年版，第823页。

中，邓某某的书面证言未被一审法院采纳，二审时再次举证，希望法官接受"在场人"邓某看到自己没有殴打被上诉人。法官向上诉人释明该项证明不属于新证据，庭审过程中也没有调查该名证人当时是否在场等上诉人认为的"关键事实"，一方面，是基于对庭审程序及庭审时间控制的要求；另一方面，法官对证据的漠视态度足以暗示举证一方：这个证据的可采性较低。该案最终的走向也与当事人的心理预期接近，庭审辩论终结后，上诉人一方主动提出接受调解，被上诉人对赔偿数额稍作让步后双方达成调解协议。

打断主义的强制干预。打断是指在别人说话的中间开始说话不让对方把话说完。庭审是双方当事人对抗最激烈的场域，法官行使诉讼指挥权的重要方式之一就是打断话语。在法庭上，作为最有权力的人，法官无疑在舞台上居于关键位置，法官可以随心所欲地讲话和打断他人，几乎可以在他们希望的任何时候开始一个新的话题。[1]法官通过控制庭审话语权并根据不同情境需要调整双方的对话，把握庭审活动的节奏。在王某诉江苏省赣榆中等专业学校债权人撤销权纠纷案[2]中，法官在42分钟的庭审过程，十余次打断当事人和代理人（原告的父亲）的发言。

庭审记录：

法官：下面围绕争议焦点进行法庭调查，原告举证。

原告代理人：被告说得不对。他是不是得给我答辩状副本。

法官：他是口头答辩的，不是书面答辩的，法律也没规定必须书面答辩。你先举证证明你的观点。

原告代理人：他就是口头通知我下岗的，他有什么证据让俺家小

---

〔1〕 参见［美］约翰·吉本斯：《法律语言学导论》，程朝阳、毛凤凡、秦明译，法律出版社2007年版，第112页。

〔2〕 江苏省连云港市赣榆区人民法院民事判决书，（2020）苏0707民初4172号，视频参见中国庭审公开网。

孩下岗……

法官：这个观点你刚刚已经说过，已经记录在案了。下面的环节是举证环节。

原告：我是退伍军人，应该属于政府安置的。

法官：打断一下，这个在你的起诉状中都已经陈述过了。在法庭上有程序的，你现在有哪些证据证明你的观点，你把证据一个个向法庭讲一下。

原告：起诉状。

法官：起诉状不属于证据。还有什么证据？

原告：仲裁委不予受理决定书，证明仲裁委不处理；下岗协议书。

法官：下岗协议书要证明什么？

原告：宣读协议书内容……

法官：你不用读协议内容，直接说你想证明什么。

原告：想证明被告按协议答应给我家小孩交养老保险，但他没有交。

……

法官：下面由被告举证。

被告：买断工龄款收条，工资收条、养老金收条、医保收条。

原告：这些东西我们没看到。

法官：当时发放这些费用，你都签字了不是吗，你现在说这个没发那个没发，你看看是不是你签的字？

原告代理人：我没看到这个，这个是复印件。

法官：你看下是不是你签字的就行了。

原告：是的。

法官：是你签的字是吧。

原告代理人：我们想要被告的答辩状，权利对等的，他们有我们的起诉状。

法官：法庭刚刚向你说过了，法律规定被告可以口头答辩也可以书面答辩，被告已经口头答辩你也听到了，是吧。下面法庭问几个问题，刚刚被告举证的协议书是不是你本人签字。

原告：是的。

……

相较于“合作性”特征更明显的法庭释明，法官的“打断”体现了更强的干预性色彩。法庭上的打断大多属于冲突性的，打断的次数就是法庭冲突的“指示器”。[1]但在对打断的深入研究的过程中，不少学者发现会话中也存在合作性的打断。具体可以将合作性打断分为帮助型、认同型和澄清型打断三种。[2]从上面的庭审记录中可以看出，法官对当事人打断有的属于过程控制类的，如在原告代理人纠缠于书面答辩状时，法官通过打断发言，提示其应当进入下一个庭审程序，即法庭举证。而有时则是实质性的打断，如在被告举证由原告签字的收条时，法官直接打断原告关于收条形式方面的质疑，先要求其对签名的真实性予以确认。法官在庭审中保持中立，询问当事人是为寻求案件真实，从这个角度出发，法官的程序性打断仍然带有合作的性质，而对涉及案件实体内容发言的“打断”则强制性更突出。法官的实质性打断目的虽为服务庭审，即查清事实，避免案件细节末节的干扰，但这种实质性打断的程序合法性尚值得探讨。法官视角下的“细节末节”问题，有时可能是当事人主张的案件“关键事实”问题，法官对实质性问题的打断，可能会被当事人认为案件存在程序不公。[3]

---

〔1〕 参见廖美珍：《法庭问答及其互动研究》，法律出版社2003年版，第193–195页。

〔2〕 参见吴鹏、张璘：《会话打断研究30年的回顾与展望》，载《河南科技大学学报（社会科学版）》2007年第3期。

〔3〕 在中国裁判文书网上，以“打断发言”为关键词对民事裁判文书进行检索，可以搜索到24篇文书，当事人对“法官当庭多次在当事人正常陈述中打断发言”提出疑问，认为存在裁判不公。

3.当事人—当事人：谈判与对抗

沟通行为的意义在于它将人与人之间的相互尊重和承认作为自身的前提。因为了解对方的观点或说服对方接受自己的观点这种行动本身便蕴含了对对方的承认和重视。中国民事诉讼两造之间的关系整体仍旧是对抗与合作共生，但因双方关系亲疏、利益大小、诉讼能力对比以及对是否胜诉等心理预期的差异等，双方在诉讼过程中或表现为严重对抗的冲突状态，或表现为“好说好商量”的理性谈判情态。

关系缓和型：谈判性沟通。民事诉讼过程中，谈判作为一种双向交流的过程，当事人摆事实、讲道理，运用多种方式互相影响，使得相互明确各自要求、立场等，以修正谈判目标，调整谈判策略。在谭某与许某离婚案中，双方自由恋爱结婚，生育两子，长子已成年。谭某以许某有外遇为由，起诉离婚。经法院调解，双方自愿离婚，婚生次子由原告抚养，财产保持现状。

庭审记录：

被告：原告只要答应我的要求，我就同意离婚，房子确实是共同财产，原告说我不顾家，我几年没回家，但是房子钱全是我给的，这房子是小孩的，我也没有地方住。同意婚生次子由原告抚养，但我不出抚养费。

法官：原告，你是什么原因要求离婚的？

原告：我29岁的时候被告去坐牢了，两个小孩都是我一人抚养的，一直等到被告回来，被告后来外出打工，也不问家，在外面和别人在一起生活了。

被告：不是事实，感情不和，脾气不投，相处不好。我刚回来的那年，觉得家里没有钱外出打工，拼命挣钱把房子盖起来了。

法官：原告方，被告称小孩给你抚养，他不出抚养费，你什么意见?

原告:没意见,不要他出抚养费。

法官:共同财产是什么?

原告:坐落于G县B镇S村十组,坐北朝南两上两下楼房一套,没有房产证,只有乡村规划许可证。

被告:是事实。

法官:对于共同财产什么意见?

被告:我不要,但是我在外打工,我回来可以居住。

原告:小孩和我一起住,正常生活,房子可以一人一半,一人一间。我住楼上,和小孩住一层,就保持现状就行。

被告:同意保持现状。

该起案件中,双方共同生活多年,生育两个子女,有基于子女而产生的共同利益而产生的谈判空间,进行诉讼沟通是相对理性的。原告一方首先是在法庭上陈述对方的过错——外遇,不顾家,以此换取法官的同情。被告方先否认原告的指责,认为是原告性情不好,自己无外遇,钱都拿回家里,自己努力挣钱盖房子。并且提出自己可接受的底线:对方答应我条件的情况下,就同意离婚。从被告的诉讼策略看,同意离婚是谈判的筹码,基于此再主张对财产、子女抚养的处理方式,更可能得到对方的接受。子女可以给对方抚养,但不出抚养费;房屋可以留给对方(反正最终是给子女的),但要求有居住权。从情理上看,被告的主张并不过分,因此谈判得以成功。此类案件中,双方对抗外在表达并不激烈,能够实现较平和理性的沟通。

关系紧张型:对抗性沟通。对抗是指诉讼当事双方被置于相互对立、相互抗争的地位上,在他们之间展开的攻击防御活动构成了诉讼程序的主体部分。[1]在双方当事人关系紧张时，当事人之间的沟通是对抗性的，主要体现在法庭辩论上双方各执一词，沟通目的主要反驳对方的主张或者观点。以前述“档案遗失案”为例，该案原告苏某年在寻求自力救济未果的情况下向法院提起诉讼，双方因此纠纷诉讼多年。

庭审记录：

法官：双方对一审判决认定事实有无异议？

住建局：对判决书测算的原告1970—1989年工龄损失900余元有异议，不知道怎么算出来的。

苏某年：这个判决我也是不满意的。官司打了四五年……

法官：对被上诉人1970年从事木工工作是否认可？

上诉人代理人：不认可，对黑龙江农场开的证明我们持怀疑态度。

法官：木工4.5这个级别，定级你们清不清楚怎么定的？

住建局：不清楚。

苏某年：这个级别是在东北定的，刚上班的时候是一级木工，之后是工作三年再涨一级。最少也得十多年才能定到4.5这个级别。

……

法官：苏当时怎么到北安农场上班的？

苏某年：当时在农场的子弟中学（初中），1970年7月1日毕业就分配到北安农场了。

法官：当年在北安农场的工资档案，被上诉人是否去调过？

苏某年：去找过。因为农场合并，之前发放的工资表、工资单在他走了以后，会计室塌了，就什么都没有了。

法官：从介绍信反映的情况来看，原D县劳动局出具的介绍信，当

〔1〕 参见王亚新：《对抗与判定——日本民事诉讼的基本结构》，清华大学出版社2002年版，第57页。

时他的档案是在东北还是在D县?

住建局:应该在东北。是人事先调过来,介绍信先开了,但档案还没过来。

苏某年:当时的规定是先调档再调人事。

法官:按照之前的惯例,劳动者的工资档案是否能由本人携带?

苏某年:根据规定是不可以本人携带的。

住建局:个人无法携带档案是规定,但也不排除例外。若北安农场将档案寄过来,应该有记录、回执,为什么没有找回回执。应该追加农场为被告,由他们举证已寄出档案。谁丢失档案谁承担责任。

苏某年:我去北安农场查询是否有相关工资表等证据能够证明1970年参加工作的。但是房子倒塌了,材料都找不到了。

住建局:若是因为房屋倒塌材料找不到责任应该由农场承担。

该案中,双方争议涉及案件程序和实体的各个方面。包括案件是否应由法院受理,是否超过诉讼时效,举证责任分配、责任承担主体、损失赔偿标准、依据,等等。D县住建局认为,从程序上看,苏某年主张1970年起的工龄,不仅超过2年,甚至超过20年最长的诉讼时效。从实体上看,住建局与苏某年不存在劳动关系,没有保管档案的义务,苏某年需要先证明他的档案交到了二建公司或者住建局。双方当事人在庭审中的对抗主要是表明观点,以得到法官的支持,虽然存在对抗,但关系还相对融洽,在法官积极协调人社局、原工作单位共同参与发现事实的情况下,当事人最终达成调解协议。而有的当事人矛盾则更为激化,案件经过了一审或者二审程序,当事人不服生效裁判文书,不停地申诉、缠诉,信访不断,以引起新闻媒体以及相关部门的关注,既可以给法院施加压力,即使程序内无法实现其无理的诉求,亦可能产生"闹大维权"的效果,得到一定的补偿。这种对抗非理性的成分居多。

外力介入型：律师参与沟通。当事人的诉讼能力有强有弱，弱势一方若认为自己的诉讼能力不足以与对方抗衡，或者强势一方想保持住自己的优势地位，很可能会借助外力，委托律师代理就是最典型的情况。虽然当事人作为亲历者，对客观事实更为了解，但自身利益不可避免遮蔽其视野，再加上他们往往缺乏法律思维和关于法律程序的知识、技巧与经验，不能对案件事实、证据进行冷静客观的判断。有律师参与的案件，基于法律职业共同体的专业背景，律师与法官在法律问题上的沟通可能比当事人与法官的沟通更加顺畅，律师作为职业法律人与法官可能更容易形成共识。律师对当事人的帮助一般体现在三个层面：一是在事实层面，通过证据确定案件事实；二是法律亦即规范层面，通过提供规范形成法律适用上的有利局面；三是形成共识价值观层面，通过形成共识影响裁判（见表3-1）。

表3-1 律师调判策略选择

分类	主动型策略	防卫型策略	倾向判决	倾向调解
事实层面	举证	申请法院调查	证据有利	证据不利
规范层面	提供先例	倾向性法律解释	结果指向有利	结果指向不利
共识价值观层面	法律论证	情理说服	形成共识	照应情面

在事实层面，与法官主动查明案件客观真实不同的是，律师希望客观真实让位于法律真实。律师会根据委托人的利益决定是否需要协助法官查明真相。出现案件事实不清时，作为原告一方的律师（假设原告主张成立），会积极通过举证等方式来消解客观真实与法律真实之间的张力。专业律师代理的案件会通过积极举证，申请法院调查令、申请法院主动调查等方式，来实现自己的主张或抗辩对方的主张。而作为被告一方的代理律师，除掌握对己方有利的证据会积极举证抗辩，更多会对证据的真实性、关联性、合法性以及证明力提出抗辩主张，力图达到客观真实与法律真实

不一的结果。如果对方证据不足，律师会较为强势地拒绝案件调解，因为在此情况下，判决显然对己方是最有利的。而如果证据对己方不利，在通过举证甚至申请法院调查也无法实现证明目的时，律师则会很主动地向当事人提议，通过调解处理。这一点在败诉方上诉的案件中更为明显。有的代理人在开庭前即向法官表示，上诉其实就是想多争取一次调解的机会。

在规范层面，与法官中立解释法律不同的是，律师对法律的解释是有倾向性的。如果案件事实争议不大，更多体现为规范层面的法律适用时，律师往往会通过先例等方式积极争取法官对其结论的认同。如在侵权责任案件中，对责任划分的标准一般明确规定，法官存在较大的自由裁量空间，这时，作为主张权利方的代理律师，会寻找类似案例中最有利自己的判决结果，以期实现利益的最大化。当裁判结果指向有利时，律师会倾向判决；结果指向不利时则会倾向调解。在丁某诉灌南县堆沟港中心卫生院、连云港市第一人民医院医疗损害赔偿案〔1〕中，丁某之母张某因髌骨骨折入住某卫生院手术治疗，术后因急性肝性脑病转诊至某人民医院，心肺复苏后无明显好转，家人放弃治疗出院，次日张某死亡。后经鉴定，卫生院、人民医院均存在一定诊疗过错，但因死者未行尸检，医方过错与死者死亡之间是否存在因果关系无法判断，是否构成医疗过错亦无法判断。丁某向法院提起诉讼，但明确拒绝尸检鉴定，一审法院驳回丁某诉求。二审程序中，丁某与某人民医院均聘请律师参与诉讼，某卫生院未聘请律师。

庭审记录：

（法庭调查阶段）

上诉人代理人：举证丁某与张某主治医师赵某的通话录音，证明张某系在医院死亡，并非家属放弃治疗。

---

〔1〕 江苏省连云港市中级人民法院民事调解书，(2018)苏07民终4321号。

被告第一代理人（卫生院）：没有听清楚录音的内容，该份证据的真实性是否能达到上诉人的证明目的，由法庭认定。

被告第二代理人（人民医院）：(1)上诉人提供的录音材料是否是主治医生赵某所说，我们需要回去核实。(2)即使该通知录音是真实的，也不能够达到上诉人的举证目的。首先，医疗事故鉴定程序中，病历原件已经过上诉人的确认，这个材料认定患者是出院。其次，录音材料里，赵医生说的一句话就是“你妈的病很重，忽然就不行了，不行了就回家了”，意思是走的时候呼吸还是有的，还没有脑死亡。(3)患者从第一被上诉人处转到人民医院的治疗时间只有一天的时间，在治疗过程中只要取消医疗措施就会立即死亡，所以患者在家属同意放弃治疗后出院，不能够认定人民医院病历造假。(4)关于尸检的问题，上诉人已在一审明确说了不愿意尸检，足以认定患者是在放弃治疗后死亡的。

……

（法庭辩论阶段）

上诉人：在卫生院做的是小手术，医生也说是小手术，不会有问题。我把我母亲送到你们医院治病，相信你们的，所以你们让签什么字，我就签什么字，我就管签字、付款。

上诉人代理人：实际情况是病人在抢救过程中已经死亡。医院在制作病历过程中虚假作出了是家属要求出院，属于制作虚假病历，应当推定医院对损害结果承担责任。

被告第一代理人：我院对张某的医疗是符合诊疗规范的。张某是高血压、高血糖，这些事项都和患方进行了沟通，患者与家属强调要求手术。整个治疗过程没有不当。

被告第二代理人：(1)患者到人民医院就诊的时候已经是各种肝肾功能衰竭，治疗不到一天，患者家属要求自动出院，上诉人已经在自动出院的病历上签字。(2)患者死亡以后火化，如果是在医院死亡的必须要医院出具死亡诊断书才能火化，如果不是在医院死亡的，则需要派出所出具证明才能火化，我们在一审时要求上诉人提供火化相关的证明。

……

(法庭调解阶段)

法官：根据《中华人民共和国民事诉讼法》第9条、第145条之规定，人民法院审理民事案件应当根据自愿和合法的原则进行调解。各方是否愿意接受本院主持下的调解?

上诉人代理人：同意。

被告第一代理人：不同意。

被告第二代理人：不同意。

上面的案例中，法律知识相对欠缺的当事人一方在法庭审理过程中主要是讲“理”，当事人的“理”主要是事理和情理，而不是法理，法理的问题交由律师。如丁某认为，“我母亲做的是小手术”“我母亲治的是腿，怎么把命治没了”。而其代理律师则更关注该案的法律问题，丁某出于情感的因素不同意对母亲的遗体做尸检，张某死亡事实与医疗诊疗行为之间的因果关系无法确定，这是丁某一审败诉的主要原因。二审期间，丁某的代理人通过补充举证等方式，以丁某与主治医生的通话录音来证明张某从人民医院出院时已经死亡，无法鉴定的责任在医院方，两家医院存在伪造病历行为。因为医院是否提交虚假病历直接关系到过错责任的认定。〔1〕人民医院的代理人徐律师对证据质证的防御性较强。第一，不明确认定录音的

〔1〕 当时有效的《侵权责任法》第58条第3项规定，患者有损害，因下列情形之一的，推定医疗机构有过错：(三)伪造、篡改或者销毁病历资料。2021年1月1日《民法典》生效后，《侵权责任法》同时废止。《民法典》第1222条第3项作了进一步的规定，推定过错的情形为“遗失、伪造、篡改或者违法销毁病历资料”。

真实性。“是否主治医生的通话录音需要回去核实。”就通话录音的真实性问题，徐律师内心可能并不持怀疑，否则他大可直接否认录音证据的真实性，而不是用“回去核实”来周旋。〔1〕第二，不认可对方的证明目的。“即使录音真实，录音内容也无法证明张某在出院时已实际死亡。”理由是：丁某前期已认可过张某的病历材料，死亡时间在出院次日；录音中没有张某脑死亡的内容；张某的遗体未作尸检责任在丁某。以此反驳对方关于医院提交虚假病历材料的观点，并防御性要求丁某方提供火化方面的证据。没有聘请律师的卫生院方主要观点在于“我院具备诊疗资质，诊疗程序规范，患者死亡原因是其年迈血糖高导致并发症，并非医院过错”。

经过几轮的交锋，相对处于诉讼劣势的上诉人一方表示“同意调解”，而被上诉人则表示“不同意调解”。庭审后，丁某代理律师与法官沟通，认识到对己方的不利因素，死者死亡时间在出院后，又未做尸检，胜诉难度较大。但当事人母亲毕竟是为治疗腿部骨折做的手术，手术后失去生命，当事人情感上难以接受，且为诉讼也付出较大成本，仅一审、二审诉讼费就超过10,000元，请法官帮忙做协调工作。实在调解不成，其动员当事人撤诉。〔2〕后经法官主持调解，当事人达成调解协议。〔3〕

在共识价值观层面，作为法律共同体的一员，代理律师会努力达至与法官的共识。如对新类型案件，法律对该类问题没有明确规定时，律师会通过法律论证等方式，争取与法官对案件结果达成共识。而当无法与法官形成共识时，则可能会用情理等因素影响法官，争取有利的局面。当与法

〔1〕 律师的职业规范和职业道德均不允许其向法庭提交虚假证据，实践中除非当事人在场自认，代理律师对对方提供证据的真实性很少直接确认，这可能也是出于职业习惯的自我保护，避免因错误自认给自己的委托人带来被动。

〔2〕 国务院《诉讼费用交纳办法》规定，以调解方式结案或者当事人申请撤诉的，减半交纳案件受理费。

〔3〕 虽然庭审中原告、被告双方均不同意调解，但庭后法官主持调解，三方达成协议。表面上似有违调解的自愿原则，实则不然。因为根据《民事诉讼法》第145条规定，案件判决前能够调解的，还可以进行调解。本案属于庭后调解，法官充分考虑了上诉人一方的实际情况和诉讼请求后促成的调解协议，亦属效果较好的处理方式。

官就裁判结果形成共识时，律师可能更倾向判决结案；而无法形成共识时，会更多地照顾法官的“面子”，在法官主动伸出调解的“橄榄枝”时，会努力劝说当事人接受，以避免影响与法官的友好关系。H律师表示，对于调解方案，首先自己这方当事人的基本权利要维护，我会动员当事人抓大放小。有些案件，我会让当事人不要再耗费精力时间，退一步海阔天空，做更有意义的事情。[1]

4.当事人—法官：寻求保护

观察当事人与法官的交涉互动，当事人的行为逻辑体现为希望得到法官的支持从而赢得诉讼。故而，当事人对法官的行动逻辑总体呈现寻求保护的样态——原告方期望其诉求得到法律的救济，被告方则寻求法官支持其抗辩主张。

示弱逻辑：寻找“青天”保护。青天是中国文化中非常独特的一个形象符号。[2]“青天情结”是中国民众对青天式官员的强烈向往和执着追求，这种“青天情结”带有明显的功利取向的精神寄托。因此在民众心目中，不存在“法律事实”的概念，大多数没有查清的事实，是法官不够公正不够勤勉的原因。“在‘清官文化’这一文化容器中，不仅社会—文化的情境性因素作用到了法官身上，而且，也正是在这一文化的信仰网络里，实现了纠纷中的民众以及其他社会力量对于法官角色期待的均衡。”[3]当事人往往习惯于将裁判结果是否有利于自己作为衡量司法是否公正的唯一标准，极少去考虑司法程序运作过程中诸如程序欠缺、证据失效、时效超过等也可能导致败诉的审判规律运行结果。

---

〔1〕 摘自律师访谈记录。

〔2〕 青天体现为文学或影视作品的青天形象，如包拯“包青天”、海瑞“海青天”等角色。青天满足人们对法官“明察秋毫”维护公正的期盼，作为中国文化中一个非常光辉、正面的形象出现，被赋予崇高的理想形象和高效率的维权功能。

〔3〕 参见方乐：《司法行为及其选择的文化注释——以转型司法中的中国法官为例》，载《法律科学（西北政法大学学报）》2007年第5期。

中国文化中的“青天”多以锄强扶弱的形象出现，符合弱者权利救济的需要。在这种心理期盼下，当事人对胜诉的追求不免会依赖法官的“青天”品格，在法庭上将自己扮演成一个弱者的身份。当事人的示弱一般体现为：在身份归类上，将自己作为弱势群体，主张法律的特殊保护。如劳动争议案件中，作为劳动者的一方往往以自己系弱势群体为由提出抗辩；在保险合同纠纷案件中，投保人一方也以保险公司在签订合同时处于强势地位为由，主张自己属于弱势群体。而对案件处理方案，则会主张自己没有还款能力、履行能力等，以期获得法官的同情。

关系逻辑：人情社会的关系影响。关系逻辑是当事人为获取某种利益，但依据现有条件或资源无法实现时，试图通过社会交往的关系网络寻找可以提供帮助的人，利用该关系网络协助自己实现相应的利益追求的行为逻辑。“纠纷当事人是社会构成人员，从属于不同集团，存在于社会关系的网络中。当事人的思维方式和社会行为既接受社会关系的影响，又以集团归属和社会关系为媒介与对方结成某种社会关系……这种情况可以表述为纠纷具有‘社会性维度’。不考虑社会维度，就不能够完全理解纠纷这种现象，也不能够理解法现象。”〔1〕在中国人看来，从社会关系网中获得自己所期望的资源，已有几千年历史的潜移默化，积淀成为“自然而然”的社会知识。因此，“案件一进门、双方都找人”的司法现象是客观存在的。有时甚至证据完全对自己有利的当事人，也会期望通过“找关系”来保证胜诉。〔2〕

根据人际关系中包含情感性成分和工具性成分的多少，人际关系可分为三大类：情感性关系、混合性关系和工具性关系。以情感性成分为主时，

---

〔1〕［日］六本佳平：《日本法与日本社会》，刘银良译，中国政法大学出版社2006年版，第216-217页。

〔2〕在对多名法官进行访谈后发现，很多当事人通过“找关系”来与法官接触并不是认为自己不占理或是败诉一方期望“买通”法官赢得官司，而更多基于对法院或者法官的不信任，担心自己没有关系而对方“找到关系”时，判决结果对自己不利。在当事人明知自己不占理或可能败诉时，“找关系”往往更希望通过法官这一中间作用达到与对方和解的目的。

人际关系表现为“情感性关系”，通常这种关系发生在个人和家人之间。以工具性成分为主时，人际关系表现为“工具性关系”，通常这种关系发生在个人与陌生人之间。两种成分比例相当时，人际关系表现为“混合性关系”，通常这种关系发生在个人与亲戚、朋友、熟人之间。这三种关系分别与“需求法则”、“人情法则”和“公平法则”对应。考察民事诉讼过程中的关系问题，单纯的情感性关系需受束于民事诉讼的回避制度，法官与案件当事人存在可能影响公正审理的关系，需要退出案件的审理，一般不需要直面亲情的考验。而在单纯的工具性关系中，法官很容易遵守公正法则作出裁判。当事人通过请托人施以关系影响时，多数为综合工具性和情感性因素的混合性关系，表现为没有关系的“找关系”“拉关系”，有关系的加强关系。对于找关系者来说，一旦请托成功，意味着在司法过程中占据了优势地位，相对于按照正常司法程序解决纠纷的方式，“找关系”在大多数情况下是对其有利的。在结合工具性关系、情感性关系特质的混合性关系中，法官需要应对人情法则的考验。当存在更多的情感要素时，可能会陷入人情困境。在无法实现案件公正审理和“人情要素”的平衡时，可能会实行拖字诀，通过“等一等”“放一放”“拖一拖”来回应请托人的主张，将案件暂时搁置，再对双方作进一步的调解来表明自己尽到“人情”义务，这也是民事诉讼中饱受批判的“久调不决”的原因之一。

Z法官在访谈中表示：中国作为人情社会，有官司找人打个招呼其实是很经常的事情。除非涉及自己的利益，这些打招呼的熟人也不会要求法官徇私枉法，可能觉得如果不打招呼，有些要求得不到法官的重视。如何处理也是区分情况的，如果打招呼的一方明显能胜诉，等于送顺水人情。如果是败诉一方打招呼，你六亲不认就判了可能面子不好看。这时会给个建议，让当事人自行调解一下，自己也会帮助做对方当事人工作。即使调解不成，面子也给了，当事人也能理解。[1]

---

〔1〕 摘自法官访谈记录。

回应当事人的关系逻辑时，中国采取一系列制度性的约束，如出台防止干预司法“三个规定”。最高人民法院开发专门的“三个规定”上报平台，当领导干部、外部因素干预司法时，法官可以直报最高人民法院，这些制度的有效执行对司法过程中的“关系案、人情案”关闭了大部分通道。需要指出的是，即使在人情社会的国情下，中国法官事实上并不会完全照应当事人的关系网违法判决，部分案件还会利用这些关系来达到解决纠纷的目的，比如调动当事人的亲朋好友等社会力量参与促成调解等。如一起高校在校生交通事故赔偿案，在某高校校园内，被告骑车将原告撞伤，双方均为外地大学生，学业受到不同程度影响，双方家长情绪对立。起诉到法院后，法官开庭时邀请双方所在院系老师到庭，老师强调了学业的重要性，最终双方达成调解合意。被告家长到家后立即给原告汇款，后双方顺利完成学业。

具体关系网络见图3-2。

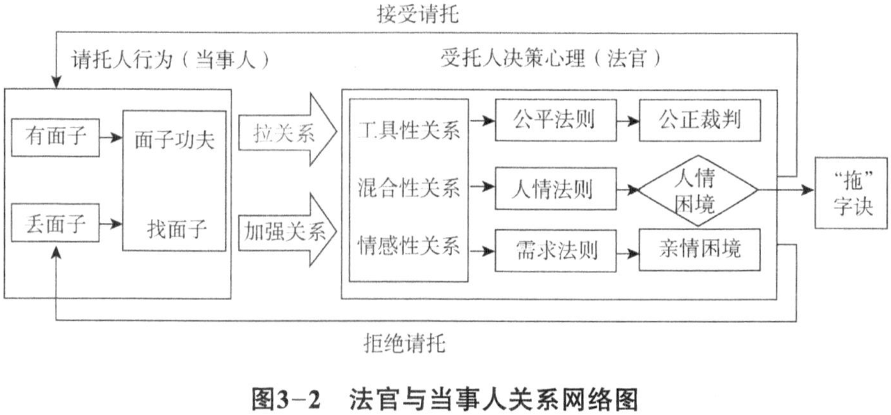

图3-2 法官与当事人关系网络图

趋众逻辑：寻求社会认同。社会认同是指个体作为特定群体（社会）成员对所属群体的归属感和对群体规范等制度的认可和自愿遵从的心理状态。[1]当事人如果按照正常的司法程序无法达到其诉讼目的，往往会利

〔1〕 参见周晓虹：《认同理论：社会学与心理学的分析路径》，载《社会科学》2008年第4期。

用信访途径给法院、法官施压。实践证明，当事人的信访行为，甚至威胁要信访的表示，都可能影响司法的正常运作。法官不得不在依法裁判和预防信访风险之间走钢丝。[1]法官处理此类事件的标准主要不是实定法是如何规定的，而是当事人对纠纷解决方案的认可程度。法官在诉讼活动中可能采用各种方式试探当事人的心理底线，并最终在利益博弈的当事人之间确定一个平衡点。在这个过程中，法官的个人偏好、情感倾向、利益考虑以及其所面临的压力机制、利益驱动、约束机制都会成为左右博弈格局的重要因素。

5.实现强制与合意的平衡

"向前看"与"向后看"的平衡。面对审判和调解可能带来的不同的纠纷解决结果，当事人会倾向于选择何种方式？两者的平衡点依纠纷的类型各有侧重。审判关注的是双方当事人过去的关系怎样，而调解则更关心双方未来关系之构建。对当事人而言，无论是适用审判还是适用调解，其可能更为关注的是哪一种方式会对自己更为有利。判决立足于向后看，优势在于具有规范性和对裁判结果的可预测性，但其存在程序烦琐、时间成本及费用成本较大的弊端；调解侧重于向前看，能够节约时间成本和费用成本，特别是调解着眼于双方未来关系之构建，纠纷解决不伤及双方关系，但可能减损一方当事人实体权益。向后看立足于发现案件真实，向前看注重关系修复。理想的诉讼模式是实现两者之间的平衡。在调判一体化的结构中，考虑向前看与向后看平衡的基点是案件结果的可接受性。案件结果获得内部的一致认同，不一定意味着外部的认同也能自然实现，也不意味着当事人就一定会接受法院的判决。民事案件最终通过调解还是判决的方式解决，应以"可接受性"作为衡量标准。不仅要实现外部（当事人）的认同，还需要得到社会的接受。

---

〔1〕 参见吴英姿：《论司法认同：危机与重建》，载《中国法学》2016年第3期。

"判断权"与"处分权"的平衡。实现法官判断权与处分权的平衡，要求法官对案件事实有基本的判断。判断权与处分权平衡的程序基点是当事人自愿，实体基准应以预判的判决结果来衡量方案的合理性。从程序正当性要求出发，调判一体的结构不否定法官主动提出解决方案，只要求在基本事实清楚的前提下，尊重当事人的处分权，使纠纷处理的方式与最终解决方案能够获得当事人同意。在当事人意思表示摇摆的情况下，法官可以通过案件引导的方式，给出合理建议。

从实体合理性要求看，调解方案在不能违反法律规定的同时，也不能显失公平。在一起饲养动物损害赔偿案〔1〕中，韩某妻子带其饲养的泰迪宠物狗至楼下时，被庄某安所饲养的大型秋田犬（事发时无人看管）撕咬致死。事发后双方就赔偿事宜协商未果，韩某诉至法院。一审法院经调解未果，参考市场价值，判决赔偿韩某各项损失5000元。二审法官提出调解方案，认为宠物的情感价格很难计算，主要看市场价格，综合考虑2500元一次性了结。双方均予以接受。在这起案件中，双方对赔偿宠物狗的损失无异议，被告庄某安的上诉观点主要是一审判决数额过高。二审法官主持调解时，先是征求双方是否愿意调解。在解决纠纷方式上取得当事人的合意；其次是在双方调解方案存在冲突时，法官主动介入，提出宠物与主人的情感价格是无法量化的，这一点无疑是说服韩某的关键。既然情感无法量化，只能选择市场价值作为考虑依据，市场价值应该是多少不仅是双方争议的重心，也是法官考察的因素。法官提出2500元的折中方案，既考虑了宠物的市场因素，也相对照顾了韩某的情绪，结果相对容易接受。

综上所述，从协同主义视角审视调判一体化，法官的强制性与当事人的合意性共存于民事诉讼整个过程。法官的强制性体现为对程序的主导权和对判决结果的判断权，此种强制有可能影响当事人合意的生成；而当

---

〔1〕 韩某诉庄某安饲养动物损害责任纠纷上诉案，江苏省连云港市中级人民法院（2018）苏07民终2823号民事调解书。

事人合意的生成与他们因利益冲突产生的对抗性并不天然对立，纠纷本身可能没有唯一正解，但当事人可能通过友好沟通达到合作。实现强制性与合意性的平衡应平衡法官的判断权与当事人的处分权，法官通过程序中立来保证当事人的博弈空间，实现裁判结果的可接受性。

三、实用主义逻辑下形式理性与实质理性的结合

实用主义作为一个哲学流派，创始人皮尔士指出，我们的信念实际上就是行动的准则。[1]实用主义哲学崇尚功利主义，认为经验是世界的基础。实用主义注重现实效应，它并不追求理论的真假好坏，而是在意现实中的成败利弊。美国法学家霍姆斯将实用主义哲学应用于法学，提出一个广为人知的法律概念：法律的生命不是逻辑而是经验，逻辑形式的背后是针对相互冲突的立法理由的相对价值与轻重程度作出的判断，将美国的司法理念引向实用主义方向。卡多佐在《司法过程的性质》[2]中指出，法律规则应当从工具意义上理解，法律是向前看的，最重要的不是源头，而是目的。从实用主义出发的价值衡量方法、结果导向原则和协商性司法原则对纠纷的解决具有借鉴价值。我国民事诉讼更关注纠纷解决的迅速、便利和成本，与实用主义司法观是一致的。

受利己动机影响，当事人从主观需要出发“锻造”、“截取”，甚至“形塑”纠纷事实，并从法律法规以及伦理道德等多元角度为自己的主张“证成”，为对方的主张“证伪”，这致使纠纷产生的原因及真实情况无法得到有效的说明。如将法官的解纷过程中喻为“曹冲称象”，便不仅仅是方法论上的选择，更为重要的是其中还蕴含着这样一种价值选择：在某种“看

〔1〕 皮尔士在1878年1月发表的《如何使我们的观念清楚》标志着实用主义的诞生，但直到詹姆士把他的哲学冠以实用主义的名称大力推广，人们才把他尊为实用主义创始人。皮尔士生前没有出版过哲学著作，他的思想是在遗稿出版后发掘出来的。

〔2〕 [美]本杰明·N.卡多佐：《司法过程的性质》，苏力译，商务印书馆1998年版。

不清真实”的情形下，实现结果上“可接受的”正义。这貌似是一种实用主义的价值观。回到调判一体化运行的逻辑上，裁判结果除受法官（强制性或主导性干预）和当事人自由处分（对抗还是合作）影响外，同时不能偏离对事实与法律的判定。

（一）往返于事实与法律之间：实质理性与形式理性的有机统一

纠纷解决的过程往返于强制性与合意性之间，这种强制或合意的形成同时受到主体的价值选择的影响。当事人在裁判过程中可能会面临各种选择，但裁判结果是无法被他们准确预测的。客观真实是发生在当事人之间的过去，但过去并不决定着裁判，反而是裁判作出时再尝试以不同的方式去面对和决定未来，不同裁判方案之间的选择也是试图对未来进行差别对待。所谓的“未来”亦是不可预测的，任何裁判都不是被事先确定的决定。[1]

法官对案件的裁判往返于事实和法律之间。由于存在事实与法律的缠结，法官与诉讼两造对形式理性和实质理性存在不同角色上的认知差异。从法官角度看，形式理性的“形式”核心在于对现行立法的忠实遵行，“以事实为依据，以法律为准绳”，准确妥帖地适用法律作出裁判。实质理性则不仅注重法律规定的形式含义，更注重法律的实质意旨，关注社会效果与法律效果的统一。从诉讼两造角度看，纠纷的产生可能源于不同主体对事实的认识和主张上的差异，裁判结果是否公正是其对诉讼过程进行评价的主要指标，但由于诉讼过程是先于结果的，因此在诉讼过程中的判断可能更依赖于两造对裁判结果的预判。实现实质理性与形式理性的统一体现了民事诉讼在不同视角中的某种理想状态。这种理想状态至少应包括以下要素：纠纷事实的发现、程序权利的尊重、主体合法诉求的实现。

审视诉讼解决过程的坐标图（见图3-3），形式理性—实质理性坐标轴

---

〔1〕 参见［德］尼可拉斯·卢曼：《法院在法律系统中的地位》，陆宇峰译，载《清华法治论衡》2009年第2期。

与强制性—合意性坐标轴的动态交叉在很大程度上影响了角色的调判选择。以坐标图的四个象限对民事纠纷进行相对类型化的分析，可相对动态地图解中国民事纠纷的调判运作。第一象限考察法官基于形式理性的纠纷解决类型。“形式理性”重点在于严格依照现行立法解决纠纷，该象限主要分析严格法律规范的影响问题。发现法律需要联系事实，但事实与规范之间可能不是一种简单的对应关系，需要以证据事实为基础，证据是影响该象限调判适用的关键要素。第二象限考察法官基于实质理性的纠纷解决类型。与发现法律事实不同的是，法官的实质理性更关注纠纷的实质性化解，该象限主要分析实质正义的影响问题。环境要素是影响该象限调判适用的关键要素。第三、第四象限着重考察诉讼两造基于形式理性与实质理性对诉讼行为的处分，两造认知的正当权益要求与诉讼结果是否一致影响他们的调判选择。第三象限考察当事人基于实质理性的纠纷解决类型，由于纠纷主体对纠纷的客观真实和权益诉求有较为真实的认知，该象限纠纷调判适用的主要影响要素是成本压力。第四象限考察当事人基于形式理性的纠纷解决类型。两造的形式理性主要是根据己方掌握诉讼信息对胜诉结果的预判，信息压力是影响该象限内调判适用的关键要素。

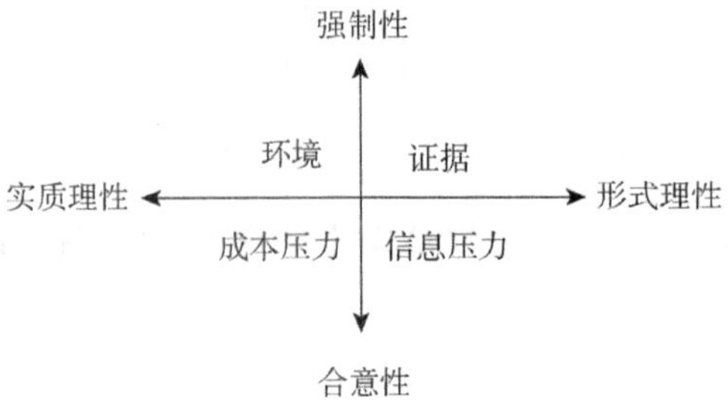

图3-3　诉讼解决过程坐标

（二）法官基于形式理性的介入

无论是强制性—合意性的坐标轴，还是形式理性—实质理性的坐标轴，都存在动态交互影响的关系，只是不同纠纷受影响的程度有强有弱。法官基于形式理性抑或程序正义的要求，对程序的强制性会有一定强弱变化；在特定案件类型中，法院可能会基于形式理性的要求选择适用判决方式，如受法律强制性规范约束时；而在某些案件中，法官选择判决可能是基于实质理性的追求。在一个民主、法治国家里，法官负有为裁判提供证立的义务，他有义务保证司法裁判能够使公民“信服”，而非运用权力和威胁迫使人们被“说服”。〔1〕

1.类型化分析：可能出现法官强制干预的案件类型

民事诉讼中，法官的强制性主要体现在判决方面，诉讼调解是法官审判权作用于当事人处分权的结果，体现了尊重当事人自由处分权。《民事诉讼法》规定调解的前提为自愿、合法。实践中，可能出现法官强制干预，影响调判适用的情况。

强制性法律规范的约束。在存在强制性法律规范的情况下，法官对当事人的自由处分是可以干预的，最直接的依据是法官应当对当事人调解协议的合法性进行审查。但在调判选择方面，存在强制性法律约束时，法官可能会倾向于以判决方式解决纠纷。如王某与上海家化劳动合同案，上海家化以王某工作严重违纪为由，解除双方劳动合同。经法院判决双方继续履行劳动合同。劳动关系是一种特殊的社会关系，它建立在劳资双方持续的、密切的合作基础之上，带有身份关系属性。我国《劳动法》赋予了劳动者被违法解雇时要求用人单位继续履行的单方选择权，劳动合同继续履行的本质是用人单位因违法解雇所承担的违约责任的一种方式，其目的主要在于恢复劳动关系，以维护劳动者稳定的就业权。强制性是对用人单位行

〔1〕 日本学者高见泽磨认为，在中国的纠纷解决过程中，法院解决纠纷的方式与法院外的调解活动是相互关联的。在以让当事人如此受之“自愿”为轴心这一点上，可以认为它是将由第三者进行的说理和让当事人心服作为一种理念型的解决纠纷的模式。参见［日］高见泽磨：《现代中国的纠纷与法》，何勤华、李秀清、曲阳译，法律出版社2003年版，第68页。中国法院优秀法官代表宋鱼水法官的“辨法析理 胜败皆服”，也成为中国法官的职业追求，其中的“服”是诉讼双方当事人的信服。

为是否违法的判断，是性质判断问题，不得在调解中予以违背。最高人民法院司法文件就调解内容涉及强制性规定时也予以了相应规范。[1]在王某案中，当事人基于自己的利益考虑主张继续履行劳动合同，该项主张得到劳动争议仲裁委员会和法院的支持。我国劳动纠纷多产生在劳动关系的主动与被动解除上，即使在违法解除的案件中，劳动者也更倾向于主张违法解除的赔偿金而不是劳动合同的继续履行。劳动合同继续履行的质量和效果，在很大程度上与继续履行制度是否完善、科学密切相关。

需要指出的是，法官遵循强制性法律规范的约束并不意味着在此类案件中绝对拒绝调解，而是在司法程序中，需要将强制性效力转化为当事人的权利。在劳动争议案件中，劳动者所要实现的不仅仅是对用人单位违法行为的处罚，更重要的是自己的实然权利。比如，对用人单位是否存在违法行为时，不应当适用调解，但在用人单位的违法行为对劳动者权利通过何种方式、获得多大程度上的弥补方面，仍然有进行调解的空间。劳资双方的合作是在利益间的正常博弈、利益冲突的缓和中得以持续；反之，如果利益冲突超出一定范围，可能导致合作关系崩溃，双方都会因此遭受损失。

规则创新型纠纷中的调判适用。在规则创新型纠纷中，法院一般会倾向于采用判决方式解决纠纷，并以此确立规则。该类案件并不绝对排除调解的适用，但对于需要确立规则、明确司法导向的案件，判决的价值引导作用更强。如北京奇虎科技有限公司（以下简称奇虎公司）诉腾讯科技（深圳）有限公司（以下简称腾讯公司）、深圳市腾讯计算机系统有限公司

---

〔1〕 最高人民法院《关于进一步发挥诉讼调解在构建社会主义和谐社会积极作用的若干意见》第8条规定，人民法院应当认真履行对调解协议、和解协议的审查确认职责，确保协议不存在侵害国家利益、社会公共利益和他人的合法权益的情形，不存在违反法律、行政法规的强制性规定的内容，不违背善良风俗和社会公共道德。

（以下简称腾讯计算机公司）滥用市场支配地位纠纷案。[1]该案是发生在互联网领域的垄断纠纷案件，技术、经济和法律问题交织，案件复杂程度较高，广受社会公众关注。最高人民法院在本案中对“相关市场的界定”“市场支配地位的认定”等垄断案件中的重要法律问题作出了极为详尽和精辟的分析，该案对于指导互联网领域垄断纠纷案件的审理具有较强的示范意义。在金融法、公司法、破产法等新领域中涉及行为规则确认或创新效力评判的案件，应努力查明事实以示范法律适用。

知识产权制度是现代产权制度的重要组成部分，是知识创新和技术进步的重要基础。知识产权诉讼涉及保护创新与反对垄断两种利益的平衡，随着互联网等新业态的发展，该领域的问题走到立法前面，故而在立法滞后或存在立法盲区时，应以判决确立规则为首选。然而，就一般侵权而言，从发现侵权存在到获得胜诉是一个相对漫长的过程，审理周期常常会超过6个月的一审法定审限。在法院对于被诉行为是否构成侵权尚未判定时，即便明知侵权行为之成立具有高度盖然性，但在裁判作出并生效之前，司法机关对事实上的侵权一般不能主动采取执行措施。[2]因此，侵权方与权利人也存在较大的调解空间。如TCL诉东海某电器经营部等34起商标权侵权案[3]中，被告均否认侵权行为存在，法院对其中一起案件作出判决，认定被告销售涉案电视机的行为侵害了原告注册商标专用权，判决被告停

---

〔1〕 2010年11月3日，腾讯公司在装有360软件的电脑上停止运行QQ软件。11月4日，奇虎公司宣布召回扣扣保镖软件。2010年9月，腾讯QQ即时通信软件与QQ软件管理一起打包安装，安装过程中并未提示用户将同时安装QQ软件管理。2010年9月21日，腾讯公司发出公告称，正在使用的QQ软件管理和QQ医生将自动升级为QQ电脑管家。奇虎公司诉至法院，指控腾讯公司滥用其在即时通信软件及服务相关市场的市场支配地位。请求判令腾讯公司和腾讯计算机公司立即停止滥用市场支配地位的垄断行为，连带赔偿奇虎公司经济损失1.5亿元。该案由广东省高级人民法院一审，最高人民法院二审，驳回奇虎公司的诉讼主张。

〔2〕 虽然中国知识产权保护制度确立诉前禁令，但有较严格的审查标准，一般是当事人有证据证明他人正在实施侵害行为，不及时制止可能使其合法权益受到难以弥补的损失。

〔3〕 TCL实业控股股份有限公司诉东海县平明镇周建家电经营部侵害商标权纠纷案，江苏省连云港市中级人民法院（2020）苏07民初343号民事判决书。TCL实业控股股份有限公司诉灌南县新集乡秀华家电经营部侵害商标权纠纷案，江苏省连云港市中级人民法院（2020）苏07民初412号民事调解书。

止销售侵权产品，赔偿原告经济损失及维权支出的合理成本。通过该案判决的示范效应，其余侵权人均与原告达成调解协议。

“事清责明”的严格审查模式。“事清责明”是指“事实清楚，责任明确”。判决作为“自上而下的正义”〔1〕，查清事实，分清是非是判决应有之义。法官必须要对法律事实和法律规范进行交互分析，将实然事实与应然规范相比对，解释事实与解释法律就必然是一种“交互的诠释”的过程。〔2〕而调解作为“自下而上的正义”，民事诉讼立法也将“事清责明”作为诉讼调解的前提。〔3〕这种严格的“事责”审查标准在民事调解中长期处于边缘化的状态，民事调解中往往以淡化“事责”为常态。〔4〕民事调解书中的“事责”缺位现象，某种意义上是法官对“事清责明”作为民事调解前提的一种温柔反击。调解争议本身没有“唯一正确的答案”〔5〕，“中国的调解式司法也会将法律上谁是谁一清二楚的案件转化成模糊的案件来协议解决”〔6〕。

公共关注型案件的调判适用。公共关注案件指受到公众超常关注的

---

〔1〕 美国学者海曼（Hyman）和洛夫（Love）将依法而治的制度（rule-governed systems），如法律制度（legal system）或冤情仲裁程序（grievance arbitration process），归结为自上而下的正义，其制度特征是，裁判者根据适当的标准或规则对事实作出判断，其正义性的基础是：规则，不论其内容是什么，应当适用于所有的情况和每一个违反规则的人。而“自下而上的正义”指的是，纠纷当事人塑造了他们认为可以接受的结果，而不管该结果是否与适用标准或规则得出的结果相一致。See Jonathan M. Hyman & Lela P. Love, *If Portia Were a Mediator: An Inquiry into Justice in Mediation*, 9 Clinical Law Review 157（2002）。转引自史长青：《调解与法制：悖而不离的现象分析》，载《法学评论》2008年第2期。

〔2〕 参见杨建军：《法律事实的解释》，山东人民出版社2007年版，第230页。

〔3〕 《民事诉讼法》第96条规定，人民法院审理民事案件，根据当事人自愿的原则，在事实清楚的基础上，分清是非，进行调解。

〔4〕 司法实践中，作为“事责”载体的民事调解书在“事责”表达方面呈现三种样态：不写事实和责任的“无事责要件”表达方式；只写事实不写责任的“事实要件”表达方式；完整写明事实和责任的“事责”要件表达方式。以L市中级人民法院为例，2020年该院民事诉讼调解结案413件。梳理这413份民事调解书的表达方式，“事责”部分内容表述过于单薄甚至空白。在婚姻家事、劳动争议、邻里侵权等案件中，模糊“事责”的调解方式更为常态，两类案件无一适用“事责要件”方式。如劳动争议案件中，适用“无事责要件”方式表达的占93.3%，婚姻家事案件中，适用“无事责要件”方式表达的占84.3%。

〔5〕 柯贤兵：《中国法庭调解话语博弈实证研究》，华中师范大学出版社2016年版，第37页。

〔6〕 黄宗智：《中国法庭调解的过去和现在》，载爱思想网2008年9月19日，http://www.aisixiang.com/data/13556.html。

案件，如“彭宇案”“许霆案”“郑州电梯劝阻吸烟案”等，此类案件“原来是一个小范围内的地方性、私人间的诉讼小案，不经意之间演变成众所周知的公共事件，成了民众的公共话题：在法院进行审判的前后过程中，民众和媒体也纷纷展开讨论。个案的司法，也因此隐含着某种象征性的社会效应”〔1〕。此类案件往往涉及社会风尚的引导，应作“事清责明”的严格审查，以避免引发公众认知的偏差。司法权作为国家权力的重要组成部分，在本质上是国家和社会管治中不可或缺的重要环节……从社会管理的角度看，我国的司法不仅具有解决个案争端的功能，而且具有对社会行为进行引导、示范、评价和规制的功能。“一旦某个公众关注的民事案件以调解或和解告终，总会给媒体带来许多遗憾和丰富的联想，一般的推定是维权者为了利益作出了不当的妥协或放弃了权利。”〔2〕当然，这种推定不一定准确，但客观上反映了对于公共关注型案件，通过裁判树立正确规则，在社会价值引导方面具有积极的意义。

2.影响要素：证据对形式理性的影响

证据是“人们在从未知到达已知的认识过程中用来推导和了解未知事项的既知材料”〔3〕。证明责任是指当作为裁判基础的法律要件事实在诉讼中处于真伪不明的状态时，一方当事人因此而承担的诉讼上的不利后果。但完全依赖证明责任并不能解决司法实践中的所有问题，实践中还需在综合衡量各种利益的基础上，综合考虑政策、公平、证据所持或证据距离、方便、盖然性、经验规则、请求变更现状的当事人理应承担证明责任等因素，具体问题具体判断。

以前文所述的“渔网案”为例，双方当事人在诉讼过程中向法院举证情况如下：

---

〔1〕 孙笑侠：《公案的民意、主题与信息对称》，载《中国法学》2010年第3期。

〔2〕 范愉：《调解的重构（上）——以法院调解的改革为重点》，载《法制和社会发展》2004年第2期。

〔3〕 王亚新、陈杭平、刘君博：《中国民事诉讼法重点讲义》，高等教育出版社2017年版，第68页。

原告宋某习提供的证据：

（1）G县消防中队出具的扑救证明一份，证明发生火灾的事实。

（2）火灾扑救现场和火灾后房屋状况的照片8张，证明渔网失火的情况。

（3）H镇小口村村民委员会出具的证明两份，证明其存放网具的事实；地耙网价格约6000元/条。

（4）“大梁渔需配件”清单三张，证明其购买35条地耙网及地耙网在2009年和2011年的价格。

被告李某提供的证据：

（1）李某法定监护人李某德的病历两份、住房照片一张，证明李某德身体状况不好，家庭条件困难。

（2）李某法定监护人李某德绘制的海头镇小口村小学旧址草图一份，证明火灾事故与李某无关。

（3）李某、李某德的自述各一份，证明H镇边防派出所询问李某时对其恐吓、利诱。

（4）照片一张，证明宋某习在购买地耙网的同时购买了32只锚，32只锚目前都在，没有受到损失。

（5）中国铅业网上下载的铅的价格表，证明2012年9月铅的价格。

（6）收废点出具的铅的价格证明一份，证明2012年9月当地铅的价格。

在“渔网案”中，原告举证能够认定部分事实：原告存放于旧教室的渔网被烧毁，侵权的主体明确，但作为侵权责任的要素之一即造成的损害后果大小则无法通过举证实现，也无法通过司法鉴定等技术手段予以解决。法官没有完全依赖“谁主张，谁举证”的证据规则，而是主动调查证据。[1]法

---

〔1〕 根据《民事诉讼法》第67条规定，当事人对自己提出的主张，有责任提供证据。当事人及其诉讼代理人因客观原因不能自行收集的证据，或者人民法院认为审理案件需要的证据，人民法院应当调查收集。因此，民事诉讼举证规则虽然是“谁主张，谁举证”，但人民法院仍然具有主动调查收集证据的权力。

院依职权调取的G县H镇边防派出所的询问笔录六份。从被烧毁的残留物中提取出铅的重量，因为每个地耙网上铅重190斤，据此计算出原告被烧毁的地耙网数量，然后根据每条地耙网的价格计算出损失的总数额。调取与“大梁渔需配件”老板徐某、石桥镇韩口村渔民盛某、C某的谈话笔录。

由此，法院查证和当事人举证相结合实现了案件事实的完整闭环，法院因此判决由李某的监护人赔偿原告的损失，判决数额有理有据，当事人服判没有提起上诉。在事实不明型纠纷中，法官主动介入调查是实现程序理性的基本追求。但是，当事人双方各自缺乏明显的证据优势，法律事实与客观事实可能存在严重冲突时，法官可能更倾向调解。

诚然，如果单纯地从“谁主张，谁举证”的角度来解决这一纠纷，原告一方败诉无疑，因为其无法举证损失的具体数额。然而，法官本着既分清是非，又化解矛盾、维护损失方利益出发，根据《民事诉讼法》关于法官可以依职权进行调查的规定，主动调查，乃至运用中国古人的智能，采取倒推的方式进行查证，最终作出令双方都信服的判决。这里要明确的是，法官主动调查必须有合理的限度。具体要根据《民事诉讼法》第67条规定，即当事人及其诉讼代理人因客观原因不能自行收集的证据，或者人民法院认为审理案件需要的证据，人民法院应当调查收集。何为有必要，或者说限度在哪里，首先应当是当事人囿于主观原因无法举证的，或者举证明显代价过高的（比如超出其诉讼标的额，明显是一种诉讼不经济）。其次，必须要征得另一方当事人同意。

3.叙事述理与证据论证相统一

对于当事人来说，首先关心的就是法院最终作出了怎样的裁判，法院的裁判结果直接宣告其权利是否受到保障、主张是否得到支持、诉求能否得以实现。[1]当事人固然首先关心裁判结果，但判决如何形成其实是更为

〔1〕 参见谢进杰：《判决功能的阐释：纠纷解决与社会治理》，载《学术研究》2014年第1期。

重要的问题。只有当判决书真正展示审判过程、交代法官心证形成的思路及判决结果的依据，当事人通过阅读判决书能够明晰裁判结果的形成机理，才可能真正服判。诉讼过程中的叙事述理与证据论证也同样重要，特别是当证据认证存在较大分歧的时候，法官通过将叙事述理在诉讼过程中展开，实现或满足当事人正当的心理预期，从而有利于实现法官强制与当事人合意的平衡。叙事述理与证据论证的统一，应当在能够抑制法官裁判恣意的同时发挥法官合理程度的主观能动性，同时确保法官裁判说理的“正确性”。

我国司法实践在较长时期内存在裁判文书叙事述理不足的问题，如裁判文书不说理或者不完全说理〔1〕、选择性说理〔2〕、说理程序化〔3〕、说理任意性〔4〕、说理不清〔5〕等，导致裁判的可接受性不足，影响当事人对裁判结果的信服。近年来，中国法院日趋重视裁判文书的叙事述理工作。最高人民法院将增强裁判文书的说理性作为“四五改革纲要”的重点内容，并专门出台《关于加强和规范裁判文书释法说理的指导意见》〔6〕。在目前的诉讼结构中，通过判决书说理机制为法律规范适用的妥当性和案件事实的法律真实性找到正当依据是切实可行的。裁判论证说理的动态过程，法官为何如此认定事实，为何适用此法律规范，为何得出此裁判结论，都能够逐一回应并满足论证的逻辑要求，最终回溯到法律规范层面得出结论。同时

〔1〕 例如，对当事人的诉求笼统回应为：当事人的诉讼请求无事实和法律依据，本院不予采信。在二审判决中，完全照抄一审的判决理由，等等。

〔2〕 例如，个别案件中法官只针对性地对某一问题重点说理，其他争议点则一带而过，此种情形往往会引起当事人对法官裁判不公的质疑。

〔3〕 例如，简单套用法律条文并将其作为裁判理由，但对抽象的法条与具体的案件之间的关系缺少对接。

〔4〕 例如，滥用情感因素、文学修辞、常理等要素等进行论证说理，如“彭宇案”一审判决中对常理的过度和不当解读，将自以为“不是其撞的不可能救”（否认了“见义勇为”的存在）的常理作为说理的基础，当然引发公众对社会主流价值观和裁判公正性的质疑。

〔5〕 例如，判非所请、答非所问，甚至遗漏当事人的诉求导致判决错误等。

〔6〕 最高人民法院《关于加强和规范裁判文书释法说理的指导意见》（法发〔2018〕10号），意见共21条，自2018年6月13日起施行。

兼顾受众（特殊受众——职业法律人；一般受众——案件当事人和社会公众）的不同心理认同和价值判断，以事理和法理为基础进行论证，以此实现裁判结果的信服而不是威服或者压服。

（三）法官基于实质理性的介入

司法过程是不断变动的发展过程，在这一动态过程中，法官作为司法权主体，起到了决定性作用，其他司法参与人也各自发挥作用，使诉讼过程呈现动态的不稳定性。法官依据法律知识作出裁判，但法官从形成自己的内心确信到作出判决，会受到当事人诉讼行为的影响。当事人在举证期限内提供证据的多少、证明力的大小、对方当事人的反驳都会影响法官对案件事实的认定；双方当事人及诉讼代理人提出适用法律的意见也会对法官产生影响；当事人对裁判结果不服，上诉、申诉也会使法官重新审视自己裁判的准确性。

1.类型化分析：基于事实对案件处理的强制介入

民事调解遵循自愿、合法的原则。通常情况下，法院对当事人自愿达成的协议不会干涉。但在特殊情况下，法院可能基于具体案件事实而对案件处理的判决或调解方式进行强制性干预。比如涉及稳定性案件中，基于社会秩序稳定的总体要求，法官可能会统筹决定处理方案，积极关注案件的社会效果。在出现案件当事人权利失衡的情况下，法官也可能主动介入，选择案件处理方式。

如陈某军等诉浙江杭萧钢构股份有限公司（以下简称杭萧钢构）证券市场虚假陈述赔偿纠纷系列案。〔1〕陈某军等127人先后以杭萧钢构与中国国际基金有限公司就安哥拉住宅建设项目上市信息披露违反法律法规对股民形成误导为由提起诉讼，请求判令杭萧钢构赔偿原告投资、佣金和利

〔1〕 浙江省杭州市中级人民法院民事调解书，(2007)杭民二初字第133号。该案获评全国法院十大调解案例。

息等损失。法院针对该案原告众多、利益牵涉面广、社会影响大的特点，对127件案件进行通盘考虑，选择整体处理的审理思路。118件案件一次性达成调解协议，原告获得了82%的高比例现金赔偿。随后，剩余9件案件也顺利调处。该案因上市公司在信息披露方面有误导性陈述而引发，涉及受损股东众多，赔偿数额较大，且潜在当事人多，处理不当很可能影响资本市场和社会稳定。法院按通盘考虑、整体处理的审理思路，发挥了调解"一揽子"化解全部纠纷的优势。

又如"厦门博饼案"〔1〕。厦门立德置业管理有限公司（以下简称立德置业）在举办的博饼活动中，指派江某如等6名员工代替弃权客户参赛。江某如在博饼大赛中博到东风风神轿车一辆和别克新君威轿车一辆，个人向税务机关交纳了两轿车所得税。后立德置业向法院提起诉讼，请求确认江某如博到的东风风神和别克新君威轿车属于公司财产。经法院调解，双方当事人达成协议，立德置业将东风风神轿车奖励给江某如，并支付轿车的所得税税款，别克新君威轿车归立德置业所有。该案是涉及民俗习惯和"非物质文化遗产"的新类型案件。博饼是厦门几百年来独有的中秋传统月饼文化。在博饼案中，法官面临法理与情理的冲突。从该案证据看，江某如系受公司委托，但如果将两辆轿车都判决给公司，不考虑江某如连得两辆汽车的运气及对公司的贡献，对江某如显失公平。法官跳出解决当事人诉求之争的思维定式，为当事人达成调解协议提出三个递进式解决方案，〔2〕最终实现了双方当事人利益平衡。在车辆分配方案上，法官根据江某如刚

〔1〕 厦门立德置业管理有限公司诉江某如物权确权纠纷案，福建省厦门市海沧区人民法院（2009）海民初字第1969号民事调解书。该案获评全国法院十大调解案例。

〔2〕 在该案审理过程中，公司提出诉讼保全的申请，江某如抢先将第二辆汽车提走。江某如为争取舆论支持，向媒体宣称其丢了工作，给公司造成不良影响。针对这种情况，法院提出，第一步是，双方签订调解协议后，由法院主持召开媒体说明，向社会告知纠纷已得到协商解决，对辞退一事进行澄清。第二步是，江某如回公司继续上班，等舆论冷却后再决定双方是否签订劳动合同；公司择时再举行博饼比赛，将归属于公司的别克轿车以博饼的方式回馈给消费者，从而修复公司形象。第三步是，如再次举行博饼比赛，除消费者外，可考虑邀请劳动模范、荣誉军人、残障人士、十佳外来务工青年等参加活动，让对厦门城市建设作出奉献的人有机会赢得轿车。

参加工作的实际，建议其分得东风风神轿车，由公司自愿支付两辆车的所有税费。对公司而言，长时间被媒体关注不利于公司正面形象，终结争议是成本最低的公关手段。该案通过调解妥善处理了新类型案件法律适用与民俗习惯的关系。

2.影响要素：环境对法官实质理性的影响

现实主义法学派认为，只有法官在审判中运用的东西才是法。而法官在审判案件时，除了要遵循先例以达成逻辑的前后一致性，还要考虑社会福利因素、公共利益因素、社会道德、伦理等。[1]司法外部环境对法官调判适用的影响是无所不在的。

社会文化因素对法官实质理性的影响。长久以来，中国司法推崇社会效果与法律效果相统一的司法价值观。所谓的社会效果至少包含以下几方面源于社会文化对法官的角色期待：尊重社会文化传统和价值观念；尊重社会习俗和伦理规范；审判结果不得与普遍的文化心理相背离。中国法官对社会效果的追求目的是达致社会公众对其审判结果的普遍赞同。社会赞同是人们在社会交往中所取得的基本报酬。在许多场合下，它比某种物质财富更重要。[2]因此，来自社会文化传统的压力是法官在判案过程中不能不考虑的重要因素。如江苏法院通过对民俗习惯司法适用的调研，提出善良的民俗习惯凝结着社会大众的普遍性的价值判断，将之引入司法裁判过程，有助于提高司法的社会认同度。[3]

公众舆论倾向对法官实质理性的影响。对诉诸审判的社会冲突，公众舆论所表现出的同情、支持或反对、嫉恨的倾向也是法官追求社会赞同所无法忽视的因素。一般来说，在没有充分信心能够使公众舆论发生逆转的

---

〔1〕 参见[美]本杰明·N.卡多佐：《司法过程的性质》，苏力译，商务印书馆1998年版，第41页。

〔2〕 参见[美]彼德·布劳：《社会生活中的交换与权力》，孙非、张黎勤译，华夏出版社1988年版，第19页。

〔3〕 参见公丕祥主编：《民俗习惯司法运用的理论与实践》，法律出版社2011年版。2007年，时任江苏省高级人民法院院长的公丕祥大法官，主持最高人民法院重点调研课题“民俗习惯的司法适用”的研究，笔者也有幸作为课题组成员，参与了课题的调研以及前述著述的写作。

情况下，法官不愿把自己的裁判建立在与公众舆论倾向完全相反的基础上，这也是大部分法官有时倾向调解的原因之一，与审判相比，当某一起案件判决结果与公众意见相悖时，调解更加切合法官的自身利益；而当案件判决结果符合大众舆论的情况下，法官会更乐于选择判决方式。

除外部司法环境影响法官的调判选择外，考核、晋升以及司法责任追究等内部奖惩机制也在一定程度上影响着法官的决策。F法官谈到，由于案件太多，法律关系简单的案件其实并没有太多时间做调解，法官反复调解的往往是疑难复杂案件。这类案件调解无疑比判决更有现实必要性。〔1〕疑难复杂案件往往存在更深更尖锐的矛盾冲突，一旦判决不当，可能激化矛盾引发恶性事件，而恶性事件的影响力可能会对法官产生社会负面评价或者法院内部的追责。基于“趋利避害”的考虑，审判程序自然向调解“逃匿”，这也是民事诉讼疑难案件久拖不决的成因之一。

3.对策：事理、情理与法理的融合与衡平

从环境要素这一维度出发，法官的实质理性更多体现为实用主义的做法，关注具体案件社会效果。一是将情理习俗和文化传统融入纠纷解决。一方面，应当重视诉讼机制与诉外调解的有机衔接，积极吸纳情理中的合理要素。另一方面，准确把握情理介入矛盾纠纷化解的限度，维护法律权威与当事人意思自治。二是实现民事诉讼的利益衡平。在涉及个人利益与公共利益冲突时，要做到注重事理、情理的融合。三是通过司法公开获取社会认同。目前在我国调解制度的设计中，调解过程及方案是不公开的〔2〕。但涉及社会稳定等群体性纠纷以及需要利益平衡的案件时，调解方案应公开透明，以获取社会认同。这在中国民事诉讼制度中已有体现，如

---

〔1〕 摘自法官访谈记录。

〔2〕《民诉法解释》第146条规定，人民法院审理民事案件，调解过程不公开，但当事人同意公开的除外。调解协议内容不公开，但为保护国家利益、社会公共利益、他人合法权益，人民法院认为确有必要公开的除外。主持调解以及参与调解的人员，对调解过程以及调解过程中获悉的国家秘密、商业秘密、个人隐私和其他不宜公开的信息，应当保守秘密，但为保护国家利益、社会公共利益、他人合法权益的除外。

环境公益诉讼案件调解即以公开为基本原则，当事人达成的调解方案应先向社会公示，法院对双方的协议是否损害社会公共利益应主动审查。[1]

（四）当事人基于形式理性的对抗与合作

在当事人的形式理性与实质理性间，“合意性”的实现同样存在摇摆现象。双方当事人均意图实现自己利益的最大化，可能会在选择调解和判决之间摇摆不定。基于当事人的形式理性的合意，指的是当事人基于掌握的诉讼信息确定案件胜诉可能性，从而确定案件妥协让步而达成的共识。形式理性对于当事人选择合作与对抗的诉讼策略具有很大意义。基于理性选择，当事人通常不会实施消耗成本却不能带来利益的行为。在开庭之前，双方占有的证据资料不一致，当事人根据自己的证据材料会对案件进行大致的评估，进而预测可能的裁判结果，这种判断会随着诉讼程序的进展而不断调整，并由此作出最有利于自己的判断。

1.类型化分析：信息不对称情况下的各方博弈

依据经济学的信息不对称理论，市场中交易双方所掌握的信息往往是不对称的，会影响双方的决策和行动。一方占有的有效信息越多，他在交易中就越占据有利地位。如何用更小的成本获得更多的信息是调判决策必须考虑的问题。司法实践中，信息不对称，既有利于法官利用居中获取双方意图的优势，有针对性地进行调解，也隐含着双方当事人可能利用占有的信息，与法官进行博弈，形成名真实假的诉讼，可能会损害第三人或社会公共利益。

---

〔1〕 最高人民法院《关于审理环境民事公益诉讼案件适用法律若干问题的解释》第25条规定，环境民事公益诉讼当事人达成调解协议或者自行达成和解协议后，人民法院应当将协议内容公告，公告期间不少于30日。公告期满后，人民法院审查认为调解协议或者和解协议的内容不损害社会公共利益的，应当出具调解书。当事人以达成和解协议为由申请撤诉的，不予准许。调解书应当写明诉讼请求、案件的基本事实和协议内容，并应当公开。

(1)"背对背" 调解现象:法官与当事人之间的信息博弈

我国民事诉讼中背靠背的调解方式比较普遍。法官对当事人有选择性告知有利(或不利)诉讼信息,模糊部分事实,影响当事人对案件处理结果的分析预判。常见的现象是:法官在庭审结束后,安排一方当事人在法庭外面单独交流,向其陈述案件对其不利之处,并建议其接受调解,在取得当事人的部分信任后,再将对方当事人叫出法庭谈话,同样是选择性告知部分的诉讼信息,暗示案件的处理走向。因双方信息交流存在一定真空,当事人选择信任法官并提出自己的调解方案。如果调解空间较大,法官会再次开展一轮的交流,进一步缩小双方差距。背靠背调解的好处在于法官可以通过话语控制谈不便对方听到的话题,避免调解过程中双方发生直接冲突。如陈某与刘某买卖合同纠纷案中,双方就还款数额进行了数轮博弈,法官"背对背" 转达双方的意图,比双方当事人直接面对面地确定还款数额,具有更灵活的周旋时间和空间,避免双方谈判陷入僵局后的矛盾激化。

(2)"虚假诉讼":当事人共同合意下与法官的博弈

在"姜某虚假调解案"[1]中,姜某与相某签订土地转让协议,相某将其所有的国有土地使用权及厂房转让给姜某,后双方办理了房产和土地使用权过户,相某交付部分厂房、土地由姜某使用,合同尾款120万元未付。案外人郑某因民间借贷纠纷起诉相某,并申请财产保全。法院裁定对姜某应给付相某的合同尾款120万元中的79万元予以保全。姜某向法院起诉,请求判令相某交付厂房等标的物、支付违约金36万元、确认其无须支付尾款120万元。该案未经开庭,双方达成调解协议:相某交付诉争的土地及房产;姜某不再向相某支付合同尾款108万元(该108万元已抵作租金)。法院通过民事调解书对上述协议内容予以确认。后人民法院发现调解书错

---

〔1〕 姜某、莫某诉相某、李某红、宋某立土地承包经营权转让合同纠纷案,江苏省连云港市赣榆区人民法院(2016)苏0707民初306号民事调解书、(2017)苏0707民再3号民事裁定书,连云港市中级人民法院(2018)苏07民再4号民事裁定书。

误提起再审，撤销民事调解书，驳回姜某等人的起诉。

虚假诉讼行为在中国民事诉讼中并不罕见〔1〕，当事人利用法院诉讼程序达成虚假的合意，表面上似乎符合以“合作与对抗”为主要特质的民事诉讼运行逻辑，实际是以虚假的对抗来掩饰恶意串通，举证、质证、抗辩都流于形式，往往采取自认、和解、放弃答辩等方式，以迅速达成协议，在此基础上形成的合意是不真实的。近年来，中国立法和司法方面对民事虚假诉讼的惩治力度也不断完善。〔2〕对涉及第三人利益、国家利益和社会公共利益的案件，人民法院应趋向严格主义审查排除恶意串通的可能。对关联企业、近亲属之间的债权债务案件，加大法官依职权调查取证力度，对关联案件进行强制检索，强化当事人本人到庭，避免虚构债务以转移资产的情形。J省法院自2019年开展“套路贷”虚假诉讼专项治理，研发了“‘套路贷’虚假诉讼智能预警系统”，利用放贷人的风险分析、关联案件比对分析等检索分析功能，协助法官判断案件是否涉嫌虚假诉讼。〔3〕以L市法院为例，该市部分地区民间资本活跃，职业放贷现象较突出，其中不乏高利贷、利滚利、“套路贷”等违法现象。该市法院在“套路贷”虚假诉讼案件专项治理中，排查2016年至2019年7月审结的4万余件民间借贷案件，其中涉嫌套路贷虚假诉讼违法民事案件2697件。〔4〕

---

〔1〕 2019年，最高人民检察院召开新闻发布会，通报检察机关对虚假诉讼监督的情况。2017—2019年3月，全国检察机关共监督虚假诉讼民事案件5455件，所办理的生效判决、裁定、调解书主要集中在民间借贷纠纷、房地产权属纠纷、离婚财产纠纷、追索劳动报酬等财产性纠纷领域。

〔2〕 2015年，全国人大常委会通过《刑法修正案（九）》，增设虚假诉讼罪。2016年6月，最高人民法院下发《关于防范和制裁虚假诉讼的指导意见》。2018年9月，最高人民法院、最高人民检察院联合公布《关于办理虚假诉讼刑事案件适用法律若干问题的解释》。

〔3〕 “套路贷”，是对以非法占有为目的，假借民间借贷之名，诱使或迫使被害人签订“借贷”或变相“借贷”“抵押”“担保”等相关协议，通过虚增借贷金额、恶意制造违约、肆意认定违约、毁匿还款证据等方式形成虚假债权债务，并借助诉讼、仲裁、公证或者采用暴力、威胁以及其他手段非法占有被害人财物的相关违法犯罪活动的概括性称谓。参见最高人民法院、最高人民检察院、公安部、司法部《关于办理“套路贷”刑事案件若干问题的意见》，自2019年4月9日起施行。

〔4〕 资料来源：连云港市套路贷虚假诉讼专项治理台账。

2.影响要素:信息压力

民事诉讼中的信息包括当事人的利益主张、当事人对纠纷的评价、法律规范、风俗习惯、村规民约、人情道德等,并非所有信息都会对纠纷的最终解决结果产生影响。有效信息是指那些能够打动对方、影响对方思想、促使对方作出一定反应并能够影响纠纷解决的进程和结果的信息。这些有效信息是当事人要传递的主要内容。

审判信息的不对称,对当事人合意的形成会产生障碍。在“背对背调解”的过程中,整个调解过程都是由法官和一方当事人进行交流,双方往往在事实和法律适用方面持有完全对立的观点,仅依赖与法官单方性交流这一路径,法官所传达给当事人的信息是不对称的。在法官不公开案件处理的心证过程的情形下,当事人对案件的期望值差异较大,双方很难在短时间的调解程序中达成一致。法官如果没有倾向性,能够居中调解,会对各方存在的瑕疵和疏漏进行分析,引导当事人理性分析问题,降低其对裁判的期望值,进而听取并接受法官给出的合理方案。如丁某诉某卫生院、某人民医院医疗损害赔偿案中,双方在法庭上对抗比较激烈,都不愿在法庭上承担侵权过错责任。但经过法官“背对背”沟通,丁某认识到母亲在出院之后才去世,又因自己的原因未作尸检,对诉讼结果的预期,已从要求医院全额赔偿降低到挽回自己付出的诉讼成本损失(诉讼费、律师费等)。医院方也认识到自己诊疗行为存在不规范之处,愿意对患方一方进行适当补偿,因此双方能够达成调解协议。

3.对策:程序规则下的信息共享

诉讼是纠纷当事人博弈之场域,当事人纠纷的解决置于经济、法律、道德、习惯、心理、社会等多维视野之中,在对纠纷的性质、发生的原因、矛盾的程度、所关涉的其他社会关系、事实查明的状况等予以整体性考察的基础上,才能在符合或不违背法律规范的前提下,针对纠纷解决的具体需要寻求妥善的解决方案,通过适当的技巧和方式,促成当事人在权利义务关系的处理上达成基于自主意志的合意。[1]调判一体化模式下的信息共享应包括以下内容：一是合理分配举证责任实现证据信息对称。通过举证责任分配、法院调查取证等补偿信息弱势一方。二是适度开展法官释明实现法律信息补偿。当事人法律信息不对称时，法官坚持中立的同时，应适度行使法官释明权，避免当事人因对法律的误解而草率处分权利。三是以必要的信息开示实现当事人的合意真实。对涉及当事人权益减损的处分时，应全面开示案件认定事实的所有证据，让当事人在信息对称的情况下作出自由处分，保障当事人的合意真实。四是建立调解程序和调解信息保密机制。中国民事诉讼有关于调解过程和调解协议不公开的规定，但尚未建立完善的调解信息保密机制。除涉及社会公众利益等民事案件外，应对当事人在调解过程的信息予以保密，不得对外披露。

（五）当事人基于实质理性的对抗与合作

当事人的实质理性与合意性的关系体现为对诉讼结果的预期，这种预期更多的是基于对案件客观真实的分析。区别于法官依据民事证据认定的法律事实，对抗双方掌握的是案件的客观事实。“调解制度是一种自下而上的正义，即纠纷当事人塑造了他们认为可以接受的结果，而不管该结果是否与适用标准或规则得出的结果相一致。”在调解中，影响纠纷解决方案的规则、标准、原则和信仰都由当事人自己掌控。如果客观事实与法律事实接近，当事人的对抗多反映在法律适用层面，调判策略的选择相对会理性一些，合作的可能性偏大。如果客观事实与法律事实相差甚远，当事人的对抗非理性的成分居多。调判关系的选择同样如此，如果当事人期望案件拖得越久对自己越有利，往往更倾向于选择判决，而如果诉讼成本过高，当事人可能会倾向于选择与对方合作，尽快结束诉讼程序。可以看

[1] 参见张立平：《为什么调解优先——以解决纠纷的思维模式为视角》，载《法商研究》2014年第4期。

出，在实质理性支配下当事人合意的形成，主要影响要素是时间和诉讼成本的支出，这两个要素直接关系当事人调判态度的转变。

1.时间因素对调判态度改变的影响

诉讼成本是指当事人在诉讼进程中所花费的时间、精力、金钱以及对自身人际关系的损害等。在诉讼成本和诉讼效益的对比之下，当事人会对自己的成本和收益进行预估，从而在一般人的理性的支配下作出不同的选择。时间成本对当事人利益的影响是以间接、延时的方式产生效果的。对于进入诉讼程序的案件来讲，程序的推进所产生的时间消耗可能会成为当事人在诉讼中选择合意解决纠纷的一种动因。如一起交通事故赔偿案。小女孩过马路被货车撞倒碾压受伤，多次进行疤痕松解手术。由于是未成年人，无法鉴定损失具体数额。原告以实际发生的医疗费多次起诉。根据其主治医师的建议，至少还要再做10次手术。法官通过关联案件查询，发现前几次医疗费用都在19,000元左右，提出按未来10次治疗，本案一次性支付19万元的调解方案，双方达成赔偿协议。在之前的多次诉讼过程中，对事实争议不大，法院基于诉讼效率径行判决。在该次诉讼中，法官将后继纠纷一并处理，结果双方一致予以认可。如果只为提升诉讼效率对简单案件尽快判决，可能会因为交涉时间不足阻止调解合意的生成。

再审案件调解情况[1]在一定程度上也能体现时间因素对当事人选择的影响。提起再审的案件时间跨度相对较长，如果单纯从程序理性的角度审视，当事人将“官司打到底”的念头更为强烈，可能会更期待法院最终判决作出是非判断。但在民事再审程序中，双方当事人仍有相当的比例达

〔1〕《民事诉讼法》对审判监督程序是否可以适用调解并没有作出明确规定。关于再审程序可以适用调解是由最高人民法院司法解释规定的。2008年《最高人民法院关于适用〈中华人民共和国民事诉讼法〉审判监督程序若干问题的解释》第25条规定：“当事人在再审审理中经调解达成协议的，人民法院应当制作调解书。”

成调解[1]。究其原因是多方面的，其中有很大因素是基于实质理性的权衡。从当事人的角度看，再审案件通常经过长时间的诉讼程序，当事人已经耗费大量的时间、精力，有时可能更期待法院利用其影响，促成双方达成调解协议，彻底解决纷争。再审程序以纠错为导向，但对生效裁判的纠错并不是对原裁判的简单否定，而是要确保在司法正确性和正当性之间保持平衡，维护诉讼秩序既有的张力。对于当事人而言，只要是高效率的，能较公平解决矛盾的方法都值得一试，如果能将自己的实体权利进行“变现”或尽可能地挽回损失，则不会拒绝调解。

2.成本要求对调判态度改变的影响

成本要素指当事人之间的纠纷进入法院之后，因诉讼行为使自己产生的成本，包括时间成本、经济成本、机会成本等。前文已分析了时间要素对调判态度的影响。基于理性人分析的情况下，当事人在充分考虑诉讼成本和诉讼利益的前提下，作出能够使自身利益最大化的选择。在纠纷已经发生并且再现客观真实的成本（包括困难）过高的情况下，不如以最节约资源的方式重新分配争议利益。

经济成本属于当事人的显性成本，主要是当事人因为诉讼向法院、律师支付或花费的实际费用，包括诉讼费用、代理费用、诉讼支出等。判决案件诉讼费用由败诉方承担，这一规则使当事人的胜诉预期对选择调判的关系更大。但调解案件的诉讼费用可以减半收取，总体上，判决成本大于调解成本。对代理费用和其他诉讼支出，法律虽没有明确规定为败诉方承担。但诉讼越正式，当事人在程序中花费的成本越高，调解的灵活性也可为当事人节约更多费用。如一起买卖合同案[2]中，双方合作多年，因被告

---

〔1〕 据《中国法律年鉴》2000—2017年数据统计，全国法院通过审判监督程序审理的案件相对稳定，并未随着民事诉讼案件总数的增加而增加，自2002年以来总体呈稳中有降的态势。其中约有10%的纠纷在再审程序中通过调解的方式化解，在2011年和2012年甚至达15%以上。

〔2〕 李某京诉连云港春雨建材制造有限公司买卖合同纠纷案，江苏省连云港市中级人民法院（2020）苏0706民初1860号民事判决书。

方资金链断裂拖欠部分货款产生纠纷。被告方考虑的是如何尽快恢复公司经营，诉讼周期越长，其恢复正常经营的难度越大；原告面临资金周转的压力，提起诉讼是为及时拿到相关款项。调解相对比判决更有利于矛盾的化解，客观上也有利于为双方此后再次合作打下良好基础。

当事人的隐性成本分析较复杂。前文分析过，当事人可能由于诉讼时间过长转而追求调解解决纠纷，但对不适宜调解的案件，会耗费更多的时间成本，如果调解时间过长，反复调解的情况下，当事人的调解成本会大于判决成本。从伦理成本看，调解更符合息诉的传统，为当事人的后续合作保留空间，总体而言，调解成本较判决要小。

从表3-2可以看出，多数情况下，理性当事人选择调解的成本低于判决。但当事人选择调解与判决的预期收益不同。作为主张权利的原告一方，其选择调解可以规避判决败诉、对方当事人逃避履行的问题。如果案件存在客观真实不清的情况，当事人可能会基于对判决结果不乐观的风险防范本能转而选择调解处理。

表3-2　当事人调判选择成本构成与比较

项目		调解成本	判决成本	成本比较
显性成本	诉讼费用	双方协商，减半收取	败诉方承担	法院调解<法院判决
	代理费用	双方协商	委托方承担	法院调解<法院判决
	诉讼支出	自行承担		法院调解<法院判决
隐性成本	时间成本	及时调解时间成本低，反复调解耗费时间成本		法院调解/法院判决
	伦理成本	未来合作机会	关系紧张	法院调解<法院判决
	机会成本	节约时间	诉讼周期长	法院调解<法院判决
	错误成本	减少上诉成本		法院调解<法院判决

3.对策：尊重当事人的程序选择权和处分权

调判一体化的诉讼结构中，如何避免成本压力对当事人合意可能带来的负面影响，首要的是尊重当事人的程序选择权和处分权。调解的正当性首先来自当事人之间的合意。应当保障当事人在选择调解方式和达成调解方案这两个维度“双重获得合意”的权利。审判外纠纷处理成功的最基本条件为，纠纷处理的开始和最终解决方案的提示这两个阶段都必须获得当事人的合意。〔1〕纠纷处理方式的选择权表现为当事人既可以选择申请法院调解纠纷，也可以不同意调解而申请法院判决；在调解过程中，当事人得以合理的时机和理由撤回申请调解的主张并要求法院及时判决，避免案件久拖不决。

〔1〕 参见［日］棚濑孝雄：《纠纷的解决与审判制度》，王亚新译，中国政法大学出版社2004年版，第79页。

第四章 调判一体化诉讼结果的可接受性

作为既有法律服务者的法官，其职责在于促成人们对法律制度的接受，他要向人表明，他所作出的判决不仅合法，并且因其合理而可以被接受。

——萨伊姆·佩雷尔曼*:《法律推理》

任何法律制度和司法实务的根本目的都不应当是确立一种威权化的思想，而是为了解决实际问题，调整社会关系，使人们比较协调，达到一种制度上的正义。

——苏力:《法治及其本土资源》

合作与对抗并存是调判一体民事诉讼程序最显著的特征。上一章从诉讼主体的角度对调判一体化的运行过程进行动态解构，全景式展现了调判运行中的主体博弈、典型形态等。那么，“调判”二者扬长避短、相互融合、因案施策，其最终结果如何？如何对诉讼结果进行合理评价？本章将对程序运行的结果分析与讨论。诉讼的最终目的在于公正解决纠纷，对经过诉讼程序的纠纷解决结果附以既判力，禁止再行争议，以国家强制力保障结果实现。不可否认，强制性是现代法治的基础和底线，但强制本身亦存在缺陷和风险。正如“科学话语趋向于合流，而道德话语趋向于分

* 萨伊姆·佩雷尔曼(Chaim Perelman)，波兰裔比利时人，法学家、哲学家和逻辑学家，20世纪最重要的论证理论家之一，在理性、正义、法律论证等方面具有重要影响。

流”〔1〕。因为诉讼是基于证据对于案件事实和立法的主观认知，不可能如自然科学般客观精准，存在认知错误的可能，此种情况下的强制不仅不能解决纠纷，还可能会衍生出更多的纠纷。而接受表明肯定、认可、服从，与强制相比是一种内在化的约束力。诉讼结果的可接受性反映调判结果是否以及在多大程度上能够获得相关受众的认可，建立在可接受性基础上的强制性具备更强的说服力与正当性。因此，从公正高效解决纠纷的诉讼目的角度，以可接受性分析诉讼结果更能体现诉讼程序运行的实际效果。

一、诉讼结果可接受性的分析视角与方法

调判一体化诉讼结果的评价包括两个层面，一是诉讼结果本身的可接受性，是内容结果；二是作为终结诉讼的调解或判决的适用结果的可接受性，是方式结果。后者在解纷规则塑造等方面亦具有独特意义。可接受性分析应当兼顾诉讼结果的内容与方式两个方面，但主要以内容结果特性确定研究视角与方法。

（一）可接受性的分析视角

诉讼结果的可接受性衡量的是作为结果的调解、判决是否以及在多大程度上获得肯定和认同。相较于强制性、客观性等范畴，可接受性具备的内在的自我约束性、主观性更为突出，故有学者担心可能导致对“依法”裁判的否定，怀疑可接受性单独作为司法裁判评价标准的正当性。〔2〕但是从实证分析角度看，“裁判可接受性的本意旨在借助司法裁判技术化过程使

〔1〕［美］理查德·A.波斯纳：《道德与法律理论的疑问》，苏力译，中国政法大学出版社2001年版，第60页。

〔2〕参见陈景辉：《裁判可接受性概念之反省》，载《法学研究》2009年第4期。在该文中，作者将可接受性概念作为一个取代法律标准并与之对立的标准使用。

判决赢得公众的认同，进而强化司法权威”[1]。诉讼结果可接受性的评价体系应该更为丰富、立体，下文将予详述。

1.可接受性作为诉讼结果分析工具的理论基础

民事司法是对具体个案进行判断，这就产生了裁判是否具有唯一正确性的问题，即“司法的合理性问题就在于，一种偶然产生的法律的适用，如何才能既具有内部自洽性又具有合理的外在论证，从而同时保证法律的确定性和正确性？”[2]从调判的内部生成和外部实效可以得出可接受性对评价调判结果的意义。

在内部生成方面，诉讼结果的正当性源自融贯、自洽的法律论证所支持的可接受性。对于“真”的追求，人们最初持符合论，即假设存在一个客观世界，认为命题真假与是否认识到这种真假无关，而是由外在世界决定的。与符合论不同，融贯论主张命题的真不在于它与实在、事实的对应关系，而在于它与所从属的命题系统中他命题的融贯关系。司法判决是将法律与个案事实分别作为大小前提，根据形式逻辑作出的判断，作为大前提的法律是司法者对“现行有效法律规范体系”进行的解读，最终得出的判决结果亦应当与法律规范体系的精神意旨融贯一致，使“在有效法秩序的框架内能够被理性地加以证立”。[3]这既是裁判结论具有正当性的要求，也是具有可接受性的基本要求。融贯理论解决了判决结果有效性、正确性的问题。对于如何实现法治理想，学者给出了不同的路径。德沃金将法治理想建立在对赫拉克勒斯式完美德行和专业知识的法官之上，哈贝马斯则认为应当建立在“宪法诠释者所组成的开放社会”上，在“一个非强制但有秩序的比较哪个论据更好的竞赛中，在最好信息、最好理由的基础上，为一个有争议的

---

〔1〕 谢小瑶、赵冬：《裁判可接受性的“理想”与“现实”——源于听众理论的启示》，载《南京大学法律评论》2013年第1期。

〔2〕 [德]哈贝马斯：《在事实与规范之间》，童世骏译，生活·读书·新知三联书店2003年版，第246页。

〔3〕 参见[德]罗伯特·阿列克西：《法律论证理论——作为法律证立理论的理性论辩理论》，舒国滢译，中国法制出版社2002年版，第265页。

意见赢得一种多数观众群体的同意”[1]。德沃金通过假设完美法官来实现裁判的合体系性、绝对的正确性有些过于理想化，忽视了司法实际中的历史背景、社会变迁、文化差异等。哈贝马斯则认为裁判的正当性是由合理的、好的理由所支持的可接受性，而判决结果与法律规范的融贯性则通过法官在参与者、公众与法律共同体面前证立判决，以及上级法院的监督得以最终实现。

除了判决结果的可接受性，调解亦存在与法律规范体系内在融贯性的联系。调解是当事人在诉讼中接受法官的协调建议，行使处分权自行解决纠纷的方式，对两造而言自然是可以接受的，而且绝大多数民事案件仅限于两造之间的争议，双方接受的解决纠纷方案当然具备正当性，不需要依据实体法律论证以寻求内部体系融贯一致。但是从更广义层面上讲，调解应当与民事诉讼公正解决纠纷的制度目的一致，但对于是否存在违背当事人意志，损害案外人合法权益、公共利益等法律基本原则的情形，是否有悖法秩序的融贯性，存在讨论空间。

在外部实效方面，诉讼结果社会功能的开放性评价要求与可接受性契合。前文对于调判结果可接受性的理论基础分析着眼于内部生成路径，但对于调判结果面临的社会评价以及当事人生活可能受到的影响则未予关注，这在我国当今社会变革剧烈、社会利益多元化的背景下显得尤为不足。对此，制度法理论可以给我们启示：“哲学意义上的制度显然与规则有某些关系，但并不与规则等同”[2]。即把自然法中公正的价值、道德因素等包含在实在法范围之内，强调裁判应当关注法律规范制度功能的实现，关注结果对于当事人生活可能的影响以及其正义功能的实现，以适应、解决千变万化的社会问题。制度法理论对于制度背后价值以及社会现实的关注，要

〔1〕［德］哈贝马斯：《在事实与规范之间》，童世骏译，生活·读书·新知三联书店2003年版，第280页。

〔2〕［英］尼尔·麦考密克、［奥］奥塔·魏因贝塔尔：《制度法论》，周叶谦译，中国政法大学出版社2004年版，第63页。

求从规则体系的结构与功能的背景上理解、评价与裁判，使裁判的评价具有开放性，与我国对于诉讼结果的法律效果与社会效果要求在某种程度上是契合的。因此，对制度功能实效的强调对于裁判结果评价而言，实际上是考察当事人、法院、社会公众等对于裁判结果的接受程度。

与判决不同，表面上调解是基于双方的意愿而不是直接基于实体法律制度解决纠纷，但实际上双方在商讨调解方案时间接地参考了实体法律规定，故调解解决纠纷不仅是程序法发挥的功能，同时也可视为实体法律制度发挥的功能，且在绝大多数情况下上述功能的发挥均是正向的、正当的，具有可接受性。但在如双方恶意串通，损害案外人利益、公共利益情况下则与法律制度规定的价值旨趣相悖，此时存在关于可接受性的探讨空间。此外，关于调判方式的选择，调判两种制度在诉讼架构中虽一致于解决纠纷，但各自功能不同，如调解擅长修复关系，实质解决纠纷；而判决则更有利于树立规则，发挥调节社会秩序的功能。法律对于选择调或判并无强制性规定，但个案的规则培塑需求则会影响调判选择的可接受性。

2.关系说视角下的可接受性特性

关于诉讼结果可接受性的特性有客观说、主观说、关系说等不同观点。[1]客观说将社会视为客观结构，忽视诉讼结果的评价包含了人们的情感

---

〔1〕 一是客观说，即可接受性是诉讼结果本身固有的客观属性，是否可接受取决于调解或判决本身的内容，与受众没有关系。如有学者认为，作为诉讼结果的判决宣告了对当事人有重大影响的未来的可能生活，应当追求维护秩序、定分止争、促进社会发展的终极目标，体现公平、正义的价值，以应得可能生活为内容的司法判决具有可接受性。参见张继成：《可能生活的证成与接受——司法判决可接受性的规范研究》，载《法学研究》2008年第5期。二是主观说，即可接受性是受众的主观感受范畴，是否可接受取决于受众的价值或趣味，与结果本身无关。有人从外观特征描述角度认为，司法领域的可接受性指诉讼过程中各方参与者对程序的运行以及最终裁判结果是否肯定、认可、认同及其程度如何。另外，有学者引入可接受性概念分析裁判结果与社会公众意见的关系，虽然未针对两造，但是将社会公众作为广义上的诉讼结果受众，并认为公众意见对结果具有重大影响，此观点亦具有主观说特征。参见苏力：《法条主义、民意与难办案件》，载《中外法学》2009年第1期；顾培东：《公众判意的法理解析——对许霆案的延伸思考》，载《中国法学》2008年第4期；孙光宁：《可接受性：法律方法的一个分析视角》，山东大学2010年博士学位论文，第19页。三是关系说，即可接受性既非仅是结果本身所固有的客观属性，也非仅是受众的一种主观感受，而是存在于诉讼结果本身与受众之间接受与被接受的相互关系。参见陈金木：《判决可接受性的实证研究》，中国政法大学2006年博士学位论文，第6页。

认知、价值判断、传统依赖等复杂因素，以此视角观察的可接受性必定是简单的和机械僵化的。主观说“认识到了在社会持续不断的生产过程中，那些世俗的知识、主观的意义和实践的能力扮演了多么重要的角色”[1]。但离开了诉讼结果本身来谈受众感受，会导致诉讼结果可接受性变动不居，难以衡量。关系说则从主客观统一的角度，肯定了诉讼结果和受众均对可接受性产生影响，既要避免因片面地研究诉讼结果而使可接受性简单化、机械化，也要避免过度强调受众的主观意旨而忽视结果自身规律致使可接受性不确定化。这既符合诉讼的社会行为本质评价要求，又使研究具有可操作性。因此，以关系说为视角界定、分析诉讼结果可接受性是较为科学的方法。以此作为分析视角，诉讼结果的可接受性具有以下三组辩证关系。

一是特定性与普遍性兼具。从受众角度看，诉讼结果存在直接受众和间接受众，直接受众是基于法律规定，诉讼结果对其具有法律效力上的影响的人或单位。毫无疑问，两造是诉讼的发起者和应接者，诉讼结果直接关乎其民事权益增减得失，故两造应是诉讼结果的最主要受众。在具体案件中两造是特定的，其对结果的接受与否是可接受性的重要评价标准之一。除两造外，受不利诉讼结果影响的第三人、有管辖权的二审法院，以及具有监督职权的检察机关亦是特定诉讼结果的直接受众，其对于结果是否接受的态度亦反映结果的可接受性高低。因此，特定的直接受众对于结果可接受性的态度表明可接受性具有特定性特征。除了上述直接受众，有时社会公众亦会对诉讼结果作出评价，这一方面是由于司法公开使普通民众更容易获取诉讼结果信息，另一方面，人们基于自己将来亦有可能遭受相同不公正结果的担忧，或维护秩序推动法治进步的信念，抑或简单朴素的内心的正义感等，会关注他人的诉讼结果。以民意为表现形式的社会公众态度对司法的发展具有重要意义，社会公众对于诉讼结果可接受性的评

[1] [法]皮埃尔·布迪厄、[美]华康德：《实践与反思——反思社会学导引》，李猛、李康译，中央编译出版社1998年版，第10页。

价体现了可接受性的普遍性特性。因此，评价可接受性在考虑特定受众意见的同时，也不应忽视社会公众对诉讼结果的意见。

二是相对性与绝对性统一。从可接受性反映了受众的主观感受角度看，可接受性是相对的，存在接受程度高低的差异。具体到民事诉讼，对于相同案件，不同诉讼结果的可接受性是不同的；同样，对于相同诉讼结果，不同受众因生活背景、价值观念存在差异，对公平正义的内涵与标准存在认识差异，对于结果的接受存在程度上的差异是常态。尤其是对于两造而言，这一点更为突出，其对同一个案件的不同解纷方案的接受程度也不同。可接受性的相对性并非意味着其绝对不确定，从诉讼结果本身应当具备的特性看，可接受性应当存在底线或者临界点，即低于某临界点或者缺乏某些必要特征的结果是不可接受的，而不应再考虑受众的意见。因此，诉讼结果的可接受性存在高低阈值范围，阈值下限是确定的，上限随着解纷方案的不同而变化。因此，要提升结果的可接受性，应当确保绝对底线，尽量提升相对接受程度。

三是合法性与合理性兼顾。如前所述，针对诉讼结果本身，可接受性存在阈值底线，即诉讼结果的合法性，不具备合法性的诉讼结果即不具备可接受性。强调可接受性的合法性要求是由诉讼程序本身决定的，因为国家为避免权利私力救济的无序，为公民解决纠纷提供公力救济而设立民事诉讼制度，作为诉讼运行结果的调解或判决应当依法作出，方具备正当性，以实现解决纠纷、维护社会秩序的职能。通常而言，具备合法性的诉讼结果一般也具备合理性。但在司法实践中，由于制定法的滞后、法律真实与客观真实的差距等原因，诉讼结果往往会产生合理性争议。故法官作出判决时要“检视所有有用的规则、原则、法律范畴和概念，从中直接或类比地选出可用于法庭意见者，以证明结果是正当合理的”[1]。因此，评价结果的

---

〔1〕［美］博西格诺等：《法律之门》，邓子滨译，华夏出版社2007年版，第44页。

可接受性要坚持合法性底线，兼顾合理性。

（二）可接受性的二重判断标准：从形式到实质

从关系论视角看，对可接受性的评价应当兼顾外在的形式判断与内在的实质判断，前者反映直接受众的态度，后者反映结果内容是否合法和契合正义标准。形式可接受性是实质可接受性的外在表现，实质可接受性是形式可接受性的决定性因素，二者相互联系、相互影响，不可分割。

1.形式可接受性

形式可接受性是指特定受众对于诉讼结果接受与否的外在反应。基于诉讼结果对受众权益影响的程度，是否属于受众的职权范围，以及可接受性对于评价诉讼结果的紧密性、可视性等考虑，形式可接受性的受众为法律规定的受诉讼结果羁束的两造、第三人，对诉讼结果具有法律监督职责的法院、检察院。根据惰性准则〔1〕，与诉讼结果关系最为密切的两造、第三人未提起上诉、申请再审，法院、检察院未依法启动监督程序的，说明诉讼结果从外观上具有形式可接受性。

形式可接受性判断标准对于诉讼结果的评价具有一定的意义。一方面，通过特定受众的外在行为表现评价诉讼结果的可接受性，形象、直观，便于观察研究，提升可接受性评价的可操作性。另一方面，特定受众与诉讼结果具有相应的法律关系，或关涉民事权益或关涉法定职责，其对于诉讼结果的接受或反对一定程度上反映了结果内容的合法性与合理性，是实质可接受性的体现。但是，单以形式可接受性标准评价诉讼结果是不够的，对于虚假诉讼、"情理法" 冲突等情形，则难以体现诉讼结果评价的客

---

〔1〕 惰性准则原指 "如果我们持有某种观点，那么坚持它就是合理的；而在没有理由的情况下放弃它就是不合理的。这种惰性准则是我们精神生活和社会生活稳定性的基础"。也就是说，对于既成事实或观点，在没有对其质疑之前，可以推定为接受。See Chaim Perelman, *The New Rhetoric and the Humanities: Essays on Rhetoric and Its Applications*, Springer, 1979, p. 130–131. 转引自孙光宁：《司法共识如何形成？——基于判决的可接受性》，载《山东大学学报（哲学社会科学版）》2010年第1期。

观性。

2.实质可接受性

与形式可接受性不同的是，实质可接受性是以抽象理性人为视角，针对诉讼结果内容以及调判方式选择的评价，包括是否具备合法性，是否符合正义标准，是否符合培塑规则目的等。其中，合法性标准指的是判决或调解是否符合相关程序和实体法律规定。正义标准指向诉讼结果的合理性，包括共性要素和差别要素，前者是指诉讼结果内容本身符合司法规律，以及结果体现了社会道德伦理共识，包括事实推定符合经验法则，裁判理由符合伦理认知，裁判结果符合公序良俗、社会主义核心价值观、解决纠纷维护秩序等。后者是指诉讼结果以及调判方式选择满足了具体个案特定正义目的，保障了个体权益，塑造了特定解纷规则等，是更高层次的要求。对于具体案件的诉讼结果实质可接受性的判断应当采取以下递进方式：合法性—正义标准（共性）—正义标准（差别）。实质可接受性存在高低之分，调解与判决结果具备合法性的，一般具有实质可接受性。但合法性仅是诉讼结果可接受性的底线，对实质可接受性的高低判断还要按照正义标准中的共性与差别要素标准依次对照审查。针对司法实践中的具体情况，实质可接受性的判断如表4-1所示。

表4-1　诉讼结果实质可接受性的判断及不同结果

司法实践中的不同情况	合法性	合理性（正义标准）		实质可接受性
		共性要素	差别要素	
法律依据明确	√	√	√/×	√（高）/√（低）
	√	×	○	×
	√（轻微程序瑕疵）	√	√/×	√（高）/√（低）
	×	○	○	×
法律依据不明	√	√	√	√（高）
		√	×	√（低）
	×	○	○	×

注：√表示可接受，×表示不可接受，○表示不予考虑。

3.二重分析模型

根据以上讨论，本书对可接受性评价采形式和实质二分模式，即对形式可接受性和实质可接受性分别进行评价。形式和实质二分是在关系论视角下为了更加全面、准确地评价诉讼结果可接受性作出的选择。一方面，通过外化的上诉、申请再审、发回重审、改判、抗诉等诉讼行为评价形式可接受性，直观可视；另一方面，对于更加复杂的结果内容以及调判方式选择的效果的评价，通过构建体系化的实质可接受性指标进行分析，可以避免评价的简单化、机械化。

形式与实质二分评价模式是指分别对诉讼结果的形式可接受性与实质可接受性作出分析，然后综合评价作出最终的可接受性分析。具体而言：形式与实质可接受性兼具的，结果具备较高可接受性。形式不可接受但实质可接受的，结果具有一般可接受性。形式可接受但实质不可接受的，结果通常不可接受，但不损害他人、社会公益、国家利益的可接受。形式与实质均不可接受的，结果不可接受（见图4-1）。

形式×，但实质√=可接受性√	形式√，且实质√=可接受性√（高）
形式√，但实质×=可接受性通常×，但不损他人、社会公益、国家利益√	形式×，且实质×=可接受性×

图4-1 诉讼结果可接受性的二重分析模型

注：形式指形式可接受性，实质指实质可接受性；√表示可接受，×表示不可接受。

二、诉讼结果可接受性的实证分析

诉讼结果可以化解个案纠纷，同时，对社会而言，包括诉讼结果在内的整个司法运行亦可以优化社会环境。比如在优化营商环境方面，根据世界银行发布的《全球营商环境报告2020》，中国连续两年入列全球优化营商环境改善幅度最大的十大经济体，其中，评价民商事司法制度与法院工作质效的“执行合同”指标，中国排名第五，体现司法制度与工作机制的“司法程序质量”指数得分表现突出。[1]突出的司法程序质量评价是对调判一体程序的肯定，这种肯定性评价建立在具体个案的高度可接受性基础上。下文将运用形式与实质二重模型分析诉讼结果可接受性的不同情形，研究诉讼结果可接受性存在的问题，提炼影响可接受性的主要因素，为提升诉讼结果可接受性奠定基础。

（一）形式与实质均可接受：共识优化诉讼结果

形式与实质均可接受是指两造等直接受众接受，而且结果本身具有合法性，契合正义标准，此系最佳的诉讼结果。“如果能够通过案件的审理及其结论的论证向社会民众灌输共识性的法治理念，那么，这将是司法发挥社会积极作用的重要表现。”[2]

1.形成诉讼共识可能的方式及如何提升结果可接受性

毫无疑问，共识有益于纠纷解决，诉讼中的共识有益于提升受众对于结果的可接受性。那么，在对抗的诉讼中能否形成共识？对此，德国学者哈贝马斯从语言学的角度，认为只要是社会行为就一定是人与人相互作用的行为，而只要发生人与人之间的相互作用，就一定要求通过语言达成理解与共识。[3]美国学者桑斯坦（Cass R. Sunstein）立足多元化的社会现实，在罗尔斯的“重叠共识”理论的基础上，发展出了“未完全理论化协议”理论，认为

---

〔1〕 参见《最高法：司法助力我国营商环境全球排名跃升》，载中国法院网2019年10月26日，https://www.chinacourt.org/article/detail/2019/10/id/4591128.shtml。

〔2〕 孙光宁：《司法共识如何形成——基于判决的可接受性》，载《山东大学学报（哲学社会科学版）》2010年第1期。

〔3〕 参见段厚省：《诉审商谈主义论纲——一种基于法律商谈理论的诉讼构造观》，载《上海交通大学学报（哲学社会科学版）》2011年第5期。

“人们总是能够就个案以及一些浅显的原则达成共识，而对抽象的东西莫衷一是。在概念或者论证上降低要求也许会更有利于开展工作”[1]。民事诉讼是社会交往行为，两造在诉讼中举证质证、发表诉辩意见、商讨调解方案，法官主持庭审、公开心证、提出调解建议，社会公众对案件发表意见，等等，均是社会交往行为。在此过程中，法官与当事人之间存在价值观念、对法律规定的理解以及案件事实认识等不一致的情形。不要求当事人对作为判决理由的法律理论认可，但如果当事人尤其是败诉一方基于自己的认知理念认同判决结果，对判决的共识与分歧共存的状态即形成了未完全理论化协议。另外，除了侵权等类型案件中纠纷发生存在偶然性，当事人之间在诉前基本具有一定的社会交往基础，存在一定的利益、文化、情感等联系，双方虽然在诉讼标的方面存在根本分歧，但是也可能存在或多或少的共识，这种共识即是达成诉讼调解的基础。因此，共识形成于诉讼，形成于诉讼主体间的角色互动、信息交换过程，充分的、真实的互动能够有效促进共识的形成。

诉讼中的共识具有自身特点。首先，诉讼共识是公正共识，应当具备可接受的正当性基础。否则，诉讼共识对于受众而言是不可接受的。因为民事诉讼中的“纠纷解决”强调解决依据具有合法性和解决程序具有公正性，并以实现“司法正义”为价值目标，[2]追求公正解决纠纷。其次，诉讼共识是重叠共识，存在受众和程度差异。两造之间，两造与法官之间，两造、法官与社会公众之间对于相同的诉讼结果可能存在不同意见，即诉讼结果可能在所有受众中均取得共识，也有可能只在部分受众中产生共识。程度差异则是指在结果内容的广度和深度上，受众达成了何种程度的共识。最后，诉讼共识是互动共识，随着信息互动变化而变化。伴随诉讼进程的发展，两造、法官对于案件事实、法律适用的理解和认知会发生变化，

---

〔1〕［美］凯斯·R.桑斯坦：《就事论事——美国最高法院的司法最低限度主义》，泮伟江、周武译，北京大学出版社2007年版，第304页。

〔2〕参见曹莉：《公正解决纠纷：司法体制改革下民事诉讼目的之定位》，载《南通大学学报（社会科学版）》2018年第5期。

重叠共识的完全程度亦会随之变化。总之，互动共识是司法适应现代社会转型、价值多元的现实需要，能够提升诉讼结果的可接受性。

调判一体化中的共识分为积极共识和消极共识，前者是对判决结果内容、调解方案等实质内容达成一致或部分一致，后者是指未达成实体处理的共识，仅对案件以判决方式处理达成一致。因后者对于可接受性的研究意义不大，本书将以前者作为主要研究对象。积极共识主要有以下情形。

达成解决纠纷方案的共识——调解。当事人将诉讼标的的意见分歧诉诸法院，表面上看矛盾不可调和，难以达成一致意见。实际上正如美国学者桑斯坦所言："当分歧过于尖锐很难得到沟通的时候，将这些分歧晾在一边，在一个具体结论上达成一致……法院往往能够取得进展。"〔1〕实践也证明了这一点，诉讼调解在法院审判工作中扮演了重要的角色，相当一部分案件是通过调解结案的。当事人在法官的主持调解下就争议的解决方案达成一致意见的背后，是法官或通过情感教化，或通晓明事理，引导双方在分歧中找到共识。

达成部分解纷方案共识——调判并存。诉讼结果部分是调解部分是判决，多见于刑事附带民事诉讼、行政附带民事诉讼中，即民事部分调解，刑事、行政部分判决，这不属于本书研究民事诉讼中调判适用的主题范围，不予详述。在民事诉讼中，调判共存可以分为两种情形：第一种情形是双方当事人在法官主持调解下就部分请求内容达成一致意见，对于未达成调解协议的请求进行判决。此种情形展现了诉讼结果"和而不同"的一面，即将当事人之间的纠纷范围尽量压缩，在维护合法权益的同时尽可能钝化矛盾。双方债权债务多复杂交织，双方既存在无争议之债，也存在有争议之债。此时，针对无争议的部分进行调解并达成协议，既有利于删繁就简，也有利于后续复杂问题的解决。这种情况多在与建设工程的工程款、借

〔1〕［美］凯斯·R.桑斯坦：《就事论事——美国最高法院的司法最低限度主义》，泮伟江、周武译，北京大学出版社2007年版，第26页。

款、长期的买卖合同等有关的案件中发生。

第二种情形是在共同诉讼中，原告与部分被告达成调解协议，法院对其他被告作出判决。二者不同之处在于前者调解发生于相同主体间，后者发生于不同主体间，后者的调解结果可能会影响其他共同诉讼人的权利，对调解协议的确认和可接受性要综合全案考虑。如王某诉连云港市黄海小学、韦某等健康权纠纷案[1]中，王某与韦某系连云港市黄海小学三年级学生，事发时均为无民事行为能力人。二人在午休时玩闹导致王某牙齿、口腔受伤，后经治疗发生各项费用等共计20,383.39元。一审法院认为学校未尽到教育管理义务，应当承担80%责任，王某、韦某的监护人各承担10%责任。一审判决后，二被告不服提起上诉。二审期间，学校与王某的监护人以10,000元达成调解协议。二审法院经审理认为，本案发生在非上课期间，且学校尽到了宣传、教育义务，一审认定学校承担80%责任过重，不利于教育管理的健康发展，改认定学校承担50%责任，剩余50%由王某、韦某二人的监护人各分担25%。因二审调解，王某、韦某二人的监护人承担责任加重，但并不违反禁止不利益变更原则。因为基于公共利益考虑，对学校对学生的教育管理的义务是否完全履行的评判，不能超出合理的限度，一味地加大教育者的责任将导致学校对学生的管理更加死板、严苛，不利于学生的健康成长。最终各方服判息诉。

事实、法律认知共识——共识性判决。当事人在诉讼中未能就纠纷解决方案达成调解协议，但有可能对于案件的事实认定、法律适用达成一致认识的，在此基础上的判决结果为共识性判决。当事人对事实认定的结果是否认同是影响判决结果可接受性的重要因素。虽然法律真实已经是共识，但是司法实践中完全脱离客观真实的法律真实是难以接受的，亦是不合理的，所以法律真实对客观真实的接近程度决定事实的接受度。通

[1] 江苏省连云港市中级人民法院民事判决书，(2016)苏07民终2652号。

常，符合经验法则的事实认知接受度更高。如杜某诉A某某文物损害赔偿案[1]中，被告打碎原告一件瓷盖碗，原告称其为晚清之物，要求赔偿5000元，被告称其为一般民用瓷器且碗身早已存在磕碰留下的裂痕，仅愿赔偿200元。因鉴定费用较高，双方均不同意司法鉴定。法官为文物爱好者，从断代时间推定、品级认定依据、价格不确定性等方面引导当事人举证、辩论，并根据庭审各方的举证情况，认定该对象系清末民初的一般民间日用瓷，酌定判决被告赔偿原告500元。双方当事人服判息诉。

无论是调解、判决还是调判并存，诉讼参与方均存在形成共识的可能，虽然存在共识范围、高低等差异，但他们都指向判决结果得到最大范围和最大程度的接受，尽管这种共识必然会随着司法过程的展开而有所变化[2]，但共识与调判适用相互影响，进而影响可接受性是毋庸置疑的。

2.影响结果共识的因素分析

基于上述讨论，共识对于调判结果可接受性的积极影响毋庸置疑。从诉讼结果的内部生成和外部实效两个方面看，对于民事诉讼结果能否形成共识主要有以下影响因素。

事实认定接近客观真实的程度。法律真实虽然是人们基于司法规律的“妥协”，但已经被法学界普遍接受，尽管如此，我们不能否认的是客观真实仍然是美好的“理想彼岸”。影响案件事实认定结果与客观真实的差距的因素是事实查明方法的科学性、合理性。比如在前文提到的“渔网案”中，法官在测算渔网的数量时采用的称铅锭的方法，符合渔民的生活经验法则，最终认定的事实接近客观真实。当事人对案件事实具有共识基础，且法律关系较为简单无争议，法官采取判决形式，化解了一起原本复杂的民事纠纷，较好地维护了双方的合法权益。本案是共识性判决的典型，具有形

---

〔1〕 上海市杨浦区人民法院民事判决书，(2010)杨民一(民)初字第3744号。

〔2〕 参见孙光宁：《司法共识如何形成——基于判决的可接受性》，载《山东大学学报(哲学社会科学版)》2010年第1期。

式与实质可接受性，判决整体可接受性高。因为相当一部分案件的争议存在事实不明，如果查明事实能够达到“渔网案”均得到两造高度认可的程度，有利于当事人对于判决的认同，也利于形成解纷共识并达成调解。

证明责任分配的合法、合理性。民事诉讼法规定了诚实信用原则，该原则是否对当事人科以在诉讼中的完全陈述义务未有明示，即关于当事人针对于己不利之事实是否应当进行陈述，法律并未有明确规定，这导致案件事实真伪不明成为常态。另外，在某些案件比如部分医疗损害纠纷、环境损害侵权纠纷等中，双方当事人也不清楚要件事实，需要借助专业机构或人员的鉴定来还原“真相”。因此，证明责任能否合法合理分配可能直接导致诉讼结果截然不同，当事人对结果的认同度也会不同。2019年，最高人民法院出台的《关于修改〈关于民事诉讼证据的若干规定〉的决定》中，取消了原证据规定中证明责任分配的类型化规则，改变了以往尽可能明确各类型案件证明责任分配规则以约束法官自由裁量权的做法，摒弃将证明责任作为解决证明难的工具的理念，在程序公正原则的指引下，坚持以实体法规定的证明责任为原则，同时允许法官基于案件个性化而保持对证明责任规则的开放性。[1]因此，诉讼过程中证明责任的分配原则上依照实体法律的规定，同时，应当针对个案差异适当发挥法官的自由裁量权。

证据采信理由的合理充分性。经过举证、质证的证据，经法院认定具备证据能力并对证明力大小进行相应的判断后形成案件事实。是否具备证据能力，由法官根据法律规定、日常经验法则等从关联性、合法性、真实性三个方面进行判断，并说明是否予以采信的理由。合理充分的说理更容易获得认同，反之则难以被接受。关于证明力大小的理由，因其主观性更强法官自由裁量的空间更大，对说理的合理性与充分性要求更高。司法实践中，证据采信说理不充分、不合理往往成为主要的上诉理由之一。

〔1〕 参见吴英姿：《证明责任的程序法理》，载《南大法学》2020年第2期。

法律适用说理的合理充分性。裁判是将诉讼过程中确定的双方争点和认定的事实涵摄到相应的法律规定之下，并作出相应的判断。这一过程中关于适用法律的选择，以及法律与事实是否存在涵摄关系，需要法官给予合理充分的说理，否则可能影响结果的可接受性。如前述杜某诉A某某文物损害赔偿案中，被告对于其打碎原告的古物瓷盖碗之基本事实并无异议，但双方对于瓷盖碗的价值有较大异议。对此，法官首先确定该案应适用原《物权法》第37条[1]来明确被告的损害赔偿责任；对于被告要求巨额赔偿的诉求，则未予支持。其在判决说理部分阐述了四条极具说服力的理由：对年代、品相可以通过鉴定予以明确，但一般会存在误差；原告称系名家杨紫卿的作品，并无证据佐证，且后世仿前朝器物的社会氛围自古有之，即使是名家之作也未见该人作品市场价格如原告所言；瓷盖碗上虽有八大山人认定字样，但八大山人为明末清初之人，与原告所称的年代相差二百余年；瓷盖碗上有日常使用之痕迹，推断案涉瓷盖碗为日常使用之物。关于上述理由，双方表示信服。

调解的合法性与合理性。当事人在无力私下解决自己与他人纠纷的时，经法官调解达成解决纠纷的一致意见，可以避免后续审理程序，全部当场履行的调解协议还可以避免强制执行。这不仅节约了司法资源，而且形成了各方可接受的共识。调解合法性决定当事人的共识是否有效，法官还要审查是否存在违反法律规定，尤其要注意审查是否损害案外人合法权益或公共利益等。同时，达成的调解应当不违反当事人自愿原则，即不存在对当事人进行威胁、要挟、恐吓等，此为对调解程序合法的要求。调解还应当具备合理性，即调解方案不能造成一方当事人显著的合法权益损失，尤其是在当事人缺乏专业判断能力的情况下；调解还应当避免不必要的迟延，调判转换的及时性亦是合理性的要求。

---

〔1〕　本条现为《民法典》第238条：“侵害物权，造成权利人损害的，权利人可以依法请求损害赔偿，也可以依法请求承担其他民事责任。”

调判的外部实效。外部实效是指调判对外发生的实际效果。具体而言,判决以其效力定分止争、树立规则、引导社会价值等,调解则主要体现在对双方争议的实质性解决或解纷的更优方案,调判的不同特点导致调判选择对不同案件的处理会产生不同效果,而不同的效果影响共识的形成和共识的广度、深度。如模仿动画片"烤羊"烧伤案。2013年4月6日,江苏东海10岁儿童李某模仿动画片《喜羊羊与灰太狼》剧情做"绑架烤羊"游戏,将两儿童(分别为8岁、4岁,为兄弟俩)绑在树上放火烤,致二人重度烧伤病危。受害人将李某和某制作公司诉至法院。受害人与致害人均家庭困难,无力承担巨额医疗费。审理情况:一审判决公司承担15%责任约3.9万元,致害人承担相应赔偿责任;二审调解公司支付85万元。该案是典型的文化产品致害案件。该类案件的可归责性判断在中国现行法上遇到重重障碍,不仅是因为现行法没有明文规定,更在于文化产品具有无形的思想产品特征,动漫作品生产者没有教唆且无法控制第三人的行为,要求他们为此承担损害赔偿责任缺乏正当性。[1]故一审判决被告公司承担责任在法律适用上存在争议,且距离受害人治疗费需求差距甚远。案涉三方在二审中均表达了对一审判决的不满。二审选择调解,为受害人争取最大利益。那么,被告公司的合法权益是否受到了损害呢?未必,虽然说文化创意需要反面角色、恶的一面等刻画,但因观众不特定且多为心智不成熟的未成年人,创作方应当尽到相应的提示、警示义务,立法的不完善不能成为免除其责任的理由。且公司为自身形象亦希望尽早和解。因此,二审调解方案既兼顾各方利益最大公约数,又达到了解决纠纷维护权益的目的,形成多方共识,具备形式与实质可接受性。

在诉讼程序形成的闭合环境中,事实认定、法律适用乃至调判结果、调判选择的实效等均是影响结果能否被认可的重要因素。但诉讼事件发

〔1〕 参见宋亚辉:《文化产品致害的归责基础与制度构造》,载《法律科学(西北政法大学学报)》2015年第6期。

生于社会生活中，影响当事人、社会公众等对于诉讼结果的认可的因素则会因案件不同而有所不同，如当事人自身的性格、案件处理当时的社会环境等，篇幅所限，不再详述。

3.提升可接受性的路径——优化结果共识

共识是相互竞争的利益群体在讨价还价过程中达到的平衡。[1]调判中的共识具有自己的特点，应是合法的且能够提高解纷效率，具备有效性、真实性、稳定性。

一是提升共识有效性。共识的有效在于实质性地解决纠纷。调解是对解决纠纷方案达成的共识，要成为有效的共识需要具备合法性基础，包括内容的合法性和调解的自愿性，二者缺一不可。内容的合法性指调解协议不得违反法律法规的强制性规定，不得损害他人合法权益、公共利益等。调解还应当遵循当事人自愿原则，否则达成的调解协议是无效的。关于判决结果，从理论上讲确定的判决不管是否合法在未被废弃之前均发生法律效力。但是如果判决在认定事实、适用法律、审判程序等方面存在错误，则不会得到认可即不会形成共识，判决的效果会大打折扣。换言之，判决结果不仅要求不得有错，而且要符合实质正义标准，符合诉讼价值、公序良俗、伦理道德，实现合法性与受众的价值满足。唯有如此，方能成为具有解纷实效的“共识性判决”。

二是保障共识的真实性。案件的事实常常因真伪不明存在调判共识的真实性问题。一方面，诉讼虽是利益对立的两造辩论、公开对审的过程，亦会在某些方面存在共同利益而达成共识，但是当事人强烈的目的性偏好使其往往选择性地披露对自己有利的案件信息，产生真假不明的情况。另一方面，在调判一体的诉讼构造中，当事人在调解中的陈述不得作为判决的依据。调解中的陈述往往会影响法官的心证，尤其是调解中的陈述与庭

---

〔1〕 See Thomas Payne, *The Role of Consensus*, 18 The Western Political Quarterly 21(1965).

审中的陈述不一致，或者调解的诉求与诉讼中的诉求有较大变化时，对于法官认定案件事实可能产生影响，这也使当事人在调解时有所顾虑而难以作出内心真实的想法。因此，真伪不明应作区分：其一，当事人对事实均知晓但一方或双方均未作真实、全面陈述，常见于民间借贷等案件；其二，当事人对部分要件事实亦不清楚，如需要鉴定的医疗损害中是否存在过错的问题。对于前者，应通过法官心证公开，促进双方自行和解。和解不成的，要公正分配证明责任并及时释明，探求案件真相。此外，还要加大虚假陈述的惩戒力度，引导诚信诉讼。对于后者，除在争议较大案件中要求鉴定人等出庭接受质询外，还应当进一步提高当事人尤其是专业知识较弱一方当事人的诉讼能力，可以许可其聘请有专业知识的人代其进行质证，发表对事实认定的意见。此外，还可以在合议庭中增加相关专业人员作为陪审员，对证据进行审查认定，在调解过程中提出专业性意见，以及在判决中充分阐述对于争议事实的证据认定理由。

三是强化共识稳定性。“人们的偏好并非一成不变，公民通过积极的政治辩论和学习过程，能够重新塑造偏好和价值观，进而达成共识。”〔1〕当事人对于调解、判决结果的认同存在变化的可能，导致调解协议不履行、对确定判决申请再审、信访等，是为不稳定的共识。对既定调解方案或判决结果稳定的认同不应依赖法律赋予生效调判结果的强制力，而应当从提升调判结果本身的合理性、说服力着手。在事实认定方面，不应当简单地依据实体法分配证明责任，而应当根据个案，全面考虑当事人的举证能力、举证便利性等因素，在实体法规定的基础上，根据案件审理过程中法官的心证，合法、动态、合理地作出证明责任分配，进而作出相对客观公正的事实认定。对于证据的认定，应当中立客观，不偏向一方，对于双方无争议的证据可以简略说明理由，对于在庭审中争议较大证据的证据能力、证明

〔1〕 周超、易洪涛：《政策论证中的共识构建：实践逻辑与方法论工具》，载《武汉大学学报（哲学社会科学版）》2007年第6期。

力大小应当作出充分合理的解释。在法律适用方面，既要立足于法律条文规定，也要看到法律条文背后的法的价值元素，确保在认定事实的基础上适用法律得出的判决结果，或参考法律规定最终达成的调解方案具备可接受性。

（二）形式不接受但实质可接受：引导两造预期收益理性化

司法实践中，形式不接受但实质可接受情形亦是诉讼中的常态，绝大部分上诉案件的结果为驳回上诉、维持原判，即属于此种情形。具体而言，对于诉讼预期收益的误判是主要原因，而诉讼预期收益判断亦是两造选择调判的主要影响因素。

1.预期收益与结果接受度

两造对诉讼预期收益的判断决定诉讼策略选择。在经济学领域存在一个基本假设："人们总是理性地最大化其满足度，一切人（幼儿和严重智力障碍者例外）在他们的一切涉及实际选择的活动（精神变态或其他滥用毒品和酒精而产生类似精神错乱影响的活动除外）中均如此。"[1]预期收益是当事人对通过诉讼能够得到的收益的判断，因为诉讼中信息的不对称性，当事人对预期收益的判断决定其选择什么样的诉讼策略。"随着证据交换、争点整理等诉讼进程的推进，当事人受诉讼信息、诉讼力量、风险偏好以及个体异质性特征的影响，会选择通过诉讼、诉讼和解、诉讼调解等不同情境中的多轮博弈来预判诉讼风险和预期收益，并研究占优诉讼策略和实施对策性诉讼行为，以期优化诉讼成本在当事人之间的合理分担，最终实现当事人的诉讼预期乃至共赢。"[2]通常情况下，诉讼中如果存在两造均无明显优势且僵持不下的情况，或者胜诉一方认为成本明显过高的，抑

---

〔1〕［美］理查德·A.波斯纳：《法理学问题》，苏力译，中国政法大学出版社2002年版，第442页。

〔2〕赵晓薇：《民事诉讼当事人博弈及成本优化——以"理性经济人"为视角》，载《湘潭大学学报（哲学社会科学版）》2018年第1期。

或两造希望修复因诉讼破坏的关系等情形下，两造选择合意解决纠纷的可能性较大。反之，一方认为诉讼收益为正向且合理，或诉讼成本可以接受等情况下，可能会拒绝调解而要求判决。

预期收益的理性化能够提升诉讼结果可接受性。诚然，“理性经济人”只是一个基本假设，在纷繁复杂的社会生活中影响人们作出选择的约束因素复杂多变，人们作出的选择并不必然是符合其利益最大化的理性选择。当事人会因一时之气、一念之差、一事之误等非理性因素而提起诉讼、拒绝调解，亦会因为诉讼能力、地位差异导致的信息不对等作出非理性化的选择，从而实质上降低诉讼结果的可接受性。以L中院受理的2018—2020年间二审民事案件为例，二审作出发回重审或改判的案件只占一审判决案件总数的2.47%，也就是说，大部分案件的上诉请求并未得到支持，可见上诉的理性化程度极低。〔1〕

充分的程序保障促进预期收益理性化。在现代民事诉讼中，当事人的自我责任是程序保障下的自我责任，法院以自我责任为由让当事人承担不利后果时，要以其已经遵照法律的要求为当事人作出一定的行为提供了必要保障为前提。只有在为当事人提供了充分的程序保障后，追究当事人的自我责任才具有正当性。〔2〕易言之，当事人自我责任的正当化前提是法院提供了充分的程序保障，而具备正当性的责任自负亦会使当事人易于接受结果。充分的程序保障有利于当事人获得及时充分的诉讼信息，并在此基础上作出收益判断。比如，在实践中被告任意答辩现象较为普遍，庭审中补充证据现象也不少见，这导致当事人无法在诉讼早期获得完善的诉争事实信息，也难以使情绪化的对抗转化为理性的合作与对抗。另外，由于当事人证据和案件信息收集能力低下，当事人在诉讼早期对案件结果难以形

〔1〕参见《连云港市法院发改案件集中较差评查情况评查通报》。

〔2〕参见李浩：《民事诉讼当事人的自我责任》，载《法学研究》2010年第3期。

成较为准确的预期，无法为调解的顺利进行奠定良好的基础。[1]总之，提升形式可接受性即两造对于诉讼结果的认同度不仅有利于降低当事人的诉讼成本，而且有利于提升诉讼程序的运行效率，节约司法资源。

2.预期收益变化与调判转化

如上文讨论，两造对于诉讼预期收益的判断随着案件审理的进行可能发生变化，不同的预期收益判断会对两造选择通过调解还是判决解决其纠纷产生重要影响，从而推动调判转化。下文试举两例分析。

“郑州电梯劝阻吸烟案”。[2]2017年5月2日，郑州医生杨某因在电梯内劝阻69岁段某某吸烟，发生言语争执。十多分钟后，段某某突发心脏病死亡。段某某亲属田某将杨某诉至法院，要求赔偿死亡赔偿金等共计40余万元。审理情况：一审法院判决杨某向死者家属补偿1.5万元。田某不服，上诉至郑州市中级人民法院。二审法院认为段某某死亡与杨某没有因果关系，一审判决适用法律错误，损害公共利益，故撤销一审判决，驳回田某的诉讼请求。

“保安加班费案”。[3]苗某与周某在连云港某物业公司从事夜间保安工作，每班12小时，可休息。后公司决定与二人解除劳动合同。经苗某与周某申请劳动仲裁后，公司诉请法院判决不支付节假日加班费、双倍工资加班费、违法解除劳动合同赔偿金等。审理情况：一审认定每天超过8小时即为加班，判决原告公司分别支付二被告51,985.78元、49,583.7元。二审达成调解协议，给付金额分别为45,000元、43,000元。

“郑州电梯劝阻吸烟案”中，原告田某的女婿徐某在二审后接受媒体采访，认为受害人的死亡与被告有因果关系，被告应当承担相应的责任，

〔1〕 参见杨润时主编：《最高人民法院民事调解工作司法解释的理解与适用》，人民法院出版社2004年版，第22页。

〔2〕《郑州电梯劝阻吸烟案》，载中国法院网2019年9月20日，https://www.chinacourt.org/article/detail/2019/09/id/4482995.shtml；另参见《“电梯劝烟猝死案”劝阻者终审判无责，死者家属拒绝捐赠》，载新华网，http://www.xinhuanet.com/2018-01/24/c_1122307914.htm。

〔3〕 参见一审文书：连云港市赣榆区人民法院民事判决书，(2019)苏0707民初68、69号；二审文书：江苏省连云港市中级人民法院民事调解书，(2019)苏07民终1885、1886号。

对二审结果没想到，也难以接受。[1]从中可见，原告对于诉讼的预期并未随着诉讼程序的推进发生变化，坚持原来预期，与被告的诉讼预期未能重叠，一审、二审均以判决结案。值得注意的是，虽然原告表示难以接受本案二审判决，但二审判决却具有较高的实质可接受性。理由如下：因承担责任的前提是劝阻行为与死亡后果之间存在因果关系，在案证据证明二者之间不存在因果关系，二审判决被告不承担责任符合法律规定。另外，劝阻在公共场合吸烟是正当行为，合理限度内的劝阻行为应当鼓励，不应当承担任何法律责任。因此，二审判决支持保护公共环境的行为，引导良好社会风尚，符合正义标准的共性和差别要素，具有实质可接受性。“保安加班费案”中，被告苗某月工资2000元～2200元，周某1900元～2900元，二人均在原告处工作了一年，一审判决的加班费分别达2.3万余元、2.5万余元，接近年工资总额。而且二人夜班可以休息，应当根据工作内容与强度对工作时间进行折算，而不应简单机械地以超过8小时均算为加班时间。原告公司亦存在考勤资料等证据举证不足的情况。基于上述对双方均不利的案情，经过二审法官释明，双方均降低诉讼预期，最终达成调解协议。

从上述两个案例可以清晰看出，两造对于诉讼预期收益的判断影响着调判的选择。了解哪些因素能够对预期收益产生影响，并据此对当事人的预期收益进行理性化引导，有利于提高诉讼结果的形式可接受性。以二审中的调解结案案件作为分析对象，就“何种因素导致当事人在二审中改变预期选择调解”这一问题，在对某中级人民法院46名法官进行调查问卷时，法官们共同认可的主要的影响因素包括：在理性因素方面，证明责任的分配与转移、是否完成证明责任的判断、对法律理解的变化，以及类似案件审判情况等对当事人的调判选择影响较大；在非理性因素方面，提起诉讼的动机如报复心理、赌气心理等，当事人的性格如易冲动性格、执拗

---

〔1〕 参见《“电梯劝烟猝死案”劝阻者终审判无责》，载中国日报中文网，http://cnews.chinadaily.com.cn/2018-01/24/content_35568843.htm。

人格等是当事人不理性诉讼选择的主要影响因素。

3.预期收益的理性化引导

虽然当事人的预期收益会受到非理性因素的影响，但不可否认的是，通过诉讼解决彼此纠纷的行为本来就是比较理性的。因此，通常而言当事人的理性人假设是成立的，但司法实践中可能因信息不对称、诉讼能力等原因当事人无法或不能作出准确判断。对此，需要从当事人诉讼地位、诉讼权利等方面完善程序保障。

保障诉讼地位的平等性。当事人之间的诉讼能力差异，以及“强势”审判权的挤压等，造成诉讼信息不对等，影响当事人的理性判断。因此，保障当事人在诉讼中享有平等地位更有利于对其诉讼预期的理性化引导。

提升诉讼参与的充分性。程序参与是程序正义的基本要求，辩论原则等程序规定保障了审判的主体参与，而调解本身要求的两造合意也蕴含主体参与的意旨。那么在调判适用中考虑程序主体尤其是两造参与的意义在哪里？一方面，“程序提供了一次重塑过去的机会。经过程序加工的过去才能成为确定的过去……事实上的过去与程序上的过去并存，并且发生着前者向后者的转化”〔1〕。此过程可能产生三种结果：一是“事实上的过去”与“程序上的过去”一致，为最佳结果；二是两者部分一致，结果次之；三是两者完全不同，为最差结果。当事人作为“事实上的过去”的亲历者，其积极主动参与诉讼有利于实现或接近实现最佳结果。另一方面，美国学者的诉讼模型认为，影响当事人决定自行和解还是要求法院庭审判决的因素主要有两个：案件的重要性（stake）和当事人对法院判决结果存在的预期差异。〔2〕案件的重要性总的趋势是与案件标的成正比。当事人参与诉讼

〔1〕 季卫东：《法治秩序的建构》（增补版），商务印书馆2019年版，第25页。

〔2〕 沃德弗格（Waldfogel）教授对纽约南区联邦地区法院处理的约65,000件民事案件的实证研究发现案件标的额大小和庭审率（进入庭审案件的数量在所有起诉案件数量中的比例）存在正相关关系，标的额越大，庭审率越高。See Joel Waldfogel, *Reconciling Asymmetric Information and Divergent Expectation Theories of Litigation*, 41 Journal of Law and Economics 451（1998）.参见唐应茂：《一个关于判决、调解和执行关系的实证研究》，载《中外法学》2006年第6期。

能够第一时间获取诉讼信息，对可能的判决结果、对方的履行意愿、能力、诉讼成本等综合考虑后理性作出选择。

促进诉讼能力的对等性。强调当事人的诉讼能力是为了使当事人的自我责任正当化。如果当事人的诉讼能力显著较弱，让当事人承担自己诉讼行为后果是难以接受的。更为重要的是，在司法实践中，当事人因经济、文化差距导致诉讼能力不对等的情况经常发生，能力较强的一方往往过高预期诉讼收益，能力较弱一方往往过低预期诉讼收益，这会影响司法公正，导致预期收益判断不理性。根据程序保障的要求，法院应从三个方面给当事人提供帮助：一是为当事人提供实施诉讼行为的条件，而不只是保障知情权；二是应对当事人尽到阐明义务；三是协助当事人收集证据。〔1〕

（三）形式接受但实质不可接受：调判适用的内外场力〔2〕平衡

调判结果存在违法或不符合正义标准的情形，但两造和有管辖权的法院、检察院对于该结果未表示异议，是为形式接受但实质不可接受。导致此情形的原因复杂多样，本书从诉讼程序内部与外部两个角度进行分析。

1.内外博弈下的调判适用问题

调判异化问题。大陆法系学者认为诉是“要求以判决形式给予权利保护请求”〔3〕，“原告针对法院的要求审判之申请”〔4〕。即原告提起诉以启动民事诉讼程序，法院进行审查进而作出相应判决。当然，这一过程中当事人

---

〔1〕 参见李浩：《民事诉讼当事人的自我责任》，载《法学研究》2010年第3期。

〔2〕 内外场力系复合词，指的是内外场域和内外影响力，为表述简洁称为内外场力。内外场域指的是诉讼程序内外场域，参考自季卫东关于程序的描述“自当事人将纠纷提交法院时起即受程序之约束，双方争议因诉讼程序启动而与外界发展暂时隔离”，参见季卫东：《法治秩序的建构》，商务印书馆1994年版，第19页。内外影响力，指的是诉讼程序内部和外部的影响力。

〔3〕 ［德］奥特马·尧厄尼希：《民事诉讼法》，周翠译，法律出版社2003年版，第212页；［德］罗森贝克、施瓦布、戈特瓦尔德：《德国民事诉讼法》，李大雪译，中国法制出版社 2007 年版，第643页。

〔4〕 ［日］新堂幸司：《新民事诉讼法》，林剑锋译，法律出版社2008年版，第145页。

亦可以自行和解结束程序。调判一体的诉讼程序则略有不同,法官当然负有判决义务,但也可以选择调解结案。调解应当遵循自愿原则,在当事人无法自愿达成解决纠纷的合意时,法院应当履行作出判决的法律义务。但是在司法实践中,调判出现了异化现象,表现在以下两方面。

一方面是违背当事人意志的强制调解问题,表现类型分为“以劝压调”“以拖压调”“以判压调”等,这种法官对当事人自由意志的不当干预即构成强制调解。〔1〕有学者把法官对于当事人自由意志的干预作出了合理强制和不合理强制的区分,认为“调解过程中,中立调解者实际上都具有一定的强制功能,一般通过当事人的处分权间接发生作用”〔2〕。“合理的强制是法律的本质所在,没有强制性也就没有法律的权威性。对于调解而言,合理的强制可以营造一种有利于纠纷解决的氛围。”〔3〕笔者认为,当事人选择诉讼解决纠纷,往往是因为双方无法私下解决,需要借助国家公权力维护自己的权益,此时完全依靠当事人的自由意志往往难以达成调解协议。法官以自身的专业、经验提供建议,以“劝”与“拖”等工作方式将案件放一放、冷处理,可能会有另外一种不同的结果,只要法官持有公平公正的理念且在合理的限度内(如审限约束)。因此,“以劝压调”与“以拖压调”并不属于强制调解。与之相对,以下情况属于强制调解:一是严重超出限度的强迫。如在某再审案〔4〕中,再审申请人诉称,不在调解协议上签字,就不释放被羁押的再审申请人的法定代表人。虽再审申请因无证据证明被驳回,如果其为真,以此施压达成的协议与当事人的真实意图差距甚远,更谈不上合意。二是超出必要限度的诱导。在当事人不理智等情况下进行冷处理属于可以接受的调解策略。但是如果超过了限度,长期久拖

〔1〕 参见李浩:《民事审判中的调审分离》,载《法学研究》1996年第4期。

〔2〕 范愉:《调解的重构(下)——以法院的调解改革为重点》,载《法制与社会发展》2004年第3期。

〔3〕 赵旭东:《理性看待法院调解的强制性因素》,载《法学家》2007年第6期。

〔4〕 参见天津港宁房地产发展有限公司与高某润商品房委托代理合同纠纷再审案,最高人民法院(2014)民申第1794号民事裁定书。

不判、明显夸大判决败诉风险等，给当事人的精神意志施加无形压力，最终迫使当事人接受调解应为强制。三是当事人多次明确拒绝后仍坚持调解。当事人多次表明不接受调解的态度已经明确，此时再行调解有违背自愿原则之嫌。何为多次，不应简单划定标准，而应当根据具体个案情况，结合当事人的诉讼能力、诉讼预期是否合理等综合判断。

另一方面是不愿意履行或放弃履行判决义务。对民事之诉作出判决是法院的义务，但是由于调解具有节约诉讼资源、修复社会关系、避免涉诉信访等诸多优势，受到法官青睐。部分经验型法官相对而言更倾向调解，尤其是在疑难复杂案件、社会影响重大案件等的审理中，判决往往被作为次优选择。更有甚者，在特定的历史时期，部分法院出现了“零判决”现象。这会导致“法院作为司法机关的功能逐渐变异，异化为非裁判机关，所谓司法职能实际上被非司法职能取代，司法功能被‘阉割’”〔1〕。

调判错位问题。我国《民事诉讼法》未明确规定何种情形下必须适用调解或判决结案（特别程序等除外），从这个意义上讲，调判错位只是一个相对概念，即在考虑案件处理方式上，适用调解或判决处理该案欠缺妥当性，或者说选择另外一种方式比现行处理方式更为合适。调判错位可能降低实质可接受性，少数情况下，可能导致实质不可接受。以下试举三例说明。

王某诉都江堰市某汽车修配厂民间借贷纠纷案〔2〕（以下简称“借贷案”）。被告汽修厂厂长李某某向原告王某借款20万元，并以汽配厂土地使用权、厂房等作为抵押。该厂于诉讼过程中经法官调解与王某达成协议，将抵押财产折价20万元给原告，法院以调解书确认协议。后王某申请再审，再审法院查明，在本案诉讼期间，汽修厂李某某与案外债权人张某在执行中达成以物抵债协议，法院裁定将调解书中涉及的汽修厂土地、厂房

〔1〕 张卫平：《回归“马锡五”的思考》，载《现代法学》2009年第5期。

〔2〕 四川省成都市中级人民法院民事判决书，（2016）川01民再128号。

等折抵100万元给了张某。

杨某与滕某排除妨害纠纷案[1](以下简称“排除妨害案”)。杨某与滕某住房相邻，2018年滕某翻建院墙导致杨某家雨天积水无法排除，造成损害。后双方在一审中调解，各自退让并重新划清界限。后杨某申请再审，认为调解错误，双方均提供宅基地使用权证、村里证明等材料，但因边界标志物消失无法确定边界。再审认为，本案实为宅基地确权纠纷，应由政府有关部门处理，裁定撤销调解书。

倪某生诉倪某金赠与合同纠纷案[2](以下简称“遗赠案”)。倪某生系孤寡老人，唯一财产为村委会拆迁安置的一处房产，后于1998年与倪某金签订遗赠扶养协议并公证，倪某金每年给倪某生200元～300元。2003年倪某金以经济条件不好为由不再给付抚养费。倪某生诉请法院撤销赠与，并请求法院调解。后法院判决撤销双方赠与合同。

关于上述三个案例调判结果可接受性见表4-2。

表4-2 上述三个案例之调判结果可接受性

案例	形式可接受性	实质可接受性			结果
		合法性	正义标准(共性)	正义标准(差别)	
借贷	√	×(损害权益)	○	○	×
排除妨害	√	×(不当确权)	○	○	×
遗赠	√	√	√	×(以房养老目的落空)	√(低)

注：√表示可接受，×表示不可接受，○表示不予考虑。

“借贷案”中，被告在涉诉法院有多起案件被判败诉，其中有一件执行案件对于案涉财产已经达成以物抵债协议，本案再约定将该财产折抵债

〔1〕 安徽省宿州市埇桥区人民法院民事调解书，(2018)皖1302民初8469号；安徽省宿州市埇桥区人民法院民事裁定书，(2019)皖1302民再26号。

〔2〕 福建省将乐县人民法院民事判决书，(2004)将民初字第179号。

务，不仅损害本案原告权益，而且以明显低于实际价值的价格折抵债权对其他案外债权人的合法权益也造成损害。故本案调解因违反法律规定而不可接受。“排除妨害案”中，两造对于自身物权的处分并不违反法律规定，但本案实际上是宅基地使用权属本身的争议，应当先由政府相关部门处理，而非直接由诉讼解决，案件不符合民事诉讼的受理范围，调解违法不具有可接受性。司法实践中，更多的是调解不当降低结果可接受性。比如王某诉上海国际主题乐园有限公司服务合同纠纷案。〔1〕“遗赠案”中，原告系无儿无女、年事已高的老人，仅有的房产还是村委会帮其修建的，为了安享晚年，其与被告签订遗赠扶养协议。发生纠纷后，其曾数次请求村、乡镇帮其调解，但无果。法院以被告拒绝调解为由径行判决虽然符合法律规定，但其效果并未能达到原告的诉讼目的，降低了结果的实质可接受性。上述三个案例可以归结为调判错位，即以调代判或者以判代调，前者因强制合意、损害他人利益等更容易产生调判错位的不当后果，也更为常见；〔2〕对于后者，因判决本为法院的法定职责，以判代调产生的错位后果是相对的，有些案件成因复杂，背后牵扯利益众多，简单的非黑即白的判决难以彻底解决纠纷。比如，在一些婚姻家庭纠纷、身份关系诉讼、相

---

〔1〕 2019年1月30日，原告携带食品至被告处游玩，安检人员根据《上海迪斯尼乐园游客须知》（以下简称《须知》）禁止原告携带食品入园，经交涉未果，原告自行处置食品后入园。原告向法院起诉，请求确认《须知》中“不得携带以下物品入园”部分条款内容无效，并赔偿被迫丢弃的食品损失46.3元。参见《华政学生起诉上海迪斯尼后续：双方达成调解，迪斯尼赔50元》，载澎湃新闻2019年9月12日，https://www.thepaper.cn/newsDetail_forward_4407442。

〔2〕 如辽宁省大连市甘井子区红旗法庭以调代判解决倍增的房地产及衍生案件，参见《甘井子年鉴》（2017）。另外，一些地方意识到以调代判的问题，采取措施避免问题出现，如山东省德州市人大常委会在工作报告中指出，法院要“杜绝以调代判或重判轻调行为，努力在合理区间达到调判均衡”，参见《德州年鉴》（2013）；江苏省灌南县法院总结经验时指出，“忌以调代判、反复调解、久调不决”，参见《灌南年鉴》（2006）。在相关个案如徐某某与郭某某同居关系析产纠纷再审案，辽宁省大连市中级人民法院（2018）辽02民申409号民事裁定书；高某某与哈尔滨市香坊区朝阳镇金星村村民委员会承包地征收补偿费用分配纠纷案，黑龙江省哈尔滨市香坊区人民法院（2016）黑0110民初字第502号民事判决书等中，当事人以法院在前案中以调代判申请再审或作为本案的诉讼理由之一。载中国裁判文书网，wenshu.court.gov.cn/website/wenshu/181217BMTKHNT2W0/index.html?pageId=53781ed8006da622984106e2ae56692a&s21=%E4%BB%A5%E5%88%A4%E4%BB%A3%E8%B0%83，2019年10月20日访问。

邻权纠纷、劳务合同纠纷、民间借贷等案件中，双方当事人往往是熟识的，争议的问题常常是表面的，深层次的原因则未通过案件体现出来，此时若法官忽视调判规律，简单作出判决以代替调解，便难以取得案结事了[1]的效果。

2.影响诉讼结果的内外因素分析

（1）科层结构与法官的主导诉讼地位

过去，法院内设机构长期按照行政管理模式运转，各类审判事务要求层层审批和请示汇报。[2]法院与法官均按照行政级别，形成权力向上集中的层级化结构，使法院组织结构过度科层化，整个法院组织结构与权力呈金字塔样态。[3]具体个案诉讼中，法官一般居于主导地位，决定着调判选择和转换。因此，科层结构对于个案调判适用的影响便以“命令—服从”的方式，通过法官的诉讼行为得以实现。需要注意的是，这种“命令—服从”式的影响有的是针对宏观社会经济发展情况作出的应急调整，如次贷危机、新冠肺炎疫情影响下的司法政策[4]，强调通过诉讼调解钝化矛盾，科层制中的权威性、可预见性优势得以在司法解决矛盾纠纷过程中发挥。但是，科层制对于调判适用的负面影响更应值得我们关注。诉讼程序之外的权力对法官进行干预，该干预意见可能与法官形成的心证不一致，与直接言词原则要求相悖，从而降低调判选择的合理性。更为严重的是，这可能为权力寻租带来空间，对于判决无法实现的干预要求，转为通过调解实现。因此可以说，司法科层结构和法官在诉讼中的主导地位构成了外力影响调判适用的通道之一，直接或间接催生了形式多样的强制调解问题，还

---

〔1〕 案结事了不仅指形式上结案，而且指调解协议要得到履行，双方不会再因案涉纠纷上访、申诉，双方关系重归理性、平衡等。

〔2〕 参见江必新：《论合议庭职能的强化》，载《法律适用》2000年第1期。

〔3〕 参见郭松：《审判管理进一步改革的制度资源与制度推进——基于既往实践与运行场域的分析》，载《法制与社会发展》2016年第6期。

〔4〕 如最高人民法院《关于当前形势下做好劳动争议纠纷案件审判工作的指导意见》《关于依法妥善审理涉新冠肺炎疫情民事案件若干问题的指导意见》等。

可能导致调判错位，甚至调判异化。

（2）当事人权益保护与公共利益维护

通过公正裁判和合法调解保护当事人的合法权益，维护社会秩序、实现社会正义，从某种意义上即维护了公共利益，此时当事人利益与公共利益存在一致性。在司法实践中，一些案件因为涉及官民冲突、权贵身份、社会民生、道德底线、公德困境等因素引发了公众关注，形成所谓的民意……从本质上看，其实民意聚集和凸显反映的是利益冲突和利益诉求，民意中体现的是民众关心的各种社会问题，其中有他们的切身利益，也有他们对公共利益的诉求。[1]在上述涉及公共利益因素较多的案件中，当事人权益保护与公共利益维护之间何者优先以及如何平衡，会对调判适用以及案件实效产生影响。如广东省消费者委员会（以下简称广东消委会）诉广州长隆集团有限公司（以下简称长隆集团）消费公益诉讼案。[2]广东消委会提起公益诉讼，要求法院审查长隆集团以身高作为未成年人享受优惠唯一标准的合法性，该案的结果亦会对全国未成年人票价优惠这一大众关心的问题给出明确的规则，公共利益因素要求本案适用判决更为妥当。遗憾的是法院以协调、调解的方式结案，虽然长隆集团改变了相关未成年人优惠规定，但是未回应公众期待的未成年人门票确定规则问题。再如，刘某诉社工明星性骚扰侵权案。[3]该案是最高人民法院将“性骚扰损害责任纠纷”列入民事案由后法院审理并作出判决的一起典型案例，该案原告胜诉不仅是对施害人的一种制裁，维护了当事人的合法权益，而且也对相关

---

〔1〕 参见孙笑侠：《公案的民意、主题与信息对称》，载《中国法学》2010年第3期。

〔2〕 详细案情参见由中国法学会案例法学研究会、中国政法大学诉讼法学研究院、最高人民法院环资庭、最高人民检察院第八检察厅、最高人民法院司法案例研究院、《法治周末》报社联合主办的第九届中国十大公益诉讼案例评选活动结果，载澎湃网2020年5月3日，https://www.thepaper.cn/newsDetail_forward_7253231。

〔3〕 详细案情参见由中国法学会案例法学研究会、中国政法大学诉讼法学研究院、最高人民法院环资庭、最高人民检察院第八检察厅、最高人民法院司法案例研究院、《法治周末》报社联合主办的第九届中国十大公益诉讼案例评选活动结果，载澎湃网2020年5月3日，https://www.thepaper.cn/newsDetail_forward_7253231。

机构强化教育管理提出了警示，彰显了司法对女性权利的保护，对反性骚扰具有标志性意义，较好地维护了公共利益。前案法官选择协调且原告最终撤诉表明法官对于未成年人消费者的平等、充分保护问题未予重视，仅选择化解当事人间的现有纠纷，解决个案问题。后案法官选择判决，明确性骚扰行为的审查标准，表明司法对于性骚扰的态度；判决的社会指引作用对于防治性骚扰、保护妇女权益具有积极作用，也有效平衡了当事人权益保护和公共利益维护之间的关系。

那么，同为影响较为广泛、社会关注度较高的案件，为什么调判选择有所不同呢？除了可能存在的客观原因，如前一个案件，作为被告的长隆集团可以出于公司形象与声誉的考虑，主动与原告协商，通过调解及时解决纠纷，从而迅速有效地平息社会上的各种非议。也因为该案涉及未成年人票价优惠的规则问题，而不仅仅是个案问题，其判决对整个广东省乃至全国类似游乐场所的购票规则都会产生示范效应，对社会公共利益的影响更大。如果法院以判决方式结案，并确定相应的规则，难免有些草率。反之，后案涉及的性骚扰侵犯妇女权益问题，虽也关涉公共利益，但更多的是涉及特定群体的权益保护问题，人民法院依法作出明辨是非的判决，有利于切实维护广大妇女的合法权益，相应地，该案没有像前案一样确立新的规则，因此，以判决的方式更加有利于全面、及时、充分地保护妇女权益，弘扬社会主义核心价值观。

（3）权利（力）制衡与外部监督

在诉讼程序中，诉权应当与审判权相互制衡。诉权是审判权启动的前提，后者保障前者的实现，当事人在诉讼中居于主体地位。〔1〕但是，“诉讼过程中，法院总是处于事实上的主导地位，当事人的诉讼权利（诉权的具体表现形式）相对于法院的审判权不得不时刻处于受到不当干预和侵犯的

〔1〕 参见李明：《诉权与审判权动态平衡浅析》，载《人民法院报》2011年12月14日，第7版。

‘风险’之中”[1]。因此，一方面要保障当事人的诉权以抑制和监督审判权的恣意，另一方面审判权也要积极作为，审查和制止不能、不足和不当行使诉权的行为。强制调解是权利（力）失衡的典型表现，当事人的调解意愿受到法官的控制，表现为“诉讼程序空洞化，辩论原则失去意义，当事人的处分行为受到法院程序外行为的限制”[2]。

在诉讼程序外，相较于对判决的监督，对于调解的监督存在较大的困难。我国《民事诉讼法》规定，对于违反自愿原则或内容违反法律规定的生效调解书，当事人可以申请再审，对于检察机关是否可以监督未予规定，对于违反自愿原则的调解书能否行使监督权亦存在不同意见，[3]检察机关一般通过抗诉、检察建议的方式进行监督，但监督案件数量占比较小，力度有限。比如，2014年至2020年6月，某省L市两级法院共调解结案民事案件48,554件，其中，检察机关对39件案件提起抗诉，均予以再审；对197件调解案件提出检察建议，再审11件。当事人对于调解不服、检察机关提起检察建议的案件数量与启动再审的数量相比占比较少，以及检察监督案件数量与调解案件总数相比亦占比较少，说明对调解的监督还有待加强。

3.平衡内外场力

基于我国法院参与社会治理的职能定位、法官的能力水平不一等现实情况，监督与法官主导之间、当事人权益保护与案件之外的公共利益保护之间、诉讼运行中的内部权利（力）制衡与外部监督之间应当取得平衡，以避免调判适用失当。

一是充分保障诉讼权利以制约权力恣意及外部不当干预。当事人是程序的主体和诉讼的服务对象，尊重和承认当事人在诉讼中的主体地位、

---

〔1〕 赵旭东：《论诉权、审判权、检察权在民事诉讼中的制衡关系》，载《政治与法律》2009年第6期。

〔2〕 王福华：《论诉权对审判权的制衡功能》，载《烟台大学学报（哲学社会科学版）》1999年第4期。

〔3〕 参见曹跃良：《民事调解不能抗诉》，载《人民法院报》2000年4月11日，第3版。相反观点如王卓、张怡：《法院调解违反自愿原则的检察监督》，载《中国检察官》2019年第24期。

保障当事人的诉讼权利，可以限制审判权的恣意，有力抵制程序外部的不当干预，提升调判结果的可接受性。保障当事人的诉讼权利，应当赋予其在法院判决前就事实、证据材料或法律问题向法院发表意见的听审请求权，域外一般从宪法层面保障当事人的听审请求权。〔1〕听审请求权是一项基本权利，包括陈述权、证明权、到场权、辩论权和意见受尊重权。〔2〕我国《宪法》未明文规定听审请求权，但规定了尊重人格尊严和尊重人权，且《民事诉讼法》第12条规定当事人的辩论权，第52条规定收集、提供证据的权利，第139条规定开庭前三日通知当事人，第155条规定判决应当写明认定事实、理由以及适用法律和理由，第211条规定违反法律规定剥夺当事人辩论权利应当提起再审等，应属对于听审请求权的保障。

我国《民事诉讼法》对于陈述权、证明权、到场权、辩论权等权利的规定较为明确，法院对于当事人的陈述、提供的证据、辩论意见等应当尊重并充分参酌后决定是否采纳，参酌的结果应当通过判决的认定事实理由、适用法律理由、调解协议是否确认的理由等体现。调判异化等问题主要是由于对当事人的调判选择权未予尊重导致，对此，应当从以下方面保障诉讼权利：当事人囿于知识、能力等方面原因对于案件相关问题尤其是法律问题，可以请求法官进行释明。对于法官关于认定事实的心证，鼓励及时公正公开，提升当事人调判选择理性化；对当事人的调判选择意见应当记

〔1〕 美国的听审请求权是由《美国宪法修正案》第5条和第14条的正当程序条款所确定的，程序性正当程序的基本功能就在于给予当事人在合理期限内以合理方式听审的机会，进而增进纠纷解决的公正和精确，程序性正当程序授予了当事人听审请求权。参见［美］诺曼·维拉：《宪法公民权》（第3版），法律出版社1999年版，第40页。《德国基本法》第103条规定了听审请求权，该条第1款规定，任何人在法庭上有请求法院依法听审的权利。因此，法定听审请求权保障作为程序法上的基本原则，具有宪法上的地位，法院有义务使当事人能够在诉讼中以充分的和恰如其分的方式陈述他们所持有的看法。参见［德］汉斯-约阿希姆·穆泽拉克：《德国民事诉讼法基础教程》，周翠译，中国政法大学出版社2005年版，第61页。《日本宪法》第13条第1项尊重个人之规定、第32条接受裁判权之规定以及第82条裁判应基于公开辩论之规定等宪法条文内容属于对听审请求权之规定。参见刘敏：《论民事诉讼当事人听审请求权》，载《法律科学（西北政法大学学报）》2008年第6期。

〔2〕 参见刘敏：《论民事诉讼当事人听审请求权》，载《法律科学（西北政法大学学报）》2008年第6期。

入调解笔录，同时记录是否准许的理由，并将其同时向当事人公开；案件审理进程同步录音录像，保障当事人的庭审陈述、辩论权；对于调解不成判决的案件，应当在判决书中充分阐述事实认定与法律适用的理由。

二是加强对审判权的内外监督以消除强制调解。对民事诉讼的监督分为法院内部监督和法院外部监督。关于内部管理和监督，党的十八大以来的司法改革以“回归司法规律”为主线。最高人民法院《关于完善人民法院司法责任制的若干意见》明确提出“审判权与行政管理权相分离的原则”，按照“以审判权为核心，以审判监督权和审判管理权为保障”的框架处理两权关系。部分院、庭长是“行政领导+员额法官”身份，对“四类案件”〔1〕、案件审判质量管理等进行监督管理。有人担心监管可能异化为“干预”，但在员额制刚刚推行，一线办案法官业务素质良莠不齐，法院的司法公信力还不高的情况下，院、庭长个案监督权具有存在合理性。〔2〕具体到调判适用，院、庭长可以通过强化案件审限管理避免久调不决，强化专业法官会议、审委会对“四类案件”集体研究，也可以通过当事人对强制调解的举报投诉纠正不当调判行为等强化内部监督，实现调判适用的事前、事中监督的有效性。关于外部监督，包括检察监督、权力监督、社会监督等，权力监督一般不涉及具体案件，社会监督制度化规范化不足，本书以检察监督为主对外部监督作探讨。经典的民事诉讼法律关系模式是等腰三角形，两造对抗、法官居中裁判，诉审三者形成均衡态势。但是在调判适用过程中，由于法官的诉讼主导地位存在被滥用的可能，可能规避复杂事实认定、规避法律适用难题，甚至是“关系案”“人情案”。这种均衡态势如被打破，将会因诉审失衡导致调判异化、错位。检察权作为国家法

---

〔1〕“四类案件”指的是：(1)涉及群体性纠纷，可能影响社会稳定的案件；(2)疑难、复杂且在社会上有重大影响的案件；(3)与本院或者上级法院的类案判决可能发生冲突的案件；(4)有关单位或者个人反映法官有违法审判行为的案件。

〔2〕参见万毅、杨春林：《论院庭长的审判监督权》，载《思想战线》2016年第4期。

律监督专门机关，能够为在诉讼中相对弱势的诉权提供救济。从维护当事人合法权益、监督审判权恣意、诉权不当行使等法律监督目标来看，与诉审三方公正解决纠纷存在一致性，诉权、审判权和检察权三种权能在各自的范围内合理运行从而形成一种客观上的合力，最终实现司法公正〔1〕。基于及时性和民事程序封闭独立运行的要求，检察权介入民事调解应当主要为事后监督。对于受到胁迫而事后反悔的，以及存在重大误解等情形的，以检察建议的方式监督；对于未充分保障当事人诉讼参与权等重大程序瑕疵的情形，可以以抗诉的形式监督。〔2〕内部监督与外部监督并非截然分开，亦可相互配合，如检察机关在收到强制调解的投诉后，可及时向法院相关部门提出建议或意见并监督法院及时纠正。事中监督注重效率性、及时性，事后监督则要注重合法性、规范性。

三是保持司法对民意的合理回应以平衡个体权益与公共利益保护要求。法律是人民意志的体现，作为法律适用于具体案件的调判结果应当符合民众朴素的正义观。“司法的最终正当性在于民意”〔3〕，民意往往在某种程度上代表或反映一定的公共利益。但民意往往具有不稳定性，呈现群体化、碎片化甚至是娱乐化的倾向。〔4〕对民意的全盘接受会吞噬司法的独立性和权威性，因此司法对于民意的介入应当保持合理性。在调判适用方面，如前述广东消委会提起的公益诉讼案和刘某诉性骚扰损害赔偿案，因法官选择调判方式的结果是否回应民众对于规则的需求而具有截然不同的可接受性。对于社会关注度比较高的案件，应当深入分析案件背后的社会问题，因为“民众关注个案其实并不一定是局限于个案的具体判决，而是

---

〔1〕 既指诉权、审判权和检察权三种权能在各自的范围内合理运行从而形成一种客观上的合力，最终实现司法公正的一种机制。参见赵旭东：《论诉权、审判权、检察权在民事诉讼中的制衡关系》，载《政治与法律》2009年第6期。

〔2〕 参见王卓、张怡：《法院调解违反自愿原则的检察监督》，载《中国检察官》2019年第24期。

〔3〕 苏力：《法条主义、民意与难办案件》，载《中外法学》2009年第1期。

〔4〕 参见孙笑侠：《公案的民意、主题与信息对称》，载《中国法学》2010年第3期。

要表达他们对结构性的社会问题不满的民间情绪，包括对社会、对政府、对权贵、对富商的不满，尤其是对作为公正最后防线的司法”[1]。故要分析民众关注、反映激烈的原因，分清是要平息舆论、消解矛盾，还是明确司法态度，最终决定适用调解或判决。在司法回应方面，从加强判决理由和落实程序公正入手，才能约束法院的裁量判断，有效化解公众意见对审判的猜疑和干预。[2]要通过庭审直播、裁判文书公开等公开裁判信息，尤其是公开裁判理由，提升裁判理由的合法性和合理性，增强裁判结果的可接受性。

（四）形式与实质均不可接受：寻求诉讼效果与调判一体化程序目标的契合

与上述三种情形相比，形式与实质均不可接受是诉讼结果的最差形态，通常表现为认定事实错误、适用法律错误、严重违反法定程序等的错误判决，以及违反自愿原则或内容违法的调解等。从某种意义上讲，效果好的结果必定具有较高的可接受性，反之则可接受性低。衡量调判诉讼效果的标准是是否契合一体化的程序目标。

1.诉讼效果与程序目标的应然一致性

程序目标是调判一体化运行应当达到的理想结果。具体从以下三组要素关系考虑：一是结果应符合法理与情理。通常符合法理即符合情理，两者是一致的。但在个别情形下存在冲突，典型如夫妻共同债务认定问题，环境、医疗案件证明责任分配问题等，调判适用化解“情理法”冲突的适当性是衡量程序运行的重要因素。二是结果既要保护当事人合法权益，也要不损害案外人合法权益。通常结果效力仅及于当事人，保护当事人合法权益亦间接维护了案外人利益。在特殊情况下，当事人滥用权利损害案外人利益的，应当予以制裁以保护案外人利益。三是结果应发挥解决纠纷

---

〔1〕 孙笑侠：《公案的民意、主题与信息对称》，载《中国法学》2010年第3期。

〔2〕 参见陈林林：《公众意见在裁判结构中的地位》，载《法学研究》2012年第1期。

和培塑规则功能。调解侧重解决纠纷，判决侧重培塑规则，二者一般不冲突。但对于规则价值或规则需求较高的案件，应当考虑调判适用的正当性。上述三个目标非并列关系，是递进互补关系。同时符合上述目标的诉讼结果可接受性高，但并非所有诉讼结果均应同时符合上述目标。其中，目标一涉及合法性和正义标准，不合法则不可接受，不合情理则可能降低可接受性；目标二涉合法性，是基础性目标，损害案外第三人合法权益不可接受。目标三是诉讼功能层面，涉及正义标准，解纷或规则塑造不够导致可接受降低，一般不会导致结果不可接受。

民事司法效果是指民事司法行为作用于社会以及社会接受或排斥民事司法行为的综合效应。其中既包括民事司法行为对社会的客观作用，如定分止争、救济权利、宣示规则等，也包括社会成员对民事司法行为的反应，如案件当事人、其他利害关系人以及相关社会成员对民事司法行为接受、排斥、消化的程度。前者是民事司法效果的客观方面，不因司法相对人的认知而改变。后者是民事司法效果的主观方面，司法相对人的认知对其具有实质性的决定作用。司法效果的主观方面由客观方面内容决定，故本书的诉讼效果所指主要是司法效果的客观方面。程序目标是司法效果的具体衡量标准，效果契合程序目标的案件结果可接受性高，效果背离程序目标的案件结果可接受性低或不可接受。

2.诉讼效果背离程序目标的实践样态

诉讼结果产生的诉讼效果与程序目标不相符合，包括不具备合法性、合理性，损害案外人利益，以及未能够塑造规则、引领行为等情形。

"情理法"冲突问题。有些案件的处理符合法律规定的结果但不一定符合情理，符合情理的方案不一定存在明确的法律依据，从而产生所谓的"情理法"冲突。此类问题的成因复杂，立法相对于社会现实的滞后性，法律存在漏洞或操作性不强等均可能导致司法适用时出现情法两难。夫妻共同债务认定问题即是典型体现。2003年，最高人民法院发布《关于适用

〈中华人民共和国婚姻法〉若干问题的解释（二）》[1]（以下简称《婚姻法解释（二）》），其中第24条规定了夫妻共同债务推定规则。有学者以“关于适用《婚姻法解释（二）》第24条+《婚姻法》第41条”为关键词进行全文检索，2004—2016年，共有4979份民事判决书，其中认定为共同债务的判决共4418份，认定为个人债务的有499份，其他的有62份。[2]判决认定夫妻共同债务的案件占总案件数的88.7%，在认定共同债务的理由中，“债务发生于婚内”适用率最高，被4384件判决引用，占99.2%，其次三个主要理由均为程序法上理由，包括“未能证明属于例外情形”“未能证明未用于夫妻共同生活”“缺席庭审”，分别占总案件数的34.4%、30.8%和33.1%。[3]一方举债存在用于夫妻共同生活的可能，但亦存在其他可能，比如夫妻感情已经破裂或分居期间的一方借款，用于共同生活的可能性就非常小，而且非举债方难以举证证明；再如，借款一方存在赌博、吸毒等不良嗜好并借款挥霍的，将债务视为用于夫妻共同生活欠缺合理性等。

滥用诉权问题。诉讼权利是维护公民合法权益的工具，对诉讼权利的滥用会损害诉讼秩序、浪费司法资源、损害他人合法权益。典型的滥用诉权行为包括虚假诉讼、滥提管辖权异议、故意延期举证等。虚假诉讼危害最为严重，甚至在修法时专门设置第三人撤销之诉应对该问题。[4]虚假诉讼是双方当事人恶意串通的，通过诉讼程序侵害案外人合法权益的诉讼行

---

〔1〕 根据《民法典》的规定，《婚姻法》于2021年1月1日废止。根据2020年12月23日通过的《最高人民法院关于废止部分司法解释及相关规范性文件的规定》，《婚姻法解释（二）》于2021年1月1日废止。

〔2〕 参见叶名怡：《〈婚姻法解释（二）〉第24条存废论——基于相关统计数据的实证分析》，载《法学》2017年第6期。

〔3〕 参见叶名怡：《〈婚姻法解释（二）〉第24条存废论——基于相关统计数据的实证分析》，载《法学》2017年第6期。

〔4〕 参见全国人大常委会法制工作委员会民法室编著：《民事诉讼法修改决定条文解释》，中国法制出版社 2012年版，第61页。书中提到：“近年来，在我国民事诉讼的司法实践中，当事人通过恶意诉讼等手段，侵害他人合法权益的情况时有发生，特别是人民法院加强调解工作后，由于调解本身的特点，一些当事人利用调解进行欺诈，损害第三人合法权益的现象日益突出。”故而设立第三人撤销之诉以应对之。

为。〔1〕具体表现为：通过虚构事实，假借合法的程序获取对自己有利的或损害他人利益的诉讼结果（包括判决和调解），以规避法律牟取不当利益。虚假诉讼并非诉讼本身虚假，而是争议虚假，即本质上没有争议，提起诉讼的目的是损害他人的合法权益。司法实践中，虚假诉讼案件涵盖了三种类型之诉。给付之诉是主要类型，较为常见，因为能够直接实现当事人恶意转移财产的诉讼目的，对抗其他权利人。另外，当事人利用确认之诉的生效文书至银行、证券机构、不动产登记部门等直接办理财产转移手续；或利用形成之诉排除原、被告之间的财产关系，免受第三人追索，或解除房屋买卖合同，撤销虚假网签，规避行政监管等。〔2〕

诉讼结果指引性缺失问题（或裁判尺度不一致问题）。裁判除了可以解决两造之间的纠纷，还具备通过规则指引行为的社会功能，而发挥规则指引作用的前提是裁判尺度一致。裁判尺度不一致，不仅无法指引社会行为，还可能降低司法公信力，造成新的纠纷。以消费者权益保护为例，知假买假能否获得惩罚性赔偿一直是争议话题〔3〕，相关案件的司法裁判尺度也不尽相同。笔者以“知假买假”“适用惩罚性赔偿”为关键词，在北大法宝网搜索2015—2019年共计554件案例。简要情况如表4-3所示。

---

〔1〕 参见宋朝武：《虚假诉讼法律规制的理性思考》，载《河南社会科学》2012年第12期。

〔2〕 参见田海鑫：《论民事虚假诉讼的类型化体现及规制——基于北京市司法实践的考察》，载《法律适用》2018年第23期。

〔3〕 我国《消费者权益保护法》第55条规定，经营者提供商品或者服务有欺诈行为的，应当按照消费者的要求增加赔偿其受到的损失，增加赔偿的金额为消费者购买商品的价款或者接受服务的费用的三倍。《食品安全法》第148条第2款规定，生产不符合食品安全标准的食品或者经营明知是不符合食品安全标准的食品，消费者除要求赔偿损失外，还可以向生产者或者经营者要求支付价款十倍或者损失三倍的赔偿金；增加赔偿的金额不足一千元的，为一千元。但是，食品的标签、说明书存在不影响食品安全且不会对消费者造成误导的瑕疵的除外。最高人民法院《关于审理食品药品纠纷案件适用法律若干问题的规定》第3条规定，因食品、药品质量问题发生纠纷，购买者向生产者、销售者主张权利，生产者、销售者以购买者明知食品、药品存在质量问题而仍然购买为由进行抗辩的，人民法院不予支持。

表4-3　消费者权益保护惩罚性赔偿案例审理情况抽样调查结果

<table>
<tr><th>案例年度</th><th>案例件数</th><th>支持惩罚性赔偿件数</th><th>支持占比</th><th>不支持惩罚性赔偿件数</th><th>不支持惩罚性赔偿的主要理由</th></tr>
<tr><td>2015</td><td>39</td><td>2</td><td>5.1%</td><td>37</td><td rowspan="5">1.无证据表明存在质量问题；2.外包、标签、说明瑕疵不赔；3.以打假为业、牟利为目的不是消费者；4.明知虚假宣传仍购买；5.化妆品不适用惩罚性赔偿；6.销售者非明知等</td></tr>
<tr><td>2016</td><td>39</td><td>11</td><td>28.2%</td><td>28</td></tr>
<tr><td>2017</td><td>98</td><td>54</td><td>55.1%</td><td>44</td></tr>
<tr><td>2018</td><td>78</td><td>39</td><td>50.0%</td><td>39</td></tr>
<tr><td>2019</td><td>300</td><td>185</td><td>61.7%</td><td>115</td></tr>
</table>

虽然上述抽样调查不能涵盖所有案件，但从中亦可以发现对于知假买假诉请惩罚性赔偿的司法态度变化，支持的案件数量呈增加态势。但是，笔者发现针对相同的争议纠纷，不同地方的裁判标准呈现差异，比如重庆市高级人民法院认为知假买假有悖诚信原则，不应支持惩罚性赔偿诉求。而江苏省高级人民法院则认为应当区分食品、药品与其他消费品领域。对于前者，即使知假买假也应当支持，但以牟利为目的的除外。对于后者，裁判尺度与重庆市相同。[1]此外，在具体个案的审判中，亦存在裁判尺度不一，甚至是对立的情形（见表4-4）。

表4-4　针对相同争议的不同裁判尺度对比

争议点	肯定	否定
过多次数购买的是不是消费者	重复购买产品的行为不能当然成为否定其为生活消费购买产品的理由，不影响其作为消费者受到法律保护①	原告多次购买俄罗斯进口苹果汁的行为不符合法律规定的消费者特征，不是消费者②

〔1〕《重庆市高级人民法院印发〈关于审理消费者权益保护纠纷案件若干问题的解答〉的通知》第2条规定，知假买假的行为有违诚信原则，人民法院不予支持，法律法规另有规定的除外，对知假买假的行为予以否定性评价。《江苏省高级人民法院关于审理消费者权益保护纠纷案件若干问题的讨论纪要》第2条规定，对于食品、药品消费领域，购买者明知商品存在质量问题仍然购买的，其主张惩罚性赔偿的，人民法院予以支持，但自然人、法人或其他组织以牟利为目的的购买的除外。对于非食品、药品消费领域，购买者明知商品或服务存在质量问题仍然购买商品或接受服务的，由于不符合惩罚性赔偿构成要件中对于欺诈行为的界定，其主张惩罚性赔偿的，人民法院不予支持。

续表

争议点	肯定	否定
知假买假的是否为消费者	被告关于原告知假买假，不属于善意消费者的辩称意见，于法无据，本院难以采信③	邢某红明知徐某令销售的海参包装不符合法律规定仍然购买，其购买海参是为了获得高额赔偿，其不是消费者④
以牟利为目的购买商品是否为消费者	只要其购买商品不是为了销售，不是为了再次将其投入市场交易，就不应当否认其为消费者⑤	"职业打假人"购买不符食品安全标准的食品并提起诉讼要求赔偿，与保护消费者立法本意不符，不属于法律保护的对象⑥
虚假宣传是否赔偿	被告公司的违法宣传行为使原告陷入错误认识，是欺诈，应当依法承担商品三倍的赔偿⑦	原告在明知被告公司的宣传行为违反法律规定的情况下，仍然购买，视为对案涉食品的认可⑧

①参见刘某生等诉重庆某百货超市有限公司日月光店产品责任纠纷案，重庆市第五中级人民法院（2014）渝五中法民终字第05689号民事判决书。另外，通过北大法宝网查询，刘某生曾经于2015年、2016年陆续提起30余件购买商品要求惩罚性赔偿的案件。

②参见哈尔滨哈某信连锁超市有限责任公司等诉丛某松买卖合同纠纷案，黑龙江省哈尔滨市中级人民法院（2017）黑01民终3906号民事判决书。

③参见珠海市某食品商行与韩某坤买卖合同纠纷上诉案，广东省珠海市中级人民法院（2017）粤04民终2615号民事判决书。

④参见邢某红诉徐某令买卖合同纠纷再审案，山西省太原市中级人民法院（2017）晋01民再22号民事判决书。

⑤参见许某飞诉上官某买卖合同纠纷案，广东省深圳市福田区人民法院（2017）粤0304民初30180号民事判决书。

⑥福州法院2018年度商事审判十大案例：黄某禹诉临沂商城某干果商行网络购物合同纠纷案——"职业打假人"网购"三无"食品时的权利保护界限，内容详见福建省福州市中级人民法院（2018）闽01民终4450号民事判决书。

⑦参见赖某钤诉大兴安岭北极冰蓝莓酒庄有限公司网络购物合同纠纷案，福建省厦门市湖里区人民法院（2016）闽0206民初4967号民事判决书。

⑧参见戎某华诉东莞市永健生物科技有限公司买卖合同纠纷上诉案，浙江省嘉兴市中级人民法院（2014）浙04民终1745号民事判决书。

对于商品或服务的购买人是否属于消费者，以及出卖方是否构成欺诈的认定是是否适用惩罚性赔偿的前提。对上述问题的不同认识必将导致判决结果的不同，同一争议产生不同的裁判尺度，导致规则混乱，也在客观上造成法律适用的地方化。

3.促进诉讼效果与程序目标统一

调判适用问题包括调判选择问题，以及如何调、如何判的问题。调判的诉讼效果欲契合程序目标，需要处理好三对关系：维护当事人合法权益与裁判规则构建；引领社会价值观与化解“情理法”冲突；维护司法权威与解决纠纷。虽具体个案各有侧重，但不应顾此失彼、偏向一方，应注重平衡统一。

统一合法权益维护与规则构建效果。维护当事人合法权益是调判结果本身的作用，构建规则是调判结果的社会作用，但要避免裁判尺度不同造成的同案不同判现象。在调判选择层面，可以通过公正、合法的裁判实现统一。但是在选择调解时，因调解方案内容系当事人协商妥协的结果，各不相同，规则构建的效果一般难以实现。在成千上万的民事纠纷中，绝大部分案件法律关系相似，具有明确的法律规定或者前案已经明确纠纷处理规则，比如机动车交通事故纠纷、劳动争议、供电供水供热及物业服务合同纠纷等。故对于既有规则已经明确，相关案情重复出现的情况下，要更多地考虑维护合法权益，此时适用调解是较为合适的。至于如何调解，只要遵循法律规定的自愿原则，内容不违反法律即可。反之，在处理上文所述的知假买假、职业打假人能否适用惩罚性赔偿、涉“互联网+”纠纷、网络竞价排名引发的间接侵权〔1〕等社会发展中遇到的新问题、新领域纠纷，则选择适用判决较为合适。至于如何判决，应当依据具体法律规定、

---

〔1〕 网络关键词竞价排名（以下简称竞价排名）是指搜索引擎服务商（以下简称服务商）向客户提供的以关键词付费高低为标准，对购买同一关键词的网站链接，在搜索结果中进行先后排序的一种网络营销模式。关于在用户购买并提交的关键词侵犯他人权利时，搜索引擎是否承担侵权责任，见台山港益电器有限公司诉广州第三电器厂、北京谷翔信息技术有限公司侵犯注册商标专用权纠纷上诉案，广东省广州市中级人民法院（2008）穗中法民三终字第119号民事判决书；大众交通（集团）股份有限公司、上海大众搬场物流有限公司诉北京百度网讯科技有限公司、百度在线网络技术（北京）有限公司、百度在线网络技术（北京）有限公司上海软件技术分公司侵犯商标专用权与不正当竞争纠纷案，上海市第二中级人民法院（2007）沪二中民五（知）初字第147号民事判决书；上海市高级人民法院（2008）沪高民三（知）终字第116号民事裁定书。参见宋亚辉：《司法裁判追求“社会效果”的经验与理论》，载刘艳红主编：《东南法学》（2014年辑），第94-96页。

法律原则，没有法律依据的，可以依据习惯，但不得违背公序良俗。构建的判决规则，应当具有引领社会进步的正向功能。

统一社会价值引领与化解“情理法”冲突效果。法律的终极目标是社会福利，未达到这一目标的规则不可能永久性地被证明其存在是合理的。〔1〕司法应当考虑正义、道德和社会福利，为权利设定边界，并加以平衡、缓和和协调。〔2〕作为司法最终结果的调解与判决，应当引领社会价值观发展，比如“郑州电梯劝阻吸烟案”中明确的在合理限度内劝阻吸烟不承担侵权责任，以司法的态度明确告诉社会敢于对不文明说不，对社会核心价值具有引领推动作用。而“情理法”冲突问题的出现通常是因为立法与社会实践脱节，或立法的价值取向、技术与社会现实产生了偏离。以夫妻共同债务类案件为例，原《婚姻法解释（二）》第24条规定的婚内推定规则是出于简化交易成本的考虑，忽略了现实生活中夫妻关系的复杂性，是立法简单化的表现，导致实践中产生了一些依法判决但于情理不合的案件。“情理法”冲突的判决亦不利于社会价值观的引领。一般情况下，调解可以钝化矛盾，但是在此类案件中应当以判决作出合理的裁断。

统一维护司法权威与解决纠纷效果。合法公正的判决具有终局效力，自愿合法的调解亦为两造接受。它们均能够很好地解决纠纷，也自然可以维护司法权威，此时两者是统一的。但是，在某些情况下两者会产生冲突。比如，一审判决有错误，二审法官基于发改率等考虑，会选择调解结案。如果调解是双方真实意思表示则问题不大，如果存在违反自愿原则的调解，则存在正当性问题。更有甚者，一审判决合法正确，二审调解让受害人接受了更低的赔偿数额。此种调解名义上化解了纠纷，但损害了司法权

〔1〕 参见［美］本杰明·N.卡多佐:《司法过程中历史、传统和社会学方法的作用》，苏力译，载《中外法学》1997年第6期。

〔2〕 参见［美］本杰明·N.卡多佐:《司法过程的性质》，苏力译，商务印书馆2011年版，第58页。

威。总之，司法权威建立在合法性与合理性之上，而当事人接受诉讼结果从而解决纠纷也是建立在合法性与合理性基础之上，此为调判适用之共同要求。

三、提升调判一体化结果可接受性的路径

就某种意义上而言，诉讼结果具有高度的可接受性即是程序运行的良好效果。调判错位、异化、虚假诉讼、“情理法”冲突等问题降低了结果的可接受性，产生了不好的效果。从效果出发寻求解决调判问题的方案具备针对性和可行性。再者，对于因当事人赌气、报复等非理性诉讼选择导致的上诉、再审，法官的案件压力持续增大等问题，需要提升案件质量与效率。另外，在调判选择结果即方式结果层面，尊重当事人的选择意志成为合法性的基础，故程序主体地位应当进一步强化。鉴于此，本书尝试构建以解决上述问题的原则为指导，以相应的规则和方法为具体个案操作指引的提升调判一体化结果可接受性的路径方案。

（一）调判一体化应遵循的原则

无论是适用调解还是判决，均应当遵循民事诉讼法的各项原则，比如辩论原则、处分原则、平等原则等，调解中还要遵守自愿、合法、保密原则等，要坚持事实清楚、分清是非。对于调判一体化而言，应当在遵循民事诉讼基本原则的基础上，结合自身特有的规律和要求，遵循如下原则。

1.效果中心原则

效果是主观对客观的评价。民事诉讼的效果是指诉讼结果的受众对于结果是否公正合理的评价，对于结果接受或排斥的态度等。“法官以国家的名义宣示法律，必须倾听其宣告在国民间所引起的反响”[1]，受众对

〔1〕 王利明：《司法改革研究》，法律出版社2000年版，第145页。

于结果的接受可以有效凝聚共识，解决纠纷，提升司法权威和公信力。而效果好的诉讼结果的可接受性也是相对较高的，效果是衡量结果的重要标准。故调判一体化坚持效果中心原则，即在调或判的选择问题，以及如何调解、如何判决等问题上，要将处理方案的效果作为重要因素之一。但是，效果的主观化特性使对其进行标准化衡量具有一定的难度，效果论会因主观认识不同导致更大的分歧。对此，笔者认为，民事诉讼存在自身的价值目标。以民事诉讼的价值目标作为衡量效果的标准，与价值目标一致的说明效果好，反之则给予负面评价。

调判一体化诉讼结果的效果衡量标准可以归结为合法、合理以及共识最大化。其一，关于合法标准。诉讼结果的合法性包括程序合法和实体合法。前者要求调解协议的达成尊重、保障了当事人的真实意愿，判决是在保障了当事人辩论权、程序异议权等基础上作出的，不存在程序违法情形。后者要求调解内容不违反法律规定，调解具备真实的诉讼标的，而非虚假诉讼。判决主文具备事实和法律依据，证明责任分配符合法律规定，不存在新法旧法、此法彼法等适用错误情形。其二，关于合理性标准。对调解协议，当事人对调解方案应当具有充分、合理的判断能力，调解的达成不是基于误判。调解不成的应当及时判决，调判转换超过不合理限度是不可接受的。对判决内容，除了如上文所述的判决主文即结果要兼顾“情理法”统一，判决的理由亦要具备合理性。具体而言，对证据采信与否的理由，证明责任是否完成的理由，法律适用选择的理由，驳回抑或支持诉辩主张的理由等，均应进行合理而充分的阐释。其三，关于共识最大化。共识何以成为效果的考虑要素之一？可接受性的实质是有没有达成共识，在多大程度上达成共识，而一个被普遍接受的调解或判决，其效果评价肯定是正向的。诉讼中的共识是重叠的共识，应当追求其最大化，包括主体最大化和内容最大化，前者是指不仅于两造间，而且在法院、检察院、社会公众层面等获得最广泛的认同。后者是指对调判结果内容范围的认同。诉讼中共识亦是互动的共识，充分、有效的互动有利于扩大共识。两造的举证质证、法庭辩论、法官的心证公开、裁判理由公开等，均有利于共识的深入与扩大。总的来说，共识最大化是调判适用的理想目标，合法与合理是其前提和基础，三者构成诉讼效果的主要影响因素。

2.效率兼顾原则

“迟到的正义非正义”，诉讼效率是正义的应然要求，调判一体化同样有效率要求，而且调判灵活转化亦是其效率优势所在。而且，在案件数量快速增长，法官办案压力持续加大的情况下，[1]效率也是当下中国法院的现实需求。但是，也正是在调判灵活转化和巨大案件压力等因素的综合影响下，出现了调判异化等问题，造成调判效果不好，可接受性低。因此，要优化调判一体的运行，效果与效率二者应当有前后、轻重之分。

兼顾，即同时给予关注。兼顾效率是指在追求效果的前提下，对效率予以同时关注。这既可以避免因对效率过分追求而产生合法性、合理性瑕疵，同时也不忽视调判的效率。效率兼顾原则的要义是效果与效率应当平衡兼顾，适度牺牲效率追求效果是可以接受的，但因追求效果而完全不顾效率则是不可接受的；反之，为了追求效率而忽视效果，导致结果的可接受性低也是不合适的。从正面讲，调判关系要结合当事人合法权益保护的紧急程度、法官待审理的案件数量、调解的可能性等多种因素适用调判方式。最主要的就是禁止不合理迟延。兼顾效率要充分运用调解的灵活优势，营造和谐、信任、宽松的气氛，提高调解成功率。要充分运用调解制度中的激励机制，激发两造解纷主动性，如准许超出诉求的调解协议中，当

---

〔1〕 2016—2018年，全国法院分别受理案件2303万件、2573.5万件、2800万件，呈快速增长趋势。载中国法院网，https://www.chinacourt.org/index.shtml，2019年10月17日访问。2017年上半年，全国法官平均结案数是2008年上半年结案数的3倍，达150余件。载最高人民法院网站2017年7月31日，http://www.court.gov.cn/shenpan/xiangqing/54612.html。

事人可以约定一方不履行协议时应当承担的民事责任，以及为调解协议的履行提供担保，督促当事人恪守诚实信用原则，不能歪曲事实、漫天要价，要开诚布公、合理要求、互谅互让，[1]严格、及时履行协议，促进纠纷化解等。调解不成的，要及时转换结案方式，避免久调不决。

3.程序主体性原则

程序主体性原则是指应对当事人以及利害关系人赋予程序主体权，即程序主体地位。该原则要求不仅不应将程序当事人以及利害关系人视为法院审理活动的客体，相反，应赋予对程序的进行有利害关系的人以相当的程序保障。[2]因为“审判不是停留在确认和维持大文字的法这一功能上，而有必要对人们通过与他人的相互作用形成小文字的法，并据此来创造和调整自己希望的生活空间这样一种根本性的要求予以呼应”[3]。故民事诉讼应当强调当事人的主体地位。程序主体性原则主要有两个方面的内容：一是当事人应当得到应有的尊重；二是提供充分的权利保障。[4]前者要求权利与权力界限明晰，各自在法律规定的界限内被行使；后者要求赋予当事人相当广泛的“自主决定”的权利，而这些权利不应当受到损害，特别是不应当受到来自审判权的“侵蚀”。[5]

调判一体化强调程序主体性原则的意义在于，一是可以调动当事人化解纠纷的主动性、积极性。搭建双方交涉的平台，充当双方沟通交流的桥梁，让他们“成为自身实体利益乃至自身命运的决定者和控制者”[6]，以此推动两造在调判之间、调解方案之间及时、理性作出选择。二是有

---

〔1〕 参见杨贝：《论我国民事诉讼调解的诚实信用原则》，载《理论月刊》2010年第5期。

〔2〕 参见江伟主编：《中国民事诉讼法专论》，中国政法大学出版社1998年版，第2-3页。

〔3〕 [日]棚濑孝雄：《纠纷的解决与审判制度》，王亚新译，中国政法大学出版社2004年版，第157页。

〔4〕 参见唐力：《当事人程序主体性原则——兼论“以当事人为本”之诉讼构造法理》，载《现代法学》2003年第5期。

〔5〕 参见唐力：《当事人程序主体性原则——兼论“以当事人为本”之诉讼构造法理》，载《现代法学》2003年第5期。

〔6〕 陈瑞华：《刑事审判原理论》，北京大学出版社1997年版，第51页。

效避免调判冲突，尤其是保障调解的合法、自愿原则。赋予当事人决定选择调解、确定调解方案等权利，以对抗法官职权，避免不适当的调解迟延、以判压调、以诱压调等情况。三是有利于诉讼诚信的建立。在充分的程序保障下，程序中形成的事实和意见禁止不合理相反陈述，同时强调对自己的诉讼行为负责，有利于增加不法诉讼者的心理压力，从而减少虚假调解。

（二）调判一体化的具体规则与方法

规则是具体操作层面的要求。调判一体化通过调解、判决的选择、转换等追求最优的案件处理效果。故具体规则包括调判选择规则、调判转换规则和救济规则。

1.调判选择规则

“篱笆”规则。即以不得调解的法律规定为“篱笆”，处于“篱笆”之内的案件禁止调解，之外的案件可以调解。不得调解的案件包括适用特别程序、督促程序、公示催告程序的案件，婚姻等身份关系确认案件以及其他根据案件性质不能进行调解的案件，特别程序、督促程序、公示催告程序一般具有非讼性，不涉及民事权益争议，仅系相关法律事实争议，其不适用调解自不待言。而身份关系确认不但涉及当事人双方的私人利益，更涉及多数利害关系人的利益，甚至影响社会秩序和国家利益，故不允许两造合意确认。因此，处于法律规定的“篱笆”内的案件，一般不得调解，应当查清事实后径行裁判。当然，对于一个诉讼中既含有禁止调解的诉求，又含有其他诉求的，应当区别处理。比如离婚诉讼中既涉及身份关系确认，又涉及财产分割等内容的，可以就后者进行调解。

信息充分规则。即诉讼当事人应当获得充分的案件信息，从而对是否调解作出符合自己利益的理性选择，并产生内在约束。该规则的主要作用在于给当事人及时、理性作出是否接受调解、提出何种调解方案、现行方案是否合理等决定权。信息充分规则要求法官及时、充分地向当事人公开案件信息，包括证明责任分配、法官对于在案证据的心证、相关法律规定的含义及其适用等。要求法官及时公开案件信息的时间，最迟不得晚于当事人作出调解决定前；充分要求法官公开信息的内容全面性，对于影响当事人作出调判选择的涉及案件事实、法律适用等基本内容应当告知。信息充分规则通过庭前诉辩意见交换、证据交换、法官释明等得以实现。

优位规则。即以案件类型区分调判的适合度，对于调解处理效果更好的案件，优先选择调解处理。在总结司法实践经验的基础上，最高人民法院规定了一些适宜调解的案件类型，如婚姻家庭纠纷和继承纠纷、劳务合同纠纷、交通事故和工伤事故引起的权利义务关系比较明确的损害赔偿纠纷、宅基地和相邻关系纠纷、合伙合同纠纷、诉讼标的额较小的纠纷。〔1〕对于判决处理效果更好的案件，应当优先选择判决结案。比如，经过初步审查，对一些新类型案件，涉及社会公共道德塑造、重大公共利益等案件，诸如“无锡冷冻胚胎案”“郑州电梯劝阻吸烟案”“叶挺近亲属名誉侵权案”〔2〕等，需要法官以明确的裁判来确立规则，从而引导教育社会公众，引领社会价值观，规范新类型行为，因此应当优先选择判决。

2.调判转换规则

时点规则。即调判期间及其转换的时间点应当明确，至少相对明确。

---

〔1〕 参见最高人民法院《关于适用简易程序审理民事案件的若干规定》(2020年修正)第14条规定。

〔2〕 参见叶挺近亲属诉西安摩摩公司名誉侵权纠纷案，西安摩摩公司通过其自媒体账号“暴走漫画”，在“今日头条”上发布了时长1分09秒的短视频，将叶挺将军生前创作的《囚歌》进行了恶俗的篡改。该视频在互联网平台上发布传播后，引起了公众关注和网络热议，在一定范围内造成了不良社会影响和后果。法院审理认为，西安摩摩公司制作的该视频亵渎了叶挺烈士的大无畏革命精神，损害了叶挺烈士的名誉，不仅给叶挺烈士亲属造成精神痛苦，也伤害了社会公众的民族和历史感情，损害了社会公共利益，西安摩摩公司的行为已构成名誉侵权。载中国法院网2019年1月16日，https://www.chinacourt.org/article/detail/2019/01/id/3707191.shtml。

关于进入调解的时间起点，法律并未规定诉讼期间何时不得调解，故时间起点可以是诉讼过程中的任何时候，进入调解的时点确定可以依据法官要求或提议，或者是当事人的请求。关于调解结束的时间点，主要应当依据当事人的意见，当事人明确拒绝调解的，应当结束调解。但对于拒绝调解方明显存在不理性或调解对其权益确实有利的情形，可以适当延长调解时间，但一般不超过法律规定的审限。同时法官亦应当综合案件情况，对于明显构成虚假诉讼、调解显失公平等情形，及时结束调解。此系该规则的重点，明确结束时间点可以有效避免久调不决等情况。另外，需要指出的是，随着案件审理的进行，当事人对于调解的意愿、调解方案是否以及如何修正等亦可能发生变化，故上述调解时间起点和终点并非一次性的，可能存在多次调判转换。

角色转换、互动规则。毫无疑问，民事诉讼中法官是中立的裁判者，但在调解过程中，法官应该是参与者，是调解的主持人、倡议人、提议人。在调判转换过程中，法官角色要在中立的裁判者与无权斡旋者之间切换。当事人也要在审判对抗与调解交涉之间进行转换。其中，法官角色转换是重点，这里有两个问题需要关注：一是如何避免法官身份对于调解中两造的潜在心理干涉，二是如何避免调解中的信息影响法官的心证。对于前者，承办法官进行调解，可以充分发挥其熟悉案情的优势以提升矛盾化解效率，对于两造的潜在心理干涉，可以通过明确时点、公开心证等降低影响。对于后者，应当强化法官的认证说理及其公开，坚持证据裁判，避免主观裁判。另外，角色转换不是单向的，而应当是可回逆的，因为在不同的程序阶段当事人的调判意愿是发生变化的，故转换不一定是一次，有可能是多次。角色之间存在互动交流，如法官提出方案，当事人发表意见，形成新的调解方案，之后再次讨论，直至达成合意。

3.救济规则

监督规则。监督是要避免审判权对调解意愿的强制、诉权的滥用，保障判决的正当性等。监督分为诉中与诉后，其中对审判权的诉中监督是重点，从指标考核向负面角色、行为监督转变，主要通过法院院、庭长，内设相关审判管理、督察等部门实施，对当事人反映的强制调解、审判拖延等问题，及时提出整改要求。对诉权的诉中监督则要通过法官的审慎审查，及时发现并制止强制调解、虚假诉讼等问题。诉后监督主要由上级法院、检察院实施，发挥二审法院审级监督作用，完善虚假诉讼刑民衔接程序，提升检察监督对虚假诉讼的打击力度和震慑力度等。

痕迹规则。即对于程序主体的调判选择意思表示留痕。留痕有助于对强制调解申请再审，保障当事人调解过程中的程序主体性，将调解自愿原则落到实处。在诉讼进程中，当事人表示愿意调解、接受调解方案、申请结束调解等的，法官应当在庭审笔录、调解笔录、谈话笔录中记录，或者由当事人提交书面申请，并附卷留存。换言之，调判转换应当留有可以追溯的证据。法官主动结束调解、超长期调解的，应当附卷说明理由。

4.法官调判选择的方法

调判选择方法是根据案件具体情况及前述原则、规则，法官进行调判选择的符合司法规律的做法，一般按照下文列举的先后顺序适用下述方法。一是排除法。即运用“篱笆”规则排除法律规定不适用调解的案件类型，径行判决。二是形式审查法。即运用类型优位规则对案由进行形式审查，确定优先选择调解还是判决。三是利益衡量法。在对案情进行初步了解后，考虑是否牵涉社会公共利益、国家公共政策或有助于弘扬社会主义核心价值观等内容。如果案件关涉此类内容，法官应当依法合理判决。四是效益衡量法。法官在统筹办案任务、工作时间等要素后，有效降低办案成本，提升办案效率，这是前述顺位方法的补充和延伸。当然，法官综合自身情况后的调判选择要以尊重当事人的自由意愿为前提。五是实质审查法。即对案件进行实质性分析，综合考察案件的主要风险要素，如两造对调解的理性、诚信度、态度、目的的合理性，案件是否存在事实不清、真伪不明等情形，或是否涉及重大公共道德问题、在公众高度关注下调解是否容易引起较大误解的情形等，[1]以及考虑调判处理的司法效果后作出选择。当然，实质审查法系一个动态过程，对法官在诉讼程序中把握调判时机、方法的能力要求较高，特别是在调判关系转化方面，法官如何“实现调解与判决之间的衡平互济，在坚持调解与判决各自功能作用的前提下实现二者的互济与衡平，从而实现司法功能价值的最大化”[2]，构成对法官综合素质能力要求的重大挑战。调判一体化的规则方法适用及运行可见图4-2和图4-3。

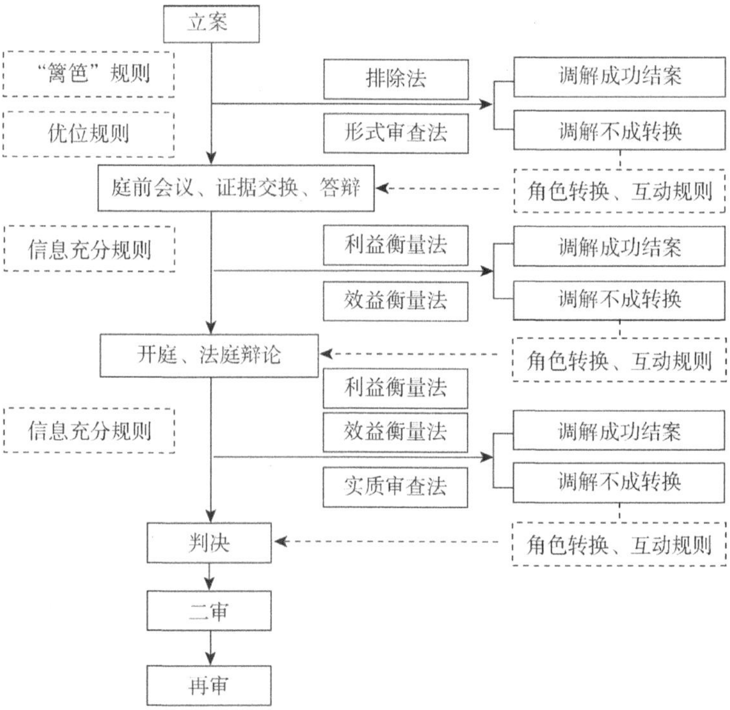

图4-2　调判一体化规则方法适用示意图

〔1〕 参见范愉：《“当判则判”与“调判结合”——基于实务和操作层面的分析》，载《法制与社会发展》2011年第6期。

〔2〕 刘振会、荣明潇：《判决与调解：在衡平互济中实现公平正义——“重调轻判”现象的理性思辨》，载《山东审判》2014年第2期。

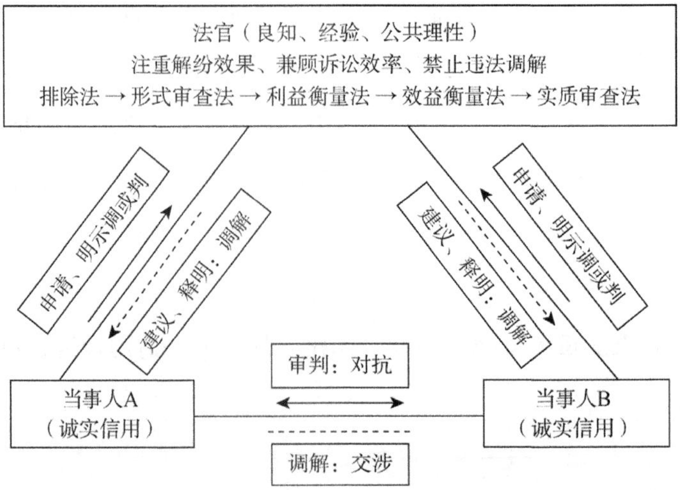

图4-3 调判一体化运行示意图

第五章　观点总结与未来展望

一个国家的法律制度好比一台结构复杂的机器，而对机器性能的理解，绝不能只看说明书，而应通过实践的操作。

——[美]E. 博登海默：《法理学：法律哲学与法律方法》

如果根本不知道路会通向何方，我们就不可能智慧地选择路径。

——[美]本杰明·N. 卡多佐*：《司法过程的性质》

一、研究观点总结

前述章节聚焦民事诉讼调判一体化命题，从理论建构和实践指引两个层面就调判一体化诉讼理论进行了厘定整合，对实践规则进行了具化建构，从宏观层面的国家治理与微观层面的纠纷解决两个维度展示了中国民事诉讼调判一体化的现实图景，提出了完善纠纷解决机制中核心的调判关系的处理原则与方法。

博登海默在《法理学：法律哲学与法律方法》一书中指出，超越民族性局限的法律制度，其在精神或实践价值方面，具有普遍的意义。通过本书关于调判一体化的分析，可以看到，在中国民事诉讼法律制度中，调判一

* 本杰明·N. 卡多佐，美国法学家，联邦最高法院大法官，著有《司法过程的性质》《法律的成长：法律科学的悖论》《法律的生长》《演讲录：法律与文学》等多部论著。

体化（或称调判关系）是贯穿其中的核心问题。其普遍性特征有以下几个方面：第一，调解与判决共融于一体，这是中国民事诉讼解纷方式最重要的特征，也是区别于其他国家的核心所在。这一特征决定了调与判在诉讼内部可以灵活转换、相机使用，从而发挥其最佳效应。第二，调解与判决并非截然分开。突出表现为“调解性判决”和“判决式调解”的存在。可以根据案件的不同情形，比如当事人之间争执如果并不尖锐，在双方合意达成后，因一方的原因（如中国金融、保险等行业，如果要承担法律上的赔偿责任，一般必须有法院判决为依据，调解书则不符合其行业要求），可以调解合意的内容作为依据作出判决。这一处理，也凸显了调判一体化的灵活性与便利性。第三，调判一体化也超越了中国古代调解“和稀泥”式的行为逻辑，〔1〕要求在查明事实，分清是非，确定双方责任的基础上，进行有针对性的调解。这就体现出中国现代法治进程的推进对中国古代官府调解的改良与完善。

具体来说，调解与判决的区别主要体现在以下几个方面：其一，调解是一种相对柔性的纠纷解决方式，既有利于有效化解双方争议，又能修复双方关系，利于今后友好相处、继续合作。判决体现的则是一种刚性，有利于确立行为规则，引领社会价值观，从而为后续类似行为提供指引。正因如此，对新类型的案件，人民法院一般倾向于判决的方式进行处理，以便形成有典型意义的案例，以指导类似案件同样处理。〔2〕其二，中国民事诉讼关于调解的制度安排是一种积极意义上的倡导，主要体现在调解的灵活性、便利性和经济性。比如，调解可以不受当事人诉讼请求的限制，将纠纷“一揽子”化解；调解从立案开始，一直到诉讼终结前，只要双方有合

〔1〕 参见本书第二章相关内容。

〔2〕 参见最高人民法院《关于案例指导工作的规定》（法发〔2010〕51号）。根据该规定，中国法院建立起案例指导制度。根据该规定的第7条，最高人民法院发布的指导性案例，各级人民法院审判类似案例时应当参照。

意，随时可以进行；同时，调解达成协议的，诉讼收费还可以减半收取等。相较而言，判决则是要严格遵循开庭审理、举证、质证和辩论等程序要求，实体上必须严格围绕双方的诉讼请求和答辩意见进行裁判。其三，从解纷主体看，判决权始终由法官（独任审判）或合议庭等审判组织行使，其体现的是国家司法权的权威性；诉讼调解，虽然也是审判权的一种形式，但在诉讼推进过程中，根据案情的需要，可以将案件交由相关的调解组织或者调解员进行调解，即委托调解，相关调解组织或调解员接受法院委托，组织双方调解，达成协议后，还可以根据《民事诉讼法》的相关规定，由人民法院对调解达成的协议进行司法确认，赋予其法律上的强制力。

本书从内外两个维度入手，通过实证分析法、历史分析法、比较分析法等研究方法，系统分析与梳理归纳中国民事诉讼调判一体化问题。本书有关中国民事诉讼调判一体化主要有五个核心观点。

其一，民事诉讼调判一体化系对实践化的民事诉讼理论的创新。调判一体化强调的是“在民事诉讼进程中，通过充分保障诉讼参与主体的诉讼权利与两造合意，根据纠纷解决实际需要进行调判灵活转换，确定调判选择适用的最优方案，实现民事诉讼最佳司法效果的动态程序运作模式”。通过调与判在诉讼程序结构框架内实现各自理论与价值的互洽，达到优化程序结构，实现调判一体的目的，有效避免案件“非黑即白”纠纷处理方式下“要么全赢要么全输——零和游戏”的结果性风险，实现纠纷解决良好的法律效果与社会效果。

其二，民事诉讼调判一体化内在机理的层次内涵具有丰富性和多元性。中国民事诉讼调判一体化模式下纠纷解决的过程及其方式选择受到复合因素的影响。在文化层面，调判一体化体现中庸主义司法文化观，赋予了调判适用的可变通性、可预见性和可接受性，展现中国司法“刚柔并济”的特质。在行为逻辑上，调解和判决在民事纠纷解决中的适用，体现出自力型纠纷解决和外援型纠纷解决的行为逻辑。在司法治理层面，调判一体化蕴含着道德治理和法律治理的复合治理模式。在司法供需关系上，调解和判决的司法适用始终围绕司法供需矛盾的变化呈现动态变化的样态，司法供需矛盾在实质上对调判张弛关系的变化产生影响与推动。在司法政策层面，调判一体化同时受到基于“由上及下”内部司法科层制和基于“由外及内”外部司法科层制的影响。总而言之，在裁判进路上，调判一体化体现中国实用主义司法模式。

其三，民事诉讼调判一体化的基本运行逻辑表现为合作与对抗。民事诉讼调判一体化的司法适用系动态过程，在运行过程中不同主体参与、沟通、互动，既表现为合作样态，也存在对抗可能。在本书分析模型框架之下，以纠纷解决的强制性与合意性作为一组关系，考察的是法院（法官）与当事人对案件调判的影响；以遵循程序正义的形式理性和追求结果正义的实质理性作为另一组关系，考察的是法院（法官）与当事人对纠纷解决的态度，同时关注外部考核等整体环境、诉讼两造力量对比关系、法院（法官）参与调解的动机和介入方式的变化。

其四，民事诉讼调判一体化运行效果的评价标准在于诉讼结果的可接受性。本书建构起诉讼结果可接受性的形式可接受性和实质可接受性的二重判断标准。形式可接受性是指特定受众对于诉讼结果接受与否的外在反应，实质可接受性系针对诉讼结果内容以及调判方式选择的评价。诉讼共识形成促进诉讼结果可接受性提升，诉讼预期收益构成两造选择调判的主要影响因素，调判适用中需要对内外场力进行平衡。

其五，民事诉讼调判一体化可借鉴域外民事诉讼调判制度。本书对域外法研究选取的比较对象系美德两国的民事诉讼制度。美德两国的民事诉讼制度作为普通法系和大陆法系的代表，制度健全完善且颇具特色，在诉讼程序设置和程序效力上均体现出独创性，在力图实现当事人主义与法官职权平衡、程序公正与程序效率平衡等方面具有重要的启发意义。

从以上观点中可以看到，从对调判一体化的理论建构出发，到调判一体化的运行逻辑、诉讼结果的可接受性等分析，本书研究存在两条“潜在主线”（见图5-1）。

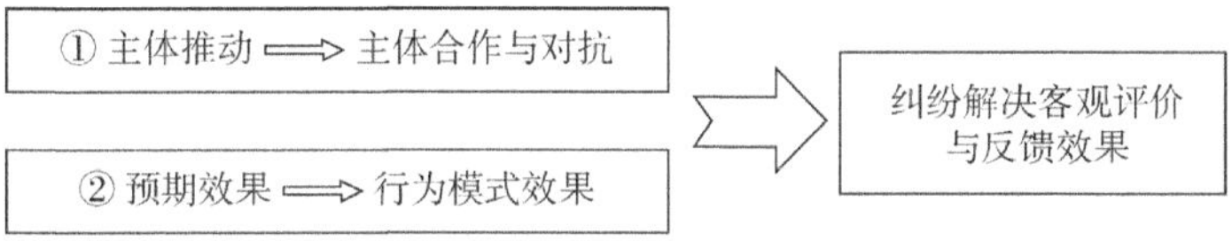

图5-1　本书研究主线

第一条主线系民事诉讼“主体”主线。调判一体化强调纠纷解决中主体参与的多元性与充分性，在纠纷解决过程中，两造之间及其与法院（法官）之间始终处于“合作与对抗”的动态变化之中，纠纷解决方式始终根据法官强制解决或根据当事人合意解决选定。或可说，主体因素决定纠纷解决中调判选择适用的方式，并推动诉讼进展，促进纠纷有效化解。第二条主线系民事诉讼“效果”主线。纠纷解决中调判选择包含效果预期，以此决定主体的行为模式。纠纷解决中的两造及法院（法官）对纠纷的解决可能体现差异化甚至对冲的效果需求，但最终对纠纷解决效果的评价，仍应当以调判一体化的程序目标为引领，统一合法权益维护与规则构建效果、引领社会价值与化解“情理法”冲突效果、维护司法权威与解决纠纷效果。

通过对两条“潜在主线”的剖析，能够较为清晰地展示并表明本书研究的命题切入、理论构建以及实践规则构建等具体分析过程。在本书最后，之所以援引美国著名法学家博登海默和美国联邦最高法院大法官卡多佐的名言，原因在于这两句名言恰恰契合了本书研究基本观点背后支撑的基本立场。其一，司法制度本身不存在所谓的优劣，只有适应性和实用性的差异，只有通过司法实践才能够得以检验、发展并完善。正因如此，本书写作并非要以中国民事诉讼调判一体化与域外制度“一比高下”，本书研究始终秉持一种客观中立的态度，既不给予“溢美之词”，同时力求避免“矫枉过正”的极端风险取向，这一点在对待域外法的态度方面亦如是。必须承认，司法制度的适应性和实用性是极端重要的，只有综合考虑经济的、政治的、文化的、社会的种种因素，才能够取得理想的效果。其二，司法研究应当立足司法实际、明确司法问题，服务司法需求。“凡事预则立，不预则废。”当下中国司法制度改革面临诸多新情况新问题，对推进司法治理体系和司法治理能力现代化提出更高要求。本书对调判一体化命题的研究既立足于司法改革的实际需求，也是对人民群众高度关切的核心司法问题的有力回应，力求为民事诉讼制度改革与完善提供相应的实践经验与理论阐释，以期为推进司法制度改革提供借鉴参考。

二、未来研究展望

诚如本章开篇引言所述，司法实践和制度设计对于民事诉讼发展至关重要。通过本书研究不难发现，当前关于中国民事诉讼调判一体化的研究与关注仍然处于起始阶段。从命题研究初衷来看，本书尝试设计了一种理论，提供了一种思路，同时亦结合了中国民事诉讼的司法实践，力求为中国民事诉讼制度完善提供一种崭新的视角切入，正因如此，在今后很长一段时间内，关于民事诉讼调判一体化问题的研究将会日益受到关注，特别是在民法典时代，对该命题的研究还将为中国民事诉讼制度的发展提供一种全新的思路，并以此构建起与中国民法典时代相适应的民事诉讼制度体系，推进实现中国司法治理体系和治理能力现代化进程。其中尤为需要重视以下几个问题，这些问题也将是未来关于本命题研究可能聚焦的重点问题，亦将对促进中国民事诉讼调判一体化的制度发展产生重要的影响。

其一，矛盾纠纷多元化解机制与民事诉讼调判一体化衔接问题。党的十九大报告明确提出“打造共建共治共享的社会治理格局”。最高人民法院在“五五改革纲要”[1]提出了诉源治理的概念，各地建立完善诉讼与非诉讼

〔1〕 详见最高人民法院《关于深化人民法院司法体制综合配套改革的意见 ——人民法院第五个五年改革纲要（2019—2023）》。

纠纷解决衔接工作机制，非诉讼解纷机制逐步完善。[1]全面审视本书命题，必须明确的是，强调矛盾纠纷多元化解与调判一体化衔接表示二者并非相互冲突或相互矛盾，应当注意到矛盾纠纷多元化解更多地强调了诉讼外解纷主体的参与，而调判一体化则更多地强调了诉讼内主体的参与，二者在解纷目的上具有一致性，通过衔接配合将显著提升矛盾纠纷化解的效果。

近年来，随着中国经济社会高质量发展，各类矛盾纠纷呈增长态势，相应地，诉讼案件数量也逐年大幅度上升[2]。如何有效发挥基层政权、各类社会组织的优势，更多地采取调解等柔性手段化解矛盾纠纷，成为事关社会和谐稳定的重大课题。2020年11月16日，习近平总书记在中央全面依法治国工作会议上指出，法治建设既要抓末端、治已病，更要抓前端、治未病。要坚持和发展新时代“枫桥经验”，完善社会矛盾纠纷多元预防调处化解综合机制，促进社会和谐稳定。这一论述鲜明地指出了在诉讼之外，更多地依靠社会力量共同预防和调处化解矛盾纠纷的新路径，也为人民法院主动融入党委领导的矛盾纠纷化解大格局，从源头上减少诉讼增量，促进矛盾纠纷的源头预防和前端化解，提供了根本遵循。[3]

无论是新时代“枫桥经验”的传承与发展，还是矛盾纠纷的多元调处化解，都是紧紧依靠调解这一“东方经验”，在诉讼之外充分发挥以人民调解为主，辅之以行业调解、行政调解、律师调解等社会力量，在人民法院参与、指导和保障下，各方共同参与，共同化解各类矛盾纠纷，从而达到“小事不出村，大事不出镇，矛盾不上交”的良好解纷格局。[4]

---

〔1〕 如2019年5月29日，江苏省内首个设区市非诉讼服务中心、市中级人民法院诉讼与非诉讼对接中心在连云港市揭牌成立。

〔2〕 2018—2022年，全国地方各级人民法院和专门人民法院受理案件1.47亿件，比上一个五年上升64.9%。参见第十四届全国人民代表大会第一次会议上时任最高人民法院院长周强所作的最高人民法院工作报告。

〔3〕 参见2021年2月19日，习近平总书记在中央全面深化改革委员会第十八次会议上的讲话。

〔4〕 20世纪60年代初期，浙江省绍兴市诸暨县（现诸暨市）的枫桥镇，形成了“发动和依靠群众、坚持矛盾不上交、就地解决、抓人少、保安全”的“枫桥经验”，得到毛泽东主席的指示肯定。此后，“枫桥经验”不断创新与发展，形成了新时代的“枫桥经验”。

根据最高人民法院《关于深化人民法院一站式多元解纷机制建设推动矛盾纠纷源头化解的实施意见》，人民法院在矛盾纠纷化解中，主要发挥源头防控、排查梳理、纠纷化解、应急处置等作用。具体来说主要从两个维度进行推进。一是“走出去”，主动融入党委领导的自治法治德治相结合的城乡治理体系，如选派出法官和法官助理入驻党委牵头建立的一体化矛盾纠纷调处化解中心，与中心的各类调解组织有效对接，充分发挥人民法院在矛盾化解中的指导作用，实现纠纷“终端”与诉讼“前端”无缝对接，让大量矛盾纠纷通过源头治理消化在萌芽状态。〔1〕二是“引进来”，在人民法院的诉讼服务中心建立类型多样的调解平台，引入各类特邀调解人员，配备速裁法官或团队，按照自愿合法原则，为当事人提供多途径、多层次、多种类的解纷方案和方便、快捷、低成本的解纷服务。截至2022年年底，苏州市两级法院入册特邀调解组织和特邀调解员分别达到192个和1786名。同时，畅通与行政机关、工会、妇联、仲裁机构、公证机构、行业协会、行业组织、商会等对接渠道，加强数据协同共享，推动司法确认全面对接人民调解等线上平台，实现调解协议司法确认的快立快办。〔2〕

可以预见，随着法治中国建设的推进，作为非诉解纷机制发展基础的自治型社会加快发展，全民法治观念不断增强、公共法律服务体系更加健全、社会诚信体系将更加完善，作为挺在前面的非诉调解、仲裁等纠纷解决机制与民事诉讼调判一体化将更趋均衡，各显侧重，并将合力形成诉讼内外相结合、人民法院调解与诉前各种调解相衔接的民事纠纷化解体系，共同促进矛盾纠纷实质性化解，助力和谐社会建设。

其二，调判一体化能否“入法”以及如何“入法”问题。客观而言，当

〔1〕 如浙江法院在各级乡镇、村（社区）、纠纷多发区域和行业领域成立10,000多个共享法庭，切实将对基层的调解指导和诉讼服务延伸到老百姓“家门口”。

〔2〕 以苏州法院为例，2022年，全市法院诉前分流调解纠纷185,444起，调解成功88,886件，同比分别上升46%和103.6%，新收一审民事案件数同比下降8.8%，初步实现了控制案件增量，使诉讼内案件能够更加高效快捷办理的目标 。

前我国《民事诉讼法》及相关法律中并无调判一体化相关概念。本书所论述的调判一体化运行样态是一种应然性的理想图景，但就当前民事诉讼司法实践而言，调判一体化的司法实践先行于立法，法官司法理念对调判一体化的追求走在制度设计的前面。从前述章节所阐述的调判一体化的运行效果来看，其起到了积极的司法效果，这实质上赋予调判一体化"入法"之可能性与必要性，特别是进入民法典时代，更进一步加速了"入法"进程。关于如何"入法"的问题，现行《民事诉讼法》等法律关于调判一体化的直接体现是将调解与判决规定于同一条文。关于调解的专章只有七个条款，内容过于简单、原则。立法对调判一体化没有体系上的整体设计，落实到具体的制度安排上存在诸多不足，如庭审程序"空心化"、审级制度照应不足等，这些问题仅依靠司法解释"头痛医头"式的缝缝补补可能难以根本解决实践困境。回应调判一体化的现实要求，应当对现行民事诉讼相关制度进行必要的改革与完善。可以预见到，调判一体化"入法"方式将可能通过以下方式实现：第一，直接在《民事诉讼法》中予以规定，上升到法律层面；第二，通过最高人民法院制定相关司法解释的方式予以确认，赋予其"法律效力"。而从短期来看，在关于本命题相关理论研究尚不充分的条件下，直接通过修改《民事诉讼法》方式"入法"的可能性并不大，相较而言，通过最高人民法院制定相关司法解释或者规范性文件的方式对民事诉讼调判一体化进行确认，将会是更为可行的路径。

其三，调判一体化诉讼制度如何提升司法适用性与实用性问题。该问题的实质主要还是应当回归司法实践层面，特别是要进一步完善调判一体化的程序规则，提高法官的司法实践"技能"，提升司法实践的效果，这一点在当前世界各国民事诉讼制度体系相互学习借鉴的过程中尤为重要。可以预见到，中国民事诉讼调判一体化的完善发展必然伴随相应程序规则体系的完善，而相应的规则体系将更为严谨规范。主要表现为以下方面：（1）调判适用程序将更加完善。除了遵循《民事诉讼法》规定的一般原则，调判选择适用还应当以效果考虑为中心、兼顾审判效率，尊重当事人的诉讼主体地位。完善调判的选择规则、转换规则、救济规则等。法官应遵循内心的心证、法律的解释和一定的方法，在具体案件中给予当事人调判选择释明、指导。上述原则、规则与现有的调判程序规定构成系统的调判一体化程序规则体系。（2）权利义务分配更加合理平衡。诉讼法律关系是主体在诉讼中形成的权利义务关系，调判适用程序各主体间权利义务分配要合理平衡。调判适用中的法律关系构造应当回到民事诉讼的等腰三角形经典结构中，法官积极的职权推动促进调判选择合理、调判共识快速达成。（3）涉公共利益职权介入例外。涉及公共利益案件如公益诉讼案件，包括环境公益诉讼、消费者公益诉讼、食品药品公益诉讼等，其他具有较高社会治理规则价值案件，以及虚假诉讼案件等。在涉及公共利益案件中，法官基于公共利益的考虑对调判适用可以更多地进行职权干预，而对当事人调判选择权利进行适当限制。

其四，调判一体化诉讼制度下两造主体权利保障问题。两造在民事诉讼活中居于主体地位，必须看到，调判一体化司法实践中必须从形式与实质上尊重两造的程序主体地位。保障两造主体权利，将主要通过以下途径实现：一是明确当事人的调判程序选择权。民事诉讼程序选择权是诉讼双方当事人实体处分权的有机组成，应当更加重视两造的民事诉讼程序选择权，保障两造在诉讼程序选择中的自主决策权。[1]二是赋予两造一定的程序决定权。司法实践中千案千面，由法官根据审理的需要对案件适用的程序作出选择是一种比较明智的方法。为了对法官选择程序的权力加以限制或补充，两造对法官的程序选择可以提出不同的意见和主张。两造明示拒绝调解的情况下，有权请求法院进行适时判决。三是赋予当事人程序异议权。程序异议权是两造对法院及对方当事人实施的诉讼行为违反诉讼

〔1〕 参见李浩：《民事程序选择权——法理分析与制度完善》，载《中国法学》2007年第6期。

程序而主张其无效的权利。[1]程序异议权能够有效保障诉讼程序合法、稳妥进行，维护诉讼程序的安定，防止法官恣意。四是对两造滥用程序权利的规制。对滥用诉权的规制包括对诉讼负担、诉讼法律责任的调整与完善，对妨害民事诉讼的强制措施等。

综合本书可以看到，民事诉讼制度的发展受国家政治、经济与社会等多重因素综合影响。随着中国进入民法典时代，实体法规定的各项权利和合法利益需要程序法确认和实现。在中国民事诉讼调判一体化制度体系下，程序目标体系、程序主体参与、诉讼与非诉讼的分工与衔接等多元素之间将逐渐实现良性互动，实现调判结果可接受性的最大化。这也意味着，中国民事诉讼调判一体化将长期存在，并且将发挥出越来越重要的作用。

〔1〕 参见［日］小室直人等：《新民事诉讼法》，日本评论社2003年版，第194页。转引自占善刚：《民事诉讼中的程序异议权研究》，载《法学研究》2017年第2期。

附录　本书相关调查问卷

关于人民法院调判一体化问题的调查问卷
（适用于法院工作人员）

为更好地了解我国法院调判一体化模式的运行现状，比较分析司法调解与司法判决的选择适用优势和影响因素，推进人民法院进一步完善多元矛盾纠纷解决机制，特设计本调查问卷。本问卷不记名不存档，仅作学术研究分析之用，请您根据自己的真实想法认真填写，在此对您的配合和支持表示衷心的感谢。

1.您所在的法院是：

□ 高级人民法院

□ 中级人民法院

□ 基层人民法院

2.您所在法院的地理区位是：

□ 东部地区

□ 中部地区

□ 西部地区

3.您在法院工作的业务庭室是：

□ 民商事审判庭

☐ 刑事审判庭

☐ 行政审判庭

☐ 审判监督庭

☐ 其他部门

4.您在法院工作的职能角色是：

☐ 员额法官

☐ 法官助理

☐ 书记员

☐ 司法行政人员

5.您在司法过程中更加倾向于适用调解还是判决?

☐ 调解

☐ 判决

☐ 根据个案情况而定

☐ 根据个人喜好而定

6.您认为影响司法调解或判决适用的因素包括哪些?（可多选）

☐ 办案人员的个人偏好

☐ 案件的性质及疑难复杂因素

☐ 案件的社会影响力

☐ 案件当事人的情况

7.您认为司法调解的优势包括哪些?（可多选）

☐ 高效便捷

☐ 诉讼成本低

☐ 尊重当事人的意思表示

☐ 方式灵活多样

☐ 有利于当事人服判息诉

8.您认为司法调解的短板包括哪些？（可多选）

☐ 程序缺乏规范性，法官自由裁量权过大

☐ 容易损害一方当事人的合法权益

☐ 缺乏监督性，不够公开透明

☐ 社会公信力相对较弱

9.您认为司法判决的优势包括哪些？（可多选）

☐ 司法权威性更高

☐ 司法公信力更高

☐ 权利保护力度更大

☐ 能够实现司法规则指引

10.您认为司法判决的短板包括哪些？（可多选）

☐ 规范性太强，缺乏灵活性

☐ 容易导致执行难问题

☐ 诉讼成本相对较大，效率性相对较低

☐ 容易引发上诉、信访等

11.您认为人民法院的司法调解率维持在何种水平最好？

☐ 10%以下

☐ 10%～20%

☐ 20%～30%

☐ 30%～50%

☐ 50%以上

12.您在司法程序中何时会选择调解？

☐ 立案后开庭前调解

☐ 庭审过程中调解

☐ 庭审后调解

☐ 根据情况，随时调解

13.您认为法院审理民事诉讼案件的调解范围？（可多选）

☐ 所有民事诉讼案件均可适用调解

☐ 法律规定不得适用调解的案件不得调解

☐ 当事人不同意调解的案件不得调解

☐ 有利于确定社会裁判规则的案件最好不用调解

14.您认为调解和判决是什么关系？（可多选）

☐ 对立冲突关系

☐ 调判结合，调中有判，判中有调

☐ 调解和判决可以相互转化

☐ 各有优势，不可偏废

15.您所在的法院现在是否还考核案件调解率？

☐ 考核，将案件调解率纳入司法业绩考核

☐ 考核，但不将案件调解率作为硬性指标

☐ 不考核，仅将案件的调解率纳入审判运行态势分析

☐ 不考核，但法院内部仍然强调案件调解率

16.您认为强调高调解指标会对案件审理产生哪些负面影响？（可多选）

☐ 法官强制调解

☐ 当事人恶意调解

☐ 原有矛盾纠纷升级

☐ 调解造假、利用调解进行虚假诉讼

17.您觉得人民法院如何优化调解指标？（可多选）

☐ 增加新的调解指标，构建完善的调解指标体系

☐ 增强当事人法律意识，引导调解自动履行

☐ 在调解书里增加履行保证条款或违约惩罚性条款，加大不诚信当事人的违约成本

□ 建立执行法官和审理法官联系制度，加强审执协调

□ 其他

18.您认为我国应当构建什么样的司法调判模式？（可多选）

□ 调判相结合的一体化模式

□ 调判完全分离，法院不负责调解

□ 调判有限分离，调解由法院内专门人员或部门负责

□ 司法调解、行政调解、人民调解等相互结合、衔接的机制

19.您认为应当通过哪些途径创新工作机制，建立司法调解工作新格局？（可多选）

□ 鼓励调判结合

□ 依托社会综合治理平台，推进部门联动联调

□ 吸收具有基层工作经验人员作为人民调解员

□ 调解前置，加强司法调解在各个诉讼阶段的渗透力度

20.您是否支持在法院内专门设立民事调解机构？

□ 支持，有利于案件分流，减轻法官工作压力

□ 持保留意见，人员选任、人员编制和衔接机制都是问题

21.两种调解机构设立模式：一是在法院内成立专门的调解庭室，二是引入社会上的人民调解组织在法院内办公，您更倾向于哪一种？

□ 第一种，因为更容易监督管理，工作也更容易衔接

□ 第二种，因为更具有现实可操作性

□ 不需要另设调解机构，法官调审相结合就很好

22.关于选择调解员，您认为谁担任调解员更合适？

□ 退休法官更合适，他们更熟悉也更能理解法院工作

□ 社会上的专业人员更合适，他们没有法院工作背景，更能保持中立性

□ 不需要另设调解员，办案法官权衡时机自己调解最好

23.您是否曾在案件审理过程中主动建议双方当事人调解？

□ 有过，民事案件都是能调则调，只要当事人不明确反对，都会主动建议调解

□ 没有，调解前提是当事人自愿，当事人不表态，不会主动建议调解

□ 是否主动建议调解，取决于对案件类型与案件的理解把握

24.在调解过程中，由您本人提出调解方案的占比有多少？

□ 三分之一左右

□ 一半以上

□ 很少

25.在您审理的案件中，当事人不同意调解的占比多少？

□ 一半左右

□ 三分之一左右

□ 四分之一左右

□ 很少

26.形成的调解协议采纳法官调解方案的占比多少？

□ 三分之一左右

□ 二分之一左右

□ 三分之二左右

□ 很少

27.除当事人明确拒绝调解外，还有什么因素让您排除或不考虑调解？（可多选）

□ 怀疑有虚假诉讼等违法情形，因此不作调解，必须严格查明事实依法处理

□ 一方当事人违约事实清楚、证据充分，调解等于减轻其违约责任，不利于培育契约精神

□ 案件属于新类型案件或具有典型意义，判决更能确立规则，明确司

法指引意义

□ 其他原因(简要写明：____)

28.您认为判决对法官能力要求高，还是调解对法官能力要求高？

□ 判决要求更高，因为判决更严谨，对法官的法律知识与法学理论功底要求更高

□ 调解要求更高，调解看似简单，其实更考验法官的群众工作经验与心理洞察能力

□ 其他意见(简要写明：____)

29.您认为律师参与是否有助于提高法院调解率？(可多选)

□ 律师参与总体上有助于调解工作，提高调解成功率

□ 律师参与可能使问题复杂化，增加案件调解的难度

□ 取决于具体的案件类型和难易程度

□ 受到律师代理方式及费用的影响

关于人民法院调判一体化问题的调查问卷
（适用于社会人员）

为更好地了解群众当前对于人民法院司法调解和司法判决工作的认识和看法，完善提升服务保障诉讼当事人的合法权益，比较分析司法调解与司法判决的选择适用优势和影响因素，推进人民法院改进各项诉讼服务工作，特设计本调查问卷。本问卷不记名不存档，请您根据自己的真实想法认真填写，在此对您的配合和支持表示衷心的感谢。

1.您的学历为？

☐ 法学专业本科及以上学历

☐ 非法学专业本科及以上学历

☐ 高中及高中以下学历

2.您目前从事的职业？

☐ 法律职业（含法律专业学生）

☐ 企业职工

☐公务员

☐自由职业者

☐其他

3.您是否有到人民法院诉讼的经历？

☐ 有

☐ 无

4.如果有诉讼经历,诉讼纠纷是何领域?

☐ 民事诉讼

☐ 刑事诉讼

☐ 行政诉讼

5.该纠纷案件是以何种形式结案?

☐ 调解结案

☐ 判决结案

6.您对案件的处理结果是否满意?

☐ 满意

☐ 不满意,本案已经上诉

☐ 不满意,本案已经抗诉

7.日常发生纠纷时,您会采用何种途径解决?

☐ 选择调解

☐ 选择判决

☐ 自行协商私了

☐ 提起仲裁

☐ 看情况而定

8.您是否知道最高人民法院发布的《关于进一步贯彻“调解优先、调判结合”工作原则的若干意见》?

☐ 清楚

☐ 不清楚

9.您觉得人民法院的审理程序合理公正吗?

☐ 公正合理

☐ 较合理

☐ 不合理

☐ 不了解

10.您到法院诉讼时,更愿意选择调解还是判决?

□ 选择调解

□ 选择判决

□ 看情况而定

11.法院调解中,除了纠纷双方,您觉得应该(或者希望)还有谁的参与?

□ 同案的办案法官、法官助理、书记员

□ 具有调解专长的专门人员

□ 以上全部人员共同参与

12.您如果选择法院调解,可能是出于何种原因?

□ 高效便捷

□ 降低诉讼成本

□ 尊重当事人的意思表示

□ 方式灵活多样

□ 更加有利于当事人服判息诉

13.您认为目前的司法调解存在哪些问题?

□ 程序缺乏规范性,法官自由裁量权过大

□ 容易损害一方当事人的合法权益

□ 缺乏监督性,不够公开透明

□ 社会公信力相对较弱

□ 强制调解、以调代判等问题

14.您如果选择法院判决,可能是出于何种原因?

□ 司法权威性更强

□ 司法公信力更高

□ 权利保护力度更大

□ 能够实现司法规则指引

15.您认为目前的法院判决还有哪些问题？

□ 规范性太强，缺乏灵活性

□ 容易导致执行难问题

□ 诉讼成本相对较大，效率性相对较低

□ 容易引发上诉、信访等

16.您在司法过程中何时会选择调解？

□ 在立案环节调解

□ 立案后开庭前

□ 法庭辩论以后

□ 随时提出调解申请

17.您认为司法调解和判决是什么关系？

□ 对立冲突关系

□ 调判结合，调中有判，判中有调

□ 调解和判决可以相互转化

□ 各有优势，不可偏废其一

18.您认为我国应当构建什么样的司法调判模式？

□ 调判相结合的一体化模式

□ 调判完全分离，法院不负责调解

□ 调判有限分离，调解由法院内专门人员或部门负责

□ 司法调解、行政调解、人民调解等相互结合、衔接的机制

19.您是愿意选择法官进行调解，还是愿意选择其他调解主体（如人民调解员）进行调解？

□ 愿意选择法官调解，因为法官更专业

□ 愿意选择人民调解员，因为人民调解员更亲和更中立

□ 无所谓，只要能帮我调解成功就行

20.关于人民调解员，您认为是由退休法官和陪审员担任比较好，还是

由社会上的专业人士(如会计师、医师、老教师等)担任比较好?

□ 退休法官或退休陪审员比较好,因为他们更了解法院工作内容,也更专业

□ 社会上的专业人士比较好,因为他们没有法院工作经历,更能保持中立

21.在向法院起诉之前,您是否尝试过用其他争议解决方式解决您和对方的矛盾?

□ 尝试过仲裁

□ 尝试过,曾由其他人民调解组织主持调解过

□ 尝试过,曾通过亲友或代理人自行与对方协商过

□ 没有,直接到法院诉讼

22.您在什么情况下,更愿意通过调解来解决您与对方的争议?

□ 对方有诚意,愿意做一些让步

□ 诉讼耗时太久,耗不起,希望用调解迅速解决争议

□ 自己证据有不足,经法官说明后,自己权衡选择调解

□ 与对方是亲友,或与对方有长期经贸往来,不想双方关系彻底搞僵

□ 其他考虑(简单写明:________________________)

23.您认为调解与判决,哪个是更好的争议解决方式?

□ 调解更好,因为调解简单快捷,更能节约时间成本

□ 判决更好,因为判决规范严谨,更能明确责任义务

□ 不好说,要看案子的具体情况

24.如您开始并不打算调解,但法官动员双方调解,您会怎么想?

□ 可以考虑接受调解,因为调或判都是手段而非目的,我的目的是公正解决争议

□ 坚决不接受调解,我就是要通过判决明确责任、讨个说法

□ 先看看法官建议的调解方案,然后再决定同不同意调解

25.对于在庭审前或庭审中主动提出要帮助双方调解的法官，你心里有什么感觉？

□ 能理解，毕竟现在法院案子太多，法官工作压力大

□ 比较欣赏，法官主动要调解，帮我们节约时间，这是为我们着想，是司法为民的表现

□ 感到不满甚至反感，这等于变相强制我接受调解，如果我不调，就担心法官对我有想法，判决也可能对我不利

26.对于新时代完善人民法院民事诉讼调判一体化机制，您还有哪些意见或者建议？

民事诉讼调判适用调查问卷
（适用于法官）

1.调解或判决的选择适用方面，选择调解或判决的原因是什么？在你认为的原因后打“√”。（可多选）

选择调解原因		选择判决原因	
案件类型适合		案件类型适合	
案情复杂，把握不准		判决对个案更公平	
规定不明，法律适用难		省时省心	
调解书制作简单		发改、错案风险低	
信访、闹访、缠访可能大		耐心不够	
避免错案风险		调解不成，审限约束	
考核要求		规定不明，可确立规则	
有耐心、时间、精力		其他原因：	
其他原因：			

2.您认为调解比判决更适合的案件类型有哪些？请对适合调解但以判决结案的案件举例。（请提供案号或简要描述案情）

3.您认为判决比调解更适合的案件类型有哪些？请对适合判决但以调解结案的案件举例。（请提供案号或简要描述案情）

4.回顾您的办案工作，是否有“以判代调”或“以调代判”的情况？

以调代判	有无	经常	偶尔
以判代调	有无	经常	偶尔

5.开庭时，您是否会作庭审小结？小结中是否会公开心证？是否会对当事人调解或接受调解方案利弊作出建议？

6.调解与虚假诉讼之间是否有关联？过度追求调解率是否会给虚假诉讼以可乘之机？

7.您认为影响调解成功率的因素是有哪些？如律师的敬业职业伦理水平、调解法官的级别、法官的技巧等（依影响力大小排列）。

8.是否曾接触当事人强烈要求调解的案件（不包括虚假诉讼情形）？如果有，以何种方式结案？请写明相关案件数量，并列举案号或简要描述案情。

9.除了案件本身原因，是否存在影响您选择调解或判决的其他因素？如果有，是什么？

10.何种因素导致当事人二审中改变预期选择调解？

11.您是否审理过根据案件事实与现有法律规定得出的拟判决结果存在“情理法”冲突情形的案件？如何处理，改变结果、强化说理还是选择调解？

民事诉讼调判适用调查问卷
（适用于律师）

注：本问卷中的调解均指的是诉讼中调解，不包括非诉讼调解。

1.您认为调解与判决在解决民事纠纷中的作用，哪种更好？

A.调解更灵活、高效

B.判决更公正

C.不一定，视具体情况

理由：______

2.律师在民事诉讼调解中作用有哪些？（可多选）

A.可以运用专业知识分析利弊，给当事人理性建议，争取最大利益

B.避免当事人接受不平等的调解方案，追求案件处理的合理公平

C.更加高效化解纠纷

D.其他：______

3.律师在民事诉讼调解中作用是否得到充分发挥？

A.有

B.没有

理由及建议：______

4.您认为调解制度运行是否存在问题？

A.存在

B.不存在

存在问题包括：______

5.是否曾对调解书申请过再审？

A.申请过

B.未申请过

申请再审理由：____

6.执业过程中，是否曾极力请求法院调解，但最终以判决结案的情形？

A.有

B.没有

简要案情或案号：____

7.您对代理案件的败诉判决是否认可？为什么？

8.您认为当事人在二审中选择调解的原因有哪些？律师的引导作用是否是主要因素？

民事诉讼调判适用调查问卷
（适用于当事人）

1.您在诉讼中的身份（可多选）

A.原告

B.被告

C.第三人

D.上诉人

E.被上诉人

2.诉讼事由

A.家庭婚姻

B.邻里纠纷

C.借款买卖等合同纠纷

D.机动车事故等侵权纠纷

E.劳动争议

F.其他：________________________________

3.诉讼中您希望调解还是判决？对最终结果是否满意？

A.调解，满意

B.调解，不满意

C.判决，满意

D.判决，不满意

理由：________________________________

4.您决定同意调解或拒绝调解的过程中，是否听取过律师或法官的建议？

A.听过

B.不用听，自己做主

C.没有建议

5.调解过程中，您的意见是否得到尊重或体现在调解方案中？

A.是

B.否

6.以下哪种情况您更愿意接受调解方案？（可多选）

A.自己认为方案可以接受或有利

B.律师建议接受

C.法官面善，值得信赖

D.调解协议当场履行，不用再申请执行麻烦

E.其他：____

7.您对判决结果是否认同？为什么？

8.您是否在二审案件中选择调解？主要原因是什么？

参考文献

一、中文类

（一）著作

［1］毕玉谦、谭秋桂、杨路：《民事诉讼研究及立法论证》，人民法院出版社2006年版。

［2］常怡主编：《民事诉讼法学》，中国法制出版社2008年版。

［3］陈玉刚：《国家与超国家：欧洲一体化理论比较研究》，上海人民出版社2001年版。

［4］范愉：《非诉讼纠纷解决机制研究》，中国人民大学出版社2000年版。

［5］范愉：《纠纷解决的理论与实践》，清华大学出版社2007年版。

［6］范愉、李浩：《纠纷解决——理论、制度与技能》，清华大学出版社2010年版。

［7］费孝通：《乡土中国》，北京出版社2011年版。

［8］季卫东：《法治秩序的建构》（增补版），商务印书馆2019年版。

［9］江伟：《中国民事诉讼法专论》，中国政法大学出版社1998年版。

［10］李响：《美国民事诉讼法的制度、案例与材料》，中国政法大学出版社2006年版。

［11］梁平、陈焘：《民事纠纷合意解决的制度选择》，中国政法大学出版社2015年版。

[12]廖美珍:《法庭问答及其互动研究》,法律出版社2003年版。

[13]强世功编:《调解、法制与现代性:中国调解制度研究》,中国法制出版社2001年版。

[14]苏力:《法治及其本土资源》,中国政法大学出版社1996年版。

[15]田平安主编:《民事诉讼法原理》,厦门大学出版社2005年版。

[16]王利明:《司法改革研究》,法律出版社2000年版。

[17]王亚新:《对抗与判定——日本民事诉讼的基本结构》,清华大学出版社2002年版。

[18]王亚新、陈杭平、刘君博:《中国民事诉讼法重点讲义》,高等教育出版社2017年版。

[19]吴如巧编著:《美国联邦民事诉讼规则的新发展》,中国政法大学出版社2013年版。

[20]谢晖:《象牙塔上放哨》,法律出版社2003年版。

[21]杨润时主编:《最高人民法院民事调解工作司法解释的理解与适用》,人民法院出版社2004年版。

[22]张晋藩:《中国法律的传统与近代转型》(第3版),法律出版社2009年版。

[23]张婷:《英美民事对抗制的演变(1945—2012)——以美国的案件管理制度为切入点》,上海人民出版社2014年版。

[24]章武生:《民事简易程序研究》,中国人民大学出版社2002 年版。

[25]左卫民、周长军:《变迁与改革:法院制度现代化研究》,法律出版社2000年版。

(二)译著

[1][比]R.C.范·卡内冈:《法官、立法者与法学教授——欧洲法律史篇》,薛张敏敏译,北京大学出版社2006年版。

[2][比]马克·范·胡克:《法律的沟通之维》,孙国在译,法律出版社2002年版。

[3][德]鲁道夫·瓦塞尔曼:《社会性民事诉讼——社会法治国家中民事诉讼的理论与实务》,成文堂1990年版。

[4][德]罗伯特·阿列克西:《法律论证理论——作为法律证立理论的理性论辩理论》,舒国滢译,中国法制出版社2002年版。

[5][法]米歇尔·克罗齐耶,埃哈尔·费埃德伯格:《行动者与系统:集体行动的政治学》,张月等译,格致出版社、上海人民出版社2017年版。

[6][法]皮埃尔·布迪厄、[美]华康德,李猛、李康译:《实践与反思——反思社会学导引》,中央编译出版社1998年版。

[7][美]E.博登海默:《法理学:法律哲学与法律方法》,邓正来译,中国政法大学出版社2010年版。

[8][美]艾德华·H.列维:《法律推理引论》,庄重译,中国政法大学出版社2002年版。

[9][美]本杰明·N.卡多佐:《司法过程的性质》,苏力译,商务印书馆2011年版。

[10][美]博西格诺:《法律之门》,邓子滨译,华夏出版社2007年版。

[11][美]布劳:《社会生活中的交换与权力》,孙非、张黎勤译,华夏出版社1988年版。

[12][美]布鲁克·阿克曼:《我们人民:宪法的变革》,孙文恺译,法律出版社2009年版。

[13][美]凯斯·R.桑斯坦:《就事论事——美国最高法院的司法最低限度主义》,泮伟江、周武译,北京大学出版社2007年版。

[14][美]理查德·A.波斯纳:《道德与法律理论的疑问》,苏力译,中国政法大学出版社2001年版。

[15][美]理查德·A.波斯纳:《法理学问题》,苏力译,中国政法大学出版社2002年版。

[16][美]马丁·夏皮罗:《法院:比较法上和政治学上的分析》,张生、李彤译,中国政法大学出版社2005年版。

[17][美]尼尔·K.考默萨:《法律的限度》,申卫星等译,商务印书馆2007年版。

[18][美]史蒂文·苏本、玛格瑞特(绮剑)·伍:《美国民事诉讼的真谛:从历史、文化、实务的视角》,蔡彦敏、徐卉译,法律出版社2002年版。

[19][美]约翰·吉本斯:《法律语言学导论》,程朝阳、毛凤凡、秦明译,法律出版社2007年版。

[20][美]约翰·罗尔斯:《正义论》,何怀宏、何包钢、廖申白译,中国社会科学出版社2011年版。

[21][日]大木雅夫:《比较法》,范愉译,法律出版社1999年版。

[22][日]近江幸治:《民法讲义Ⅰ:民法总则》(第6版补订),渠涛等译,北京大学出版社2015年版。

[23][日]六本佳良:《日本法与日本社会》,刘银良译,中国政法大学出版社2006年版。

[24][日]棚濑孝雄:《纠纷的解决与审判制度》,王亚新译,中国政法大学出版社1994年版。

[25][日]新堂幸司:《新民事诉讼法》,林剑锋译,法律出版社2008年版。

[26][意]莫诺·卡佩莱蒂等:《当事人基本程序保障权与未来的民事诉讼》,徐昕译,法律出版社2000年版。

[27][英]尼尔·麦考密克、[奥]奥塔·魏因贝塔尔:《制度法论》,周叶谦译,中国政法大学出版社2004年版。

（三）文章

[1]毕玉谦：《对我国民事诉讼中审判与调解同质化现象的反思与检讨》，载《法律适用》2019年第23期。

[2]曹全来：《国情与司法模式构造的规律性研究——以司法供求关系为中心》，载《法律适用》2013年第12期。

[3]曹跃良：《民事调解不能抗诉》，载《人民法院报》2000年4月11日，第3版。

[4]常怡：《中国调解的理念变迁》，载《法治研究》2013年第2期。

[5]陈金木：《判决可接受性的实证研究》，中国政法大学2006年博士学位论文。

[6]陈景辉：《裁判可接受性概念之反省》，载《法学研究》2009年第4期。

[7]陈奎、张艳：《纠纷及其解决：原因与路径的另一种思考》，载《河北法学》2012年第8期。

[8]陈林林：《公众意见在裁判结构中的地位》，载《法学研究》2012年第1期。

[9]成长春、张廷干、汤荣光：《意识形态自觉与价值理性认同》，载《中国社会科学》2018年第2期。

[10]褚红军：《司法判决的功能分析》，载《法律适用》2013年第1期。

[11]崔永东：《从“恢复性司法”看中国法文化传统的现代意义》，载《北方法学》2009年第6期。

[12]丁以升、孙丽娟：《论我国法院纠纷裁判功能的理性建构》，载《法商研究》2005年第2期。

[13]段文波：《程序保障第三波的理论解析与制度安排》，载《法制与社会发展》2015年第2期。

[14]范电勤:《调解优先、调判结合的宪法审视》,载《法学》2012年第8期。

[15]范愉:《调解的重构(上)——以法院调解的改革为重点》,载《法制与社会发展》2004年第2期。

[16]范愉:《调解的重构(下)——以法院的调解改革为重点》,《法制与社会发展》2004年第3期。

[17]范愉:《从诉讼调解到"消失中的审判"》,载《法制与社会发展》2008年第5期。

[18]范愉:《诉讼调解:审判经验与法学原理》,载《中国法学》2009年第6期。

[19]范愉:《"当判则判"与"调判结合"——基于实务和操作层面的分析》,载《法治与社会发展》2011年第6期。

[20]范愉:《诉讼社会与无讼社会的辨析和启示——纠纷解决机制中的国家与社会》,载《法学家》2013年第1期。

[21]范愉:《当代世界多元化纠纷解决机制的发展与启示》,载《中国应用法学》2017年第3期。

[22]方乐:《司法供给侧改革与需求侧管理——从司法的供需结构切入》,载《法制与社会发展》2017年第5期。

[23]房广亮:《利益衡量方法的司法适用思考——基于274份裁判文书的考察》,载《理论探索》2016年第3期。

[24]房文翠、陈雷:《法律适用的内在约束力研究——以法律方法为视角》,载《法制与社会发展》2011年第4期。

[25]冯文生:《调判关系理论纠葛七十年——调判关系学术研究情况分析报告》,载《厦门大学法律评论》(2015年上半年卷·总第25辑刊),厦门大学出版社2015年版。

[26]冯文生:《回到诉讼过程本身——"调审结合程序一体化"诉讼机

制研究》，载《法律适用》2015年第7期。

[27]付磊：《我国司法科层制的建构路径及其背景透视》，载《财经法学》2015年第5期。

[28]顾培东：《公众判意的法理解析——对许霆案的延伸思考》，载《中国法学》2008年第4期。

[29]顾培东：《再论人民法院审判权运行机制的构建》，载《中国法学》2014年第5期。

[30]顾培东：《人民法院改革取向的审视与思考》，载《法学研究》2020年第1期。

[31]郭春镇：《感知的程序正义——主观程序正义及其建构》，载《法制与社会发展》2017年第12期。

[32]郭松：《审判管理进一步改革的制度资源与制度推进——基于既往实践与运行场域的分析》，载《法制与社会发展》2016年第6期。

[33]郭松：《司法文件的中国特色与实践考察》，载《环球法律评论》2018年第4期。

[34]郭台辉：《西方社会科学方法论的历史之维》，载《中国社会科学》2019年第8期。

[35]韩红俊：《法院的职能分工与民事判决书》，载《河北法学》2006年第9期。

[36]侯明明：《中国司法回应社会的方式、策略及其风险与出路》，载《诉讼法学·司法制度》2020年第6期。

[37]黄建武：《中国调解功能的演变及制度创新启示——基于1988年至2010年统计材料的分析》，载《北方法学》2012年第5期。

[38]霍海红：《民事诉讼法理论的中国表达》，载《法制与社会发展》2013年第4期。

[39]纪格非：《民事诉讼虚假诉讼治理思路的再思考——基于实证视

角的分析与研究》，载《交大法学》2017年第2期。

[40]纪格非、刘佳洁:《〈民事证据规定〉实施效果的实证考察与分析》，载《中国司法》2007年第10期。

[41]江必新:《论合议庭职能的强化》，载《法律适用》2000年第1期。

[42]金民珍、徐婷姿:《回应型司法的理论与实践》，载《人民法院报》2012年11月21日，第8版。

[43]金日:《欧洲一体化的政治分析》，复旦大学2003年博士学位论文。

[44]进杰:《判决功能的阐释:纠纷解决与社会治理》，载《学术研究》2014年第1期。

[45]李大勇:《论司法政策的正当性》，载《法律科学》2017年第1期。

[46]李德恩:《先行调解制度重述:时间限定与适用扩张》，载《法学论坛》2015年第2期。

[47]李方民:《调判关系的司法定位及其完善》，载《人民司法·应用》2008年第7期。

[48]李浩:《论法院调解中程序法与实体法约束的双重软化——兼析民事诉讼中偏重调解与严肃执法的矛盾》，载《法学评论》1996年第4期。

[49]李浩:《民事诉讼当事人的自我责任》，载《法学研究》2010年第3期。

[50]李浩:《调解归调解，审判归审判:民事审判中的调审分离》，载《中国法学》2013年第3期。

[51]李明:《诉权与审判权动态平衡浅析》，载《人民法院报》2011年12月14日，第7版。

[52]李喜莲:《我国民事审判中调审关系的再思考》，载《法律科学》2019年第6期。

[53]李训虎:《“案结事了”的司法观与裁判事实的可接受性》，载

《证据科学》2009年第6期。

[54]廖奔:《过程与均衡——司法本质的中国语境》,载《法学评论》2009年第1期。

[55]刘翀:《现实主义法学的批判与建构》,载《法律科学》2009年第5期。

[56]刘敏:《论民事诉讼当事人听审请求权》,载《法律科学》2008年第6期。

[57]刘吟秋、程品方:《新时代基层司法的路径选择及优化》,载《人民司法·应用》2019年第1期。

[58]龙柯宇:《祛魅与赋值:德国调解制度的路径选择与反思》,载《法治研究》2013年第4期。

[59]陆益龙:《后乡土中国的基本问题及其出路》,载《社会科学研究》2015年第1期。

[60]陆永棣:《法官良知在司法责任制背景下的展开》,载《现代法学》2020年第3期。

[61]吕世伦、陶菁:《审判前夜的调解 ——调解与审判关系的法经济学思考》,载《求是学刊》2012年第5期。

[62]农会清、黄睿:《法院调解:从权威的依附到权威的重构——对调审合一背景下调解职权合理化的再思考》,载《学术论坛》2013年第8期。

[63]潘剑锋:《论民事司法与调解关系的定位》,载《中外法学》2013年第1期。

[64]齐树洁:《域外调解制度发展趋势述评》,载《人民司法·应用》2018年第1期。

[65]申伟:《中国司法供给的效应局限——以产品性供给与符号性供给的区分为基础》,载《北方法学》2016年第5期。

[66]施新洲:《司法权的属性及其社会治理功能》,载《法律适用》

2014年第1期。

[67]史长青:《裁判、和解与法律文化传统——ADR对司法职能的冲击》,载《法律科学》2014年第2期。

[68]宋亚辉:《文化产品致害的归责基础与制度构造》,载《法律科学》2015年第6期。

[69]苏力:《司法制度的合成理论》,载《清华法学》2007年第1期。

[70]苏力:《法条主义、民意与难办案件》,载《中外法学》2009年第1期。

[71]苏力:《关于能动司法与大调解》,载《中国法学》2010年第1期。

[72]孙光宁:《可接受性:法律方法的一个分析视角》,山东大学2010年博士学位论文。

[73]孙笑侠:《公案的民意、主题与信息对称》,载《中国法学》2010年第3期。

[74]汤维建、齐天宇:《漂移的中国民事调解制度》,载《比较法研究》2012年第5期。

[75]唐力:《当事人程序主体性原则——兼论"以当事人为本"之诉讼构造法理》,载《现代法学》2003年第5期。

[76]唐力:《辩论主义的嬗变与协同主义的兴起》,载《现代法学》2005年第11期。

[77]唐力:《在"强制"与"合意"之间:我国诉讼调解制度的困境与出路》,载《现代法学》2012年第3期。

[78]唐力:《诉讼调解合意诱导机制研究》,载《法商研究》2016年第4期。

[79]唐应茂:《一个关于判决、调解和执行关系的实证研究》,载《中外法学》2006年第6期。

[80]田海鑫:《论民事虚假诉讼的类型化体现及规制——基于北京市

司法实践的考察》，载《法律适用》2018年第23期。

[81]田平安、刘春梅:《试论协同型民事诉讼模式的建立》，载《现代法学》2003年第1期。

[82]田平安、杨成良:《调审分离论:理想图景与双重背反——兼与李浩教授商榷》，载《湖南社会科学》2015年第5期。

[83]王春娟:《科层制的涵义及结构特征分析——兼评韦伯的科层制理论》，载《学术交流》2006年第5期。

[84]王聪:《调判分离还是调判结合:再论法院调解的中国图景——为"调判结合"辩护》，载《河北法学》2019年第9期。

[85]王福华:《民事诉讼协同主义:在理想和现实之间》，载《现代法学》2006年第6期。

[86]王福华:《督促程序的现状与未来》，载《国家检察官学院学报》2014年第2期。

[87]王卓、张怡:《法院调解违反自愿原则的检察监督》，载《中国检察官》2019年第12期。

[88]邬欣言:《中庸理性与现代性困境:民间纠纷解决场域中实践逻辑的传统与转型》，载《理论与改革》2017年第2期。

[89]吴良志:《司法需求之中国情境:发现与回应——以最高人民法院历年工作报告为样本》，载《法律适用》2009年第1期。

[90]吴英姿:《法院调解的复兴与未来》，载《法制与社会发展》2007年第3期。

[91]吴英姿:《论诉权的人权属性》，载《中国社会科学》2015年第6期。

[92]吴英姿:《诉讼契约及其边界》，载《南京大学法律评论》2015年春季卷。

[93]夏志强:《国家治理现代化的逻辑转换》，载《中国社会科学》

2020年第5期。

[94]肖建华:《构建协同主义的民事诉讼模式》,载《政法论坛》2006年第9期。

[95]谢晖《中西法官办案差异》,载《政府法制》2010年第8期。

[96]谢进杰:《判决功能的阐释:纠纷解决与社会治理》,载《学术研究》2014年第1期。

[97]熊浩:《法院调解、难办案件与纠纷解决的基层运作》,载《中国法律评论》2016年第1期。

[98]熊跃敏、张伟:《民事诉讼中的协同主义理念及其制度构建》,载《法治研究》2012年第1期。

[99]徐昀:《"调判结合"的困境——以民事审判结构理论为分析框架》,载《开放时代》2009年第6期。

[100]徐忠明:《理解传统的中国司法文化:以调解为例》,载《法制与社会发展》2015年第5期。

[101]许尚豪、欧元捷:《论督促程序的争讼性》,载《人民司法·应用》2014年第5期。

[102]许少波:《先行调解的三重含义》,载《海峡法学》2013年第1期。

[103]严仁群:《消失中的审判?——重新认识美国的诉讼和解与诉讼调解》,载《现代法学》2016年第5期。

[104]杨贝:《论我国民事诉讼调解的诚实信用原则》,载《理论月刊》2010年第5期。

[105]杨力:《基于利益衡量的裁判规则之形成》,载《法商研究》2012年第1期。

[106]叶名怡:《〈婚姻法解释(二)〉第24条存废论——基于相关统计数据的实证分析》,载《法学》2017年第6期。

[107]叶肖华:《零判决现象的反思与批判》,载《政法论坛》2015年第

3期。

[108]俞荣根:《法治中国与中国司法传统》,载《法治研究》2015年第5期。

[109]张传军:《论民事案件调判结合办案方式之完善:寻求正义与和谐之间的衡平》,载《法律适用》2012年第4期。

[110]张继成:《可能生活的证成与接受——司法判决可接受性的规范研究》,载《法学研究》2008年第5期。

[111]张立平:《为什么调解优先——以纠纷解决的思维模式为视角》,载《法商研究》2014年第4期。

[112]张卫平:《回归"马锡五"的思考》,载《现代法学》2009年第5期。

[113]张卫平:《对民事诉讼法学贫困化的思索》,载《清华法学》2014年第2期。

[114]张文龙:《中国式邻避困局的解决之道:基于法律供给侧视角》,载《法律科学》2017年第2期。

[115]张文显、李光宇:《司法:法律效果与社会效果的衡平分析》,载《社会科学战线》2011年第7期。

[116]张艳丽:《现代民事诉讼程序结构的类型化》,载《政法论丛》2015年第3期。

[117]章武生、肖国玉:《法院调解与判决的关系》,载《政法论坛》2012年第6期。

[118]赵秀举:《论民事和解协议的纠纷解决机制》,载《现代法学》2017年第1期。

[119]赵旭东:《理性看待法院调解的强制性因素》,载《法学家》2007年第6期。

[120]赵旭东:《纠纷解决含义的深层分析》,载《河北法学》2009年第6期。

[121]赵旭东:《论诉权、审判权、检察权在民事诉讼中的制衡关系》,载《政治与法律》2009年第6期。

[122]郑金虎:《司法过程中的利益衡量研究》,山东大学2010年博士学位论文。

[123]郑素一:《中国传统司法思维模式的文化分析》,载《政法论丛》2012年第3期。

[124]周少华:《法律之道:在确定性与灵活性之间》,载《法律适用》2011年第4期。

[125]周宗良:《论诉讼调解在审判权运行中的角色定位》,载《福建法学》2011年第1期。

(四)互联网资料

[1]《"电梯劝烟猝死案"劝阻者终审判无责,死者家属拒绝捐赠》,载新华网,http://www.xinhuanet.com/2018-01/24/c_1122307914.htm。

[2]《华政学生起诉上海迪斯尼后续:双方达成调解,迪斯尼赔50元》,载澎湃新闻2019年9月12日,https://www.thepaper.cn/newsDetail_forward_4407442。

[3]黄宗智:《中国法庭调解的过去和现在》,载爱思想网2008年9月19日,http://www.aisixiang.com/data/13556.html。

[4]黄宗智:《中国民事判决的过去和现在》,载爱思想网2012年6月19日,http://www.aisixiang.com/data/13549.html。

[5]《最高法:司法助力我国营商环境全球排名跃升》,载中国法院网2019年10月26日,https://www.chinacourt.org/article/detail/2019/10/id/4591128.shtml。

[6]邹小院:《判决与调解的理性选择——人民法院增强司法审判能力的有效途径》,载中国法院网2005年10月11日,https://www.chinacourt.org/article/detail/2005/10/id/181478.shtml。

二、英文类

[1]Chaim Perelman, *The New Rhetoric and the Humanities: Essays on Rhetoric and Its Applications*, Springer, 1979.

[2]Hornby, Gatenby and Wakefield, *The Advanced Learner*'s *Dictionary for Current English*, 2nd edition, Oxford University Press, 1963.

[3]Joel Waldfogel, *Reconciling Asymmetric Information and Divergent Expectation Theories of Litigation*, 41 Journal of Law and Economics 451 (1998).

[4]Jonathan M. Hyman & Lela P. Love, *If Portia Were a Mediator: An Inquiry into Justice in Mediation*, 9 Clinical Law Review 157(2002).

[5]Lon L. Fuller, *The Forms and Limits of Adjudication*, 92 Harvard Law Review 353(1978).

[6]Lyn Carson, Janette Hartz-Karp, *Adapting and Combing Deliberative Designs: Juries, Polls, and Forums*, in J. Gastil & P. Levine, The Deliberative Democracy Handbook: Strategies for Effective Civic Engagement in the 21st Century, Jossey-Bass, 2005.

[7]Thomas Payne, *The Role of Consensus*, 18 The Western Political Quarterly 21(1965).

[8]Peter Robinson, *Settlement Conference Judge — Legal Lion or Problem Solving Lamb: An Empirical Documentation of Judicial Settlement Conference Practices and Techniques*, 33 American Journal of Trial Advocacy 113(2009).

后　记

2018年9月16日下午，伴随着号称香港史上最强台风的“山竹”，我一路风雨交加抵达城市大学南侧，自此开启了新的学习研究之路。本书是在我修读香港城市大学法学博士期间所完成论文的基础上修改完善而成。之所以选择中国民事诉讼中调解与判决这一对关系进行研究，主要基于以下考虑。

首先，中国法院每年受理的案件中，有超过三分之二是民事（包括商事）案件，应当说广大法官适用《民事诉讼法》有关程序规定处理案件、解决纠纷所占比例最高，在案件作出裁判时不可避免会面临调解与判决的选择，进而决定纠纷能否得到有效解决。

其次，调解与判决看似一对紧张关系，判决多体现为司法审判的规则性、强制性与终局性，调解则更强调当事人的意思自治，系当事人对私权的自我处分，体现的是自治性、灵活性与便利性。然而，深入分析中国现行民事诉讼的程序设置，则会发现二者在程序内的关系却呈现相互灵活转化以及功能上的相互促进，其中必然有其内在机理。其相互结合的功能体现在哪里？这与美国、德国等国家司法制度有何区别？为什么会有如此区别？这些都是本书深入分析研究的重要问题。

再次，调判结合乃至调判一体化，深深地打上了中国传统法律文化烙印。本书中，笔者通过分析中国传统社会“崇礼”与“尚法”的文化脉络、从乡土社会到后乡土社会司法价值的流变以及“私了”与“官决”的行为逻辑，多角度分析调判一体化的内在机理，得出中国传统司法是“情理法”相结合的司法逻辑，判决的刚性与调解的柔性特征，在调判一体化的司法适用中展现出“何意百炼钢，化成绕指柔”的鲜明特质。

最后，研究这一课题具有现实意义。本书从现实主义和司法实践出发，聚焦中国民事诉讼中纠纷有效解决，以相关典型案例和法官的访谈、调查问卷为生动素材进行观照，对调判一体化过程中法官与两造的角色定位及其对抗加以描述与分析，在此基础上，从形式正义与实质正义两个维度，提出诉讼结果可接受性的实践路径，以期为广大法官更好地发挥司法智慧与司法能动性，努力在民事案件审判中实现案结事了、定分止争，进而实现共赢的社会效果，提供可资借鉴的司法策略。

诚挚感谢导师香港城市大学王书成博士。他深厚的比较法学功底和对内地司法制度的深邃见地，促使我坚定信心，基于自己多年在江苏省三级法院从事审判实务和理论研究的实践，最终确定以纠纷解决为视角，对内地民事诉讼调判关系问题展开研究。过程中，导师多次提出极具建设性的意见建议，更是提供《质性研究》等多部对实务研究大有裨益的参考书籍。初稿拟就后，导师还对具体内容、篇章结构、行文格式等提出诸多宝贵建议，使本书成果得以不断完善。

三年多时间，能够顺利赴港学习和开展研究，更离不开国家法官学院领导的关心关爱。李晓民副院长对我们在港和在学院的学习给予大力关心支持。程瑛主任、张晓红老师为我们赴港学习高效细致地提供便利，并精心安排在学院一个月的脱产培训，使我们受益良多。在此，还要特别向我的夫人徐骊女士表达深深的敬意。在我在职求学期间，她宁连两地往返，独自一人照顾年迈的父母，使我能够全身心投入法院工作和赴港学习、开展研究。没有她无怨无悔的辛勤付出，不可能有本书的如期完成。最后，衷心感谢法律出版社朱峰女士、马秋婧女士对本书编辑所付出的辛勤劳动。

需要特别指出的是，囿于本书篇幅、中心主题等限制，通过本书研究可能延伸出的包括关于审前程序改革与完善问题、能否建立适合我国国情的即决判决制度、第三方主体（广义上含律师）在调判一体化中如何发挥职能作用等问题，也具有十分重要的价值意义，值得后续深入研究。本书比较法研究的对象指向的是最具域外法代表性的美德两国，至于日本等国家的相关民事诉讼制度亦具有相应特色，值得在他文中予以单独比较研究。还必须承认的是，本书关于调判一体化的理论研究属于开创性研究，“前车之鉴不足”，相关理论观点难免会百密一疏，对此，有待后续研究进行补正。笔者亦希望关于调判一体化的理论研究和实践探索将呈现齐头并进的良好局面，从而为丰富完善我国民事诉讼制度体系提供理论支撑和实践参考。

蔡绍刚

（初稿完成于2021年11月5日，江苏连云港）

（修改于2023年9月20日，江苏苏州）